U0598479

《余干印记》编纂委员会

顾 问

许怀林

编委会主任

段相如

编委会副主任

徐丽华

执行主编

吴苏青　黎秀春　陈国文

编 撰

（按姓氏音序排列）

陈国文	洪锋庆	胡雄辉	江朝栋	江锦灵	卢新民	陆小锋
彭胜先	史　俊	宋铁雄	徐宏志	许发福	余善爱	张元斌

委 员

段相如	吴永东	雷红霞	艾志宾	徐丽华	游春明	秦志群
戴雄亚	闵增富	吴苏青	姜风华	胡华昌	吴　峰	张伟平
黎秀春	范晓波	吴　杰	毛　燕	周文梅	程春华	何　伟
童百善	朱紫丹	彭东明	吴　珏	吴忠芬	卢秀娟	周志颖

图片提供

王雄峰	白贤才	刘月辉	吴龙章	周志农	周志芳	潘战胜

余干印记

中国人民政治协商会议余干县委员会⊙主编

江西人民出版社
Jiangxi People's Publishing House
全国百佳出版社

图书在版编目（CIP）数据

余干印记 / 中国人民政治协商会议余干县委员会主编 . -- 南昌：江西人民出版社，2025.1. -- ISBN 978-7-210-16178-3

Ⅰ. K925.64

中国国家版本馆 CIP 数据核字第 2025KG9282 号

余干印记
YUGAN YINJI

中国人民政治协商会议余干县委员会　主编

责 任 编 辑：吴艺文
封 面 设 计：同异文化传媒

江西人民出版社
Jiangxi People's Publishing House
全国百佳出版社
出版发行

地　　　　址：江西省南昌市三经路 47 号附 1 号（邮编：330006）
网　　　　址：www.jxpph.com
电 子 信 箱：jxpph@tom.com
编辑部电话：0791-86898470
发行部电话：0791-86898893
承 　印 　厂：南昌市红星印刷有限公司
经　　　　销：各地新华书店

开　　　　本：787 毫米 × 1092 毫米　1/16
印　　　　张：20.75
字　　　　数：280 千字
版　　　　次：2025 年 1 月第 1 版
印　　　　次：2025 年 1 月第 1 次印刷
书　　　　号：ISBN 978-7-210-16178-3
定　　　　价：88.00 元
赣版权登字 -01-2025-11

版权所有　侵权必究
赣人版图书凡属印刷、装订错误，请随时与江西人民出版社联系调换。
服务电话：0791-86898820

观乎人文，以化成天下。文化之中蕴含着认识过去、把握当下、面向未来的深刻逻辑，积蓄着最基本、最深沉、最持久的力量。习近平总书记指出，要把历史文化遗产保护放在第一位，同时要合理利用，使其在提供公共文化服务、满足人民群众精神文化生活需求方面充分发挥作用。余干县政协发挥优势、主动作为，组织本土文化专家学者对余干历史文化开展深入挖掘和研究，编辑出版《余干印记》一书，这是我县文史工作的一项重要成果，也是余干历史文化传承保护的一件大事！

余干秦初置县，历史悠久，底蕴深厚。自古以来，就是文人墨客、英雄豪杰的荟萃之地。宋代进士都颉在《七谈》中描述余干之地"具澹浦、彭蠡山川之险胜，滨湖捕鱼之利，膏腴七万顷，柔桑蚕茧之盛，林麓木植之饶，水草蔬果之衍，鱼鳖禽兽之盛"。清代管榆任余干知县时，曾称赞余干"干越古名州，礼乐岘成邦"。从秦汉重要的水陆交通要道，到宋明时期的理学名区，再到今日的蓬勃发展，余干的历史脉络清晰可见，文化印记熠熠生辉。从古代的文人骚客，到近代的志士仁人，他们用自己的笔墨和行动，书写了余干的历史篇章。丰富的文化遗产，犹如一颗璀璨的明珠镶嵌在赣鄱大地。

近年来，余干县委、县政府深入学习贯彻习近平文化思想，深入实施文化强县战略，加大文化事业投入，积极推进重点文化项目建设，加强对历史文化遗产的管理、研究和利用，努力让历史文化"活起来""被看见"，推动文化事业发展取得长足进步。如今的百万干越儿女，正在从源远流长的人文积淀中厚植家国情怀、汲取精神力量、催生奋进之志，展现出自信、自立、自强的新时代风采。

历史因记忆而历久弥新，文化因传承而流光溢彩。《余干印记》一书，浸染了余干的湖光山色，涵盖了余干的风土人情，是一本融知识性、文学性、趣味性于一体的大众普及读物。全书分名人故事、古迹寻踪、民间传说、民间艺术、传统技艺、民俗风情、渔俗文化、特色美食八个栏目，从石虹山尧碑的记载与传说到吴芮、梅鋗、赵汝愚、胡居仁等历史名人的遗踪，从余干戏曲、民歌到蚌壳舞、木偶戏、大溪铁剪、盆栽烟花等文化非遗，从悠久独特的渔俗文化到脍炙人口的余干美食，作品以生动的叙述、精美的图片，全景式地展现了余干的历史变迁、文化传承和人文景观，这必将有助于社会各界更好地了解余干文化、研究余干文化、宣传余干文化。

文以载道，以文化人。迈步谱写中国式现代化余干篇章的新征程，我们要坚决扛起文化传承的使命担当，继续加大对优秀传统文化的保护，充分发挥文化引领作用，进一步激发广大干部群众对余干历史文化的热爱和自豪，增强文化自觉，坚定文化自信，为推动余干高质量发展提供强大的精神动力和文化支撑。

是为序。

胡斌

2024 年 12 月 26 日

目　录

干越赋

◎江朝栋

鄱湖之滨，有一族群，名号干越，断发文身^①。周封方国^②，因仍族名。北起潜山，南邻信丰，西至修水、东含建宁。路穿青云来，地扼三吴通百越；舟划赤水去，诗流四海舞千峰。都城余干邑，鱼稻天下闻。

吴王^③欲吞干，屠城宰豕禽。童稚为保国，凿齿^④入军门。血流川原红，尸积草木腥。避祸离乡梓，何处觅芳邻？眇眇干越路，茫茫春草青，目极道何在，境照心亦冥^⑤。

智叟曰：永修便德兴、德安必泰和。于是乎，龙游彭蠡水都，领白鹤鱼米之国；笔聚庐山学府，兴文章节义之邦。越千年，道有成，定南且安远，信江歌武宁^⑥。著书著言，代有临川

---

① 断发文身：《史记·周本记》："常在水中，故断其发，文其身，以象龙子，故不见伤害。"

② 周封方国：《荀子·劝学》有"干越古国名"，刘美崧教授在《试论江西古代越族的几个问题》中说，"干越既是族名也是国名"。

③ 吴王：指吴王夫差。干越国于春秋初年（约前770—前670）为吴国所灭。

④ 凿齿：标志着已成年，结婚时把牙齿作为配婚信物。《番社采风图考》载，男女各折二齿相遗，取痛痒相关之意。《管子·小问》云："昔者吴干战，未龀者不得入军门，国子摘其齿，遂入，为干国多。"

⑤ 干越路：其路线是从余干循信江至铅山，江山，翻过仙霞岭，东入欧江至温州。南入闽江达福州。唐诗人独孤及《题思禅寺上方》有"眇眇干越路，茫茫春草青"。

⑥ 武宁：武宁县有一传说："武后掌朝，天下安宁。"故名武宁。

才子笔；兴教兴国，无忘永叔①圣贤心。

　　三阳终开泰，瑞金瑞昌，崇仁崇义；五星竞耀辉，新建新干，乐平乐安。巍巍井冈山，安福安义恩长在；滔滔赣江水，永丰永新气更清。南昌广昌，万载都昌添新福；歙县黟县，九江赣县认老亲。琵琶琴，伴柳舞新曲，唱琵琶春晓；干越水，铺霞书锦联，迎干越丰年。玉山、黄山、武夷山，山山韫玉；金埠、古埠、江家埠，埠埠流金。八百里宫亭②气势如何？只须湖口放话，直翻东海；三千年干越风光不老，全赖安仁③有方，连庆广丰。彭蠡湖三千岁不言功，舟楫棹歌谁第一；仙人洞两万年方露脸，稻陶④兼创世无双。傩舞为江西出彩，瓷器与中国同名。白鹿书院，黄梅戏院，如花海品诗，色色奇香独味；中国稀都，世界钨都，似昌江流画，天天丽日双辉。风物也须有养，琵琶渡、琵琶桥，长成了琵琶大道；洪涛喜怒无常，干越城、干越寺⑤，经几多干越沧桑。干越亭⑥，长卿十朋，遗千古唐风宋韵；忠臣庙⑦，毅魄英魂，享八方旨酒心香。大观

---

①　永叔：北宋文坛领袖欧阳修，字永叔。

②　宫亭：鄱阳湖，古代又名宫亭湖、彭蠡湖。

③　安仁：余江县，曾名安仁县。

④　稻陶：1993—1995 年，北京大学考古系、江西省文物考古研究所、美国安德沃考古基金会，联合发掘了万年仙人洞遗址。在距今 15000—12000 年文化层发现了人工栽培稻的硅石，现在世人公认，江西万年是世界稻作文化发源地。2009 年，北京大学和哈佛大学的合作团队，在万年仙人洞—吊桶环遗址进行第 5 次发掘考证，证实了出土陶器，年代可追溯到距今 2 万年，被誉为"天下第一陶"。

⑤　干越城：古人曾谓余干县城为"干越城"。干越寺：北宋时干越故地风格独具的水乡小寺，原建于余干县市湖中琵琶湖上。北宋诗词学家晁朴之，曾作《泊思禅寺呈廖明略其地盖干越寺在琵琶洲上》。

⑥　干越亭：始建于唐初，故址原在余干县东山岭羊角峰上。几经沧桑，现已迁至东山中部，古今名流莫不目为登高览胜处，多有题咏。

⑦　忠臣庙：1363 年，朱元璋军与陈友谅军在鄱阳湖展开了著名的"鄱阳湖大战"，结果朱获全胜。为纪念大战中阵亡将士，明朝时在康山建起了"忠臣庙"，现为国家 4A 级旅游景点。

亭前①，秋色满东南，自赤壁以来，与客泛舟无此乐；滕王阁下，大江流日夜，问青莲而后，举杯邀月更何人。陶潜笑采东篱菊；李白②扇摇干越风。人杰地灵，朱熹、安石、独秀、稼先同显祖③；物华天宝，拍印④，画陶，冶铜，铸剑共雕文。

月赐阴灵，莲花朵朵交红运；日施阳德，樟树年年播绿芬。干越山⑤吉安，昔日孤伞远行，竟能携步瀛台⑥；乐安河多喜，龙年七英伸志⑦，轻装考升清北。月湖镜里，月微晕，湖微醉，问三吴学子，谁近词坛泰斗；龙虎山中，龙欲腾，虎欲飞，领百越风骚，看吾故国精英！

干
越
赋

① 大观亭：始于东汉，盛于唐宋，位于安庆市大观亭街中段，为皖省第一名胜之区，曾被列为"安庆八景"之首。上下联各去前四字，是大观亭、滕王阁共用的 副名联。所不同者是，大观亭外冠名作者李振钧；滕王阁处冠名作者胡寿椿。

② 李白在《寻阳送弟昌峒鄱阳司马作》中有"摇扇及干越"的诗句。

③ 邓稼先（1924—1986）：安徽怀宁人，著名物理学家，中国科学院院士。1999 年被追授"两弹一星"功勋奖章。汤显祖（1550—1616）：江西临川人，明代著名戏曲家，被誉为"中国戏圣"，主要著作有《牡丹亭》等"临川四梦"。

④ 拍印：古人制陶，先将纹样刻在陶拍上，再拍印到陶器体表面，所以在出土的陶器或陶片上，可以看到许多完全相同的图纹。

⑤ 干越山：《玉山县地名志》载：怀玉山古称干越山，界饶信两郡，当吴闽越之交，今与皖浙两省接壤。《怀玉山图序》云："去县（玉山）一百四十里，趾信而跨绕，盘亘三百余里，高四百丈。"

⑥ 瀛台：北京中南海内的制高点，为办公、居住、举办宴会及招待活动的场所。

⑦ 龙年：即 2024 甲辰年。七英伸志：余干县 7 位少年英才，考取清华大学或北京大学。

名人故事

余干秦汉置县，历史悠久，自古至今，人才辈出，群星璀璨，人文鼎盛。秦汉以后，涌现了一大批治国安邦的文臣武将、教化人心的思想巨擘。他们曾经点亮过历史的星空，为后人留下了许多可歌可泣的感人故事和震撼人心的精神厚礼，如长沙王吴芮和十万户侯梅鋗金戈铁马的英雄史诗，赵汝愚扶危安邦的跌宕人生，胡居仁安贫乐道的道德风范……

赣鄱人杰吴文王

◎陈国文

长沙王吴芮雕像

在中华传统文化中，帝王、诸侯大臣等社会地位相对较高人物，在其去世后往往朝廷会根据其生前所作所为给予相应的称号，叫"谥号"。谥号有美丑之分，如文、宪、威、武为美谥，厉、幽、哀、晦为丑谥。而在称谓文化中，称人表字、官职和美谥，是敬称；直呼其名则被视为"失敬"。"文王"是长沙王吴芮的美谥，所以后人敬称他为"吴文王"。

吴芮，西汉初期杰出的政治家、军事家，也是江西第一个在正史中有明确记载的英雄豪杰。吴芮故事已入选第七批上饶市非物质文化遗产保护项目名录。

年轻时，吴芮曾担任番县令，后追随项羽、刘邦，起兵反秦，功勋卓著，被汉高祖刘邦封为长沙王，公元前201年暴薨于行军营帐。

据同治《余干县志·吴芮传》和《江阴吴氏统宗源流考》[①]记载，在两汉时代，吴芮及其后裔被封为王侯将相的达25人之多，其中西汉初有"五王九侯"；东汉时，吴芮第三子吴浅一脉又有九人被封侯，两人被封大将军。两座人文高峰，彪炳两汉史册，名冠中古江西。

吴芮的生平行状，正史记载不多，只有《汉书·韩彭英卢吴传》中239字记述。《史记》对异姓王大都有传记，但对吴芮似乎选择性淡忘，未予入传。正如乡贤吴仕民在《〈长沙王吴芮〉序》[②]中所言："和吴芮同时代的诸王若韩信、英布等莫不有众多的史家研究，众多的书籍记述，相比之下，对吴芮却是研究者甚少，知之者不众。"吴芮"就好像光芒四射的星辰隐藏在历史的深空，少有人能感知它耀眼的光辉"。

现今各地吴氏谱牒对吴芮之前世系有两种不同记载，一说出自"季札系"，一说属于"夫差系"，而持"夫差说"的人，对他是夫差几世孙的问题，又众说纷纭，共有七世孙、八世孙、九世孙、十一世孙四种说法。甚至对吴芮有几个儿子都没有定论，有二子、四子、五子、六子等不同说法。加之稗官野史发挥增益，鱼龙混杂，使吴芮身世更加扑朔迷离，难辨真伪。

笔者拟以史实为据，对纷繁芜杂的说法进行分辨、取舍，力图梳理出一个更为接近历史真实的吴芮。

一、吴芮的世系源流

关于吴芮世系，吴忠强先生《吴芮世系研究》[③]一文认为，吴芮是夫差十一世孙，并从人类发展规律进行推论：从夫差生

① 转引自刘佑平《秦汉时期吴姓的迁徙》，华夏吴氏网，2020.01.30。
② 吴超来、张炜：《长沙王吴芮》，江西人民出版社，2013，《序·注目历史的深空》。
③ 吴忠强：《吴芮世系研究》，吴氏网，2017.06.22。

年（前528）到吴芮生年（前241），相隔287年，用11去除，平均一代约为26年，这与人类发展的规律基本吻合。若用7、8、9三个去除，则平均一代分别为41年、36年、32年，与人类发展规律差距较大。

他综合多种吴氏家谱考定十一世顺序如下：

夫差→友→弥庸→句余→子山→涉（蹶由）→彰→穆→平→申→芮

而"九世说"则是在"涉"与"平"之间漏掉了"彰→穆"两代，"八世说"又少了"平"一代，"七世说"更少了"子山"一代。

笔者认为：根据记忆规律，回忆陈年旧事，出现遗漏现象是常态，而凭空增益的现象则罕见。所以，认定吴芮为夫差十一世孙比较靠谱。

至于吴芮到底有几个儿子的问题，《汉书》在《异姓诸侯王表》和《王子侯表》中列出了吴芮4个儿子的名单，即长子吴臣、次子吴郢、三子吴浅、四子吴阳。并具体列出了"五王九侯"袭封的详细情况。长沙王袭封情况如下：

吴芮→吴臣→吴回→吴右→吴差（一作吴著）。吴差薨于孝文后七年，因无子，长沙国号被撤销。

九侯袭封情况如下：

次子长沙柱国侯吴郢→吴重。吴重薨于汉高后七年（前181），因无后，柱国侯爵位只传了两代。

三子便顷侯吴浅→吴信→吴广志→吴千秋。共传四代，至吴千秋，"元鼎五年（前112），坐酎金免。""坐酎金"即犯酎金案。所谓"酎金"，指的是诸侯献给朝廷供祭祀使用的贡金。元鼎五年（前112），汉武帝为了剥夺汉初袭封人的爵位，制造了"酎金夺爵案"，他借口诸侯进贡的酎金分量和成色不足，逮捕了丞相赵周，废黜了100多位侯爵，吴千秋就在废黜之列。

四子沅陵顷侯吴阳→顷侯吴福→哀侯吴周。传三代，因吴周无后，侯爵被除。

综上所述，吴芮四个儿子当中，有三个儿子都因无嗣而失去侯爵继承权，只有第三子吴浅一支人丁兴旺。于是，不少人便据此认为：吴芮后人都是由其第三子吴浅传下来的。其实，这个说法不正确。因为，汉代宗法制度规定：王侯只能由嫡长子世袭。这里只是记载了三个儿子的嫡长子无后，至于其庶子，没有涉及，所以不能妄下断语。例如，据顺治五年《蓝湖吴氏家谱》记载，吴芮长子吴臣，共生有4个儿子，分别名回、正、平、重，长子吴回继承长沙王后，再传了两代，就因无后，而国除，但另3个庶子情况，并未涉及。

不过，同治《余干县志·吴芮传》只认吴臣、吴浅为吴芮的儿子，而把吴郢记作吴芮兄子，即侄子；把吴阳记作吴芮的孙子，吴臣的庶子。

而顺治五年《蓝湖吴氏家谱》又记吴芮有六子，即在上述四子基础上，增加了五子吴元，六子吴质，并说吴元为吴芮小妾所生。因正史无载，仅列此存疑。

另据《江阴吴氏统宗源流考》记载，吴芮五世孙吴千秋被免除封爵后，被迫从湖南迁居到蒲坂（今山西永济西蒲州），生子二，名吴衍陵、吴胤陵。北迁中原后，以吴千秋为始祖，人丁逐渐兴旺起来。据《山阴州山吴氏族谱》载，吴千秋七世孙吴汉，官至东汉大司马，谥忠侯，史称"广平忠侯"。从此开始，吴家中兴，又有9人被封侯，2人被任为大将军。

九侯：广平忠侯吴汉、袭广平忠侯吴成（吴汉长子）、新蔡侯吴国（吴汉次子）、安阳侯吴彤（吴汉大哥吴尉之子）、褒亲侯吴翕（吴汉弟）、袭褒亲侯吴安国（吴翕之子）、濯阳侯吴旦（吴成长子）、筑阳侯（后改封平春侯）吴盱（吴成次子）、平春侯吴如胜（吴盱之子）。

两员大将军，一位是吴汉的哥哥吴尉，是光武帝刘秀的一员猛将，跟随刘秀打天下时英勇战死。刘秀便封吴尉的儿子吴彤为安阳侯，以抚其心。另一位是吴汉的四弟吴演，也被封大将军。

吴芮的来龙去脉大抵如此。一个家族在 150 年内，出了 25 位王侯将相，这在江西当时的历史上是绝无仅有的，不能不说是一个奇迹。

二、吴芮的传奇人生

据《上饶地区志》（方志出版社，1997）载，"公元前 473 年越国灭吴国，追杀夫差家人。吴国王子王孙四散避难，其中一支随吴国南溃兵马，分别从安徽休宁翻过虎头山和郭公山，隐匿到浮梁的瑶里、九龙、金竹山、蛟潭、福港等偏僻地区生存下来"。直到公元前 330 年楚威王灭越国后，吴国后裔才重返政治舞台。

约公元前 250 年，吴芮的父亲吴申任楚国大司马（掌邦政，权比丞相），因为谏议春申君黄歇图谋不轨，得罪了楚王。公元前 248 年，吴申被流放到边远之地番邑（今鄱阳）。当时很多人为吴申抱不平，劝他到齐国去做官，但他坚决不肯背叛自己的国家。为了回避好事者的怂恿，他举家迁到余干县善乡龙山（今社赓镇五彩山）居住。

社赓五彩山鸟瞰图

7 年后，吴芮就出生在这里。相传吴芮出生时，天放五彩，瑞象频生，后人便将龙山改名"五彩山"，并沿用至今。山上峰峦耸翠，松桂葱茏，野花竞放，美如锦绣。

宋代饶州府尹王十朋游五彩山后，有诗赞曰：

吴芮当年生此山，此山彩色锦官城。

如今不爱繁华地，松桂森森一一青。

作为亡国之君夫差的后裔和楚国遭贬大司马的儿子，吴芮从小接受的是"武以立国，文以安邦"的教育。文武兼修，使他从小就在文韬武略上远超同龄人。

秦朝末年，由于统治阶级横征暴敛，加之灾害频仍，使得民不聊生，怨声载道，社会动荡，散兵游勇与流氓地痞沆瀣一气，四处抢劫。为保卫乡亲不受伤害，吴芮自发组织家丁亲兵抗击流寇。据乡贤吴超来、张炜《长沙王吴芮》记述，吴芮 18 岁时就统制联防兵马数千人，分布在鄱阳、余干、浮梁等地，维护治安。

秦始皇统一六国后，实行郡县制。公元前 221 年，秦改番邑为番县。鉴于吴芮的实力、才能和社会影响力，任他为首任番县令，时年 21 岁。在县令任上，他采取了一系列轻徭薄赋、发展生产的措施，"甚得江湖间民心，号曰番君"[①]。

公元前 209 年 7 月，陈胜、吴广在大泽乡揭竿而起，反抗暴秦，天下"云集而影从"。8 月，吴芮起兵响应。他支持项羽，出兵横扫赣、湘、桂一带，威震江南。各地义军纷纷前来投奔，其中就包括淮南义军首领英布和同乡梅鋗。越王勾践的后裔闽越王无诸和东海王驺摇，也领兵归属，吴芮捐弃前嫌，兼收并蓄。

英布，原是受过黥刑的江湖大盗，绰号"黥布"，他率领一支 7000 余人的淮南义军来到番县，投奔吴芮。吴芮不但不嫌弃他，还把心爱的女儿嫁给他为妻。黥布骁勇善战，战功卓

---

① 班固：《汉书·韩彭英卢吴传第四》。

著。司马迁曾单独为他作《黥布列传》。

梅鋗，率百粤子弟6000余人从台岭（今广东梅岭）至赣湘，投奔吴芮。不久吴芮派梅鋗与刘邦合攻南阳，拿下析（今河南西峡县）、郦（今南阳西北）等地。至此，吴芮已成为事实上的百越领袖。

吴芮率领英布和梅鋗两员猛将跟随项羽和刘邦，攻城略地，直捣咸阳，屡立战功。项羽攻入咸阳后，一把大火把阿房宫化为焦土，秦王朝宣告灭亡。项羽论功行赏：封吴芮为衡山王，建都邾城（今湖北黄冈）；封英布为九江王；封梅鋗为十万户侯。

当初，项梁起兵抗秦时，曾立楚怀王孙子熊心为王，仍称楚怀王。秦亡后，项羽自立为西楚霸王，表面上仍尊熊心为"义帝"，实际上把他徙置长沙，都郴县。然后派衡山王吴芮和临江王共敖对义帝实施剿杀。据《史记会注考证》[①]引清人洪亮吉的说法，吴芮和共敖没有实施项羽的阴谋，于是项羽只好再派英布把义帝杀了。项羽因此忌恨吴芮，侵夺了吴芮的封地，收回了其"衡山王"的封号，吴芮再次回归"番君"称号。

紧接着，项、刘争夺的楚汉之争拉开帷幕。项羽"侵夺"封地与剿杀义帝的行为，使吴芮看清了他暴戾不义的真面目。于是，在义兄张良劝说下，吴芮再一次审时度势，站到了刘邦一边，从而大大改变了楚汉力量对比的格局，为刘邦赢得最后胜利奠定了基础。

公元前202年，刘邦在"垓下之役"一举击败西楚霸王项羽，项羽感到无面目见江东父老，在乌江拔剑自刎，结束了他威武悲壮的一生。同年10月，在群臣的簇拥下刘邦登上了皇帝宝座。

为了安抚人心，刘邦随即对有功之臣进行大封赏，据《史记》记载，共分封了18个诸侯国王，其中同宗王9个，异姓

名人故事

---

① （汉）司马迁、（日）泷川资言：《史记会注考证》，新世界出版社，2009。

王7个（9人）。这7个异姓王是：楚王韩信、淮南王英布、梁王彭越、韩王韩信（战国时韩国王族后裔）、赵王张耳（张耳死后，续封其子张敖为赵王）、燕王臧荼（臧荼谋反被杀后，继封卢绾为燕王）、长沙王吴芮。同时封梅鋗为十万户侯。

《汉书·韩彭英卢吴传》记吴芮封长沙王有这样一段话"项籍死，上以鋗有功，从入武关，故德芮，徙为长沙王，都临湘（古县名，公元589年改名长沙）"。大意是说：项羽死后，汉高祖因为梅鋗有功，跟着一起入关，所以感激吴芮，转封吴芮为长沙王，以临湘为都城。这里最值得玩味的是"故德芮"三个字。按班固的意思，刘邦是因为吴芮为他引荐了梅鋗这位大将，跟着他一起攻入函谷关，鞍前马后，拱卫他，所以对吴芮感恩戴德，才封他为长沙王的。

班固接下去又说："初，文王芮，高祖贤之，制诏御史：'长沙王忠，其定著令。'"大意是：当初，汉高祖认为文王吴芮是个贤者，下诏让御史记下："长沙王对我忠心耿耿，他可以作为制定封赏律令的依据。"言下之意，他这样忠心耿耿，封赏时可以不受原有律令'非刘姓不王'以及必须战功显赫等条文限制。"著令"就是起草律令。由此可见，吴芮之所以被封为长沙王，主要在于他的"忠"和"贤"，而不在于骁勇善战、战功显赫。事实上，论战功，或许他还不及梅鋗。也许这正是秉笔直书的司马迁不为他单独立传的原因所在。

刘邦从泗水亭长任上起兵，不到10年时间便实现了当年"大丈夫当如是"的理想，成为九五之尊。以他的聪明，很快就意识到这些异姓诸侯王是天下动乱的根源，是刘家江山的"定时炸弹"。于是，从汉高祖六年（前201）开始，他以"谋反"罪迅速将这些地方武装一一铲除。据《史记》记载：

前201年，燕王臧荼谋反，被诛。

前200年，楚王韩信被贬为淮阴侯，四年后被吕后和萧何合谋诱杀。正所谓：成也萧何，败也萧何。

前198年，赵王张敖因臣下牵连，被贬为宣平侯，凭借驸马身份，才躲过一死。

前196年，梁王彭越"谋反"被夷三族，尸体被剁成肉酱，并让各路诸侯王传阅，以示震慑。英布收到肉酱时，大惊失色，知道大事不妙，偷偷派兵防备。结果被人告发"谋反"，也被诛。

前196年，刘邦曾经青梅竹马的兄弟，燕王卢绾"谋反"，叛逃匈奴，最终客死异乡。

这些被铲除的异姓王，有功业彪炳的天才将领，有出身高贵的王族后裔，也有曾经亲密无间的发小兄弟和亲生女儿的驸马，可是权力场上无亲情，功劳、亲情 扯上政治就变得一文不值，兔死狗烹是封建统治阶级永远的政治正确。

然而，在异姓诸侯王中却有一人逃过了刘邦的清洗，他就是长沙王吴芮。长沙王位安然无恙，传至子孙，绵延五世，因无后而终。吴芮得以善终的原因，不外乎以下四点：

一是因为吴芮对汉高祖的"忠"。

楚汉相争时，韩信、彭越、英布等人支持刘邦都是有条件的，他们甚至以条件相要挟。而吴芮则审时度势，无条件地坚定站在刘邦一边，并派梅鋗拱卫刘邦，先于项羽攻克咸阳，为刘邦定于一尊，建立了不朽功勋。所以，刘邦对御史说，吴芮忠心可鉴，应该打破常规封他为王。

另据《汉书》记载，当英布"谋反"时，吴芮已经去世，其长子吴臣承袭长沙王，又一次坚定地与高祖保持一致，给英布写信、赠玉，引诱英布到番阳把他杀了。吴臣大义灭亲之举，延续了吴芮的大忠。

班固在《汉书·韩彭英卢吴传》最后意味深长地写道："唯吴芮之起，不失正道，故能传号五世，以无嗣绝。庆流支庶，有以矣夫！"意思是：只有吴芮在奋起的过程中，始终不失正道，所以能够五代流传国号，只是因为嫡长子一脉最后没有子嗣，国号才被取消。福泽延及庶支子孙，这是有原因的啊！所谓"原因"，说到底就是对汉高祖的"忠"。

二是因为吴芮"贤"，为人低调、厚道。

史载，刘邦为考验吴芮，曾问吴芮，是否想重建吴国？吴芮并不正面作答，只是说：大王如果要建立吴国，你的侄子刘濞重义厚道，应立他为吴王。他还听从义兄张良劝告，低调做人，把自己大部分领地让给刘邦子女，又将自己的部分精锐亲兵分到刘邦堂兄荆王刘贾帐下，反复表明自己没有"野心"。

三是因为刘邦要利用吴芮来稳定南方百越之地，以便集中精力对付北方匈奴。

长沙国是汉初最南边的一个诸侯国，当时南方还有许多地方割据势力，包括南越（今越南），还没有归附汉朝。为集中精力对付北方强悍的匈奴民族，刘邦当时的策略是讨伐北胡，安抚南疆。谁来安抚稳定南方的百越呢？当然非长沙王莫属。因为吴芮与其他异姓诸侯王最大的不同点就在于，在刘邦眼里，他的存在感主要还是他以百越领袖的身份刷出来的。刘邦当时的布局就是以长沙国为核心，以吴芮百越领袖的身份为号令，再用其他手段加强长沙国的军备，从而让他能够代替大汉稳定南境，为北征匈奴创造稳定的大后方。为防止吴芮生异心，刘邦还使出一招，暗中节制他。他通过封赐列侯的方式，将吴芮麾下的大将须毋封为陆梁侯，使他变为大汉直接的部将。所谓陆梁，是当时百越的别名；所以，陆梁侯实际上就是百越侯，足见其地位重要。有陆梁侯的暗中节制，刘邦就可以高枕无忧了，更何况吴芮对自己忠心耿耿，不到万不得已，为什么还要诛杀他呢？

四是因为吴芮死得早，继任长沙王的吴臣，忠而弱势。

在刘邦登基后的第二年冬，吴芮受命率兵去平定闽越，行军至金精山（今江西宁都县西北石鼓山），意外病逝，此时他被封为长沙王仅5个多月。死后谥"文王"，葬于长沙城北。后因墓被盗，迁回婺源、浮梁等地安葬。

吴芮病逝后，长子吴臣袭封长沙王。公元前196年，汉高祖清洗英布时，吴臣坚定支持高祖，大义灭亲，诱杀了英布，以此表示对高祖的效忠。英布被杀后，梅鋗也于当年去世，吴臣势单力薄，对刘家江山不构成任何威胁。刘邦再无赖，也不可能冒天下之大不韪对吴臣下手。更何况他自己在率兵征讨英布时，中了流矢，伤重不愈，自认气势已尽，拒绝治疗，第二年就病死在长乐宫了。

三、吴芮文化遗存

吴芮在余干出生，在鄱阳出仕，封王于长沙，病逝于宁都，安葬于长沙，后来又移葬于婺源等地。所以其文化遗址，主要在赣东北的余干、鄱阳、婺源。现择要略述如下：

1. 芮王殿

为了缅怀吴芮，余干当地百姓早在唐代就在五彩山下修建了芮王殿，占地面积5000余平方米，建筑面积3000余平方米，1000多年间，几建几废。清宣统年间有一次较大的修葺，建筑

名人故事

五彩山芮王殿

分上中下三殿，最高处有六丈高，梁柱粗大，须两人环抱，殿内建筑全部选用珍贵木材，雕梁画栋，描金涂漆，工艺精湛，金碧辉煌，后殿中央砌有青石高台，上供吴芮轿内坐像，常年香火旺盛，可惜该殿于1968年"文化大革命"期间被毁。

2016年8月19日，吴氏宗亲投资数百万元重建的芮王殿，在五彩山举行开工奠基仪式。经过3年精心打造，2019年年底全部完工，从而了却了吴氏宗亲的一桩心愿，也为人们增添了一处了解五彩山历史文化与民俗风情的打卡地。

2. 吴芮文化公园

余干县委、县政府为了还原历史，启迪未来，提升城市品位，于2017—2019年斥巨资在县城东南建造了"吴芮文化公园"（俗称"冕山公园"），高46米的吴芮塑像端坐其中，吴芮的生平事迹以竹简形式镌刻在山体上，人马、战车浮雕栩栩如生，气势恢宏地再现了吴芮戎马倥偬、气壮山河的一生。

3. 番君庙

鄱阳县历朝历代都为吴芮修建了番君庙，据《江西通志》卷109载："吴文王庙在鄱阳毛家巷，祀汉长沙王吴芮，祠在州治内，宋知饶州范仲淹迁治西。"

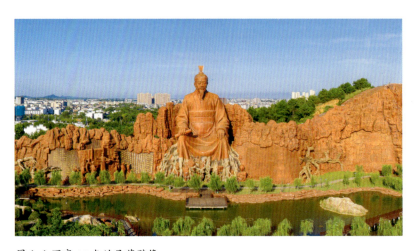

冕山公园高46米的吴芮雕像

元朝廷曾为番君庙立碑，碑文由翰林学士元明善撰写，中书舍人高日方篆额，赵孟頫手书正文。赵孟頫书写的《汉番君庙碑》的帖册现珍藏于国家文物局。

绍兴六年（1136）夏天，岳飞奉诏去杭州临安，从九江过鄱阳，特地到鄱阳毛家巷番君庙凭吊吴芮。岳飞在吴芮的神像前感慨万千，题楹联——机关不露云垂地，心境无瑕月在天。

清代文学家、戏曲家蒋士铨在鄱阳十八坊毛家巷凭吊番君庙，写了一首长篇七言古诗《番君庙》，叙述吴芮的一生，其中有"称忠只一长沙王""正道不失王独昌"等诗句，称赞他坚守正道，忠贞不渝的品格。

4. 吴芮墓

吴芮病逝赣南后原本安葬于长沙，后被孙权盗挖，于是吴氏子孙便在安徽休宁，江西浮梁、婺源、高岭等地建了多个疑冢，以防盗墓。同治《婺源县志》载："葬吴王处曰鸡笼山。"据考证，迁葬鸡笼山的时间在唐代。葬后，其部分后裔从余干、鄱阳迁来守墓，并就此定居下来，繁衍生息，所居之村叫吴村，20世纪50年代有数百人之多。1958年修大塘坞水库（现为鸳鸯湖）时，吴村人转迁到婺源各地去了，但宗亲之间依然来往密切。

汉十万户侯梅鋗

◎卢新民

梅鋗雕像

  梅鋗（前244？—前196），余干梅港人，据记载其为春秋时期越王勾践后人（勾践本姓姒，越国灭亡后，许多越人改姓，因勾践曾将儿子封在梅里，所以这支越人改姓为梅。后越人不断南迁，梅鋗的父亲迁居至余干安乐乡，即今梅港）。吴芮以番令举义反秦，佐诸侯、诛暴秦，以梅鋗为将。灭秦后，项羽封梅鋗为十万户侯。汉朝建立，刘邦封梅鋗为台侯（一说广德侯）。

  同治《余干县志》："梅鋗，安乐乡梅港人。吴芮之为番阳令，天下方乱，芮以鋗为将，教练士卒，保番民，故番有督军湖（旧志注，即今东湖）。项梁起兵江东，芮率越人应之，以鋗领兵，至南阳从沛公，降析郦二邑。至咸阳，从项羽入关有功，

封十万户，为列侯，崇祀郡乡贤祠。"

前196年，梅鋗去世，归葬余干梅港，当地建梅王殿以祭。传说到了南朝宋孝建年间，梅干殿周围有紫藤缠绕，"紫气薄天""有天子之气"，朝廷命当地官员断其脉，又修建应天寺。"梅鋗与应天寺的故事"入选余干县第三批县级非物质文化遗产保护项目名录。

梅鋗在参加反秦义军前，曾追随当时的越王（越国灭亡后，其后人不断有人称越王）去岭南。《直隶南雄志》载："始皇并六国，越王逾零陵往南海，越人梅鋗从至梅岭，家焉，筑城浈水之上，奉王居之。""百粤叛秦，首推雄杰为长，后众皆贤鋗，乃长之。"梅鋗在广东台岭一带，筑城浈水上，"奉王居之"，拥兵据守。秦末农民起义爆发后，梅鋗在台岭地区招募兵勇，扩大队伍，伺机而动。他一方面组织开荒造田，利用中原先进的牛耕技术，发展稻作经济；另一方面开展军事训练，在台岭各险要隘口设立关卡，派人守卫。岭南地区的壮士纷纷投到梅鋗部下，其中最有名的是庾胜兄弟。梅鋗在台岭屯粮练兵，艰苦创业，百姓休养生息，称雄一方。庾胜兄弟驻守的山岭，后来分别称为大庾岭、小庾岭。梅鋗还修筑了沟通岭南与中原的道路，给岭南带来了先进的吴越文化和生产技术等，对岭南的开发起到了重大的作用。

以梅鋗及其部下为首的"梅越"还是湖南梅山文化的缔造者之一。据《百越源流史》载，"当吴芮徙封长沙王时，梅鋗也率众西迁到长沙郡之新化、安化的梅山"。学者龙沛林认为，没有梅鋗越徙居梅山，梅山地域便不叫梅山，也就谈不上梅山文化。传说梅鋗被刘邦封于梅山一带时，给予其后代不服徭役、不纳赋税等特权。梅鋗及其后人在梅山一带对内实行人人平等、亦民亦兵、自给自足的政策，对外依赖梅山天险优势实行武装割据，从而确保了梅山地区"旧不与中国通"的"独立王国"，在封建王朝的包围中延续了1200多年。直到1072年，宋神宗派大将蔡煜、章惇开梅山，梅山这才重新接受朝廷的管辖。

对梅鋗波澜壮阔一生的成就，有学者评价：自梅鋗始，开创了汉、越及其与其他少数民族联合反抗统治斗争的先例，加速了百越社会的汉化和封建化进程。清朝学者屈大均所著的《广东新语》中谓："越人以文事知名自高固始，以武事知名自梅鋗始。"由此可见，梅鋗在华夏文明的历史发展进程中产生的推动作用是非常强大的。

因为梅鋗在开发岭南、促进岭南经济文化发展方面所起的重要作用，这里的人们将梅鋗奉为神灵，至今祭拜。比如广东梅州就是梅溪宫，供奉的"梅溪圣王"就是梅鋗。梅溪宫的正殿柱联曰："汉时功业清时福，当日威仪此日神。"梅溪圣王又称"梅溪公王"，在梅州客家人心目中地位很高，他是福禄神明，是乡间村民的裁定和守护之神。在文献记述和民间传说中均有不少关于"公王显灵降雨"等相关故事。当地人介绍，中华人民共和国成立前，如当地遇久旱无雨，人们便把梅溪公王抬出去，祈求公王显灵降雨。每年农历八月初三，还要举办"扛公王出巡"和"接公王"的民俗活动。此外，在湖南梅山文化中还有福神的信仰，其最先崇奉的神祇就是梅鋗。福神信仰遍及上下梅山，辐射到几乎整个湖南，后传播到江西，改作"邑里福德正神"。而传播到福建、台湾，则改成"福德正神庙"。

广东百姓对"梅溪圣王""梅溪公王"的顶礼膜拜，以及湖南、江西、福建、台湾等地百姓对福神的信仰，都是对梅鋗的一种纪念，寄托了百姓对开发岭南的先驱梅鋗的无限追思，体现了对"梅文化"，对秦末汉初大将、十万户侯梅鋗的无限敬仰！

一代名臣赵汝愚

◎卢新民

赵汝愚雕塑

　　余干城西赵家岭一带曾有一处景点，叫梅岩。"干越八景"之一"宸翰梅岩"就是这里。"宸翰"指的是帝王墨迹。"宸翰梅岩"的意思是，"梅岩"二字为皇帝留下的手迹。

　　赵家岭，原名"藏山"。同治《余干县志》卷二"舆地志"载："藏山，在县治西里许，悬崖峭壁，宋丞相赵汝愚读书处，宋理宗赐'梅岩'二字镌之石……稍西有蛮王墓、神仙窝、西禅寺、溪山风雨亭。"又，"梅岩，在县治西赵家岭，宋理宗御书'梅岩'二字赐忠定公，真迹久藏，后方拓本刻于石，墨迹飞舞，苔痕剥蚀。"

　　原来，这里是南宋右丞相赵汝愚少年读书之处。

同治《余干县志》关于"梅岩"的记载

　　话说，靖康之耻后，北宋灭亡，康王赵构南逃临安建立南宋。后来重新将南宋王朝的帝位传给了宋太祖赵匡胤一脉的后裔，于是赵匡胤弟弟宋太宗赵匡义一脉宗室从南宋京城临安迁出，散居于南方民间。赵匡义六世孙、修武郎、江西兵马都监赵善应随康王南渡后，在浙江桐乡洲泉定居，绍兴十年（1140）生下赵汝愚。赵汝愚出生不久，祖父赵不求监余干酒税，不幸去世，庆国公赵善应就把他安葬在东边城墙外的藏山上，并在此定居下来。因此，藏山被后人习惯称为赵家岭。赵汝愚的属下和好友刘光祖在《宋丞相忠定赵公墓志铭》中记作："绍兴十年（1140）二月丙申，公（赵汝愚）生于嘉兴之崇德县（今桐乡市崇福镇）。申公（赵不求）晚监饶州余干酒税，卒于官。庆公（赵善应）葬申公于县东郭，因家焉。"

　　赵不求去世后，赵汝愚随父从城东迁至藏山北麓，就是现在赵家岭一带。南宋曾任剑南东川节度推官的刘光祖在《宋丞相忠定赵公墓志铭》中提道："绍兴十年（1140）二月丙申，公（赵汝愚）生于嘉兴之崇德县（今桐乡市崇福镇）。申公（赵不求）晚监饶州余干酒税，卒于官。庆公（赵善应）葬申公于县东郭，因家焉。"

赵氏父子选择在余干定居，有两个原因。一是赵不求、赵善应先后在余干监酒税，且在余干置有地产。另据有关史料，宋太宗赵匡义长子赵元佐从小聪慧异常，长相颇似其父，太宗特别钟爱，但后来犯了疯癫病，没有被立为皇储，被封为汉王，赐地就在饶州余干。故有史家又谓赵汝愚"原籍饶州余干"。

赵不求去世后，赵善应带着幼年的赵汝愚，在藏山筑室而居。藏山面朝市湖，当时此地峭壁层叠，林色青翠，景色宜人。山岩上有梅，因谓之梅岩。赵汝愚常捧书端坐石岩之间，放声朗读，心无旁骛。

在父亲的指导下，赵汝愚杜门苦读"四书五经"，少年时代就胸有大志，以儒家"修身、齐家、治国、平天下"为己任。及长，每以前朝先贤名相司马光、富弼、范仲淹为榜样。他少年时就立下誓言："大丈夫留得汗青一幅纸，始不负此生！"意谓男子汉大丈夫立于天地之间，定要青史留名。

乾道二年（1166），赵汝愚26岁，应试进士科，"擢进士第一"，寒窗苦读20余载，一举夺魁。本来，进士第一，就是状元。但因为宋朝宗法规定，宗室子弟不授状元。所以，乾道二年这一年的状元，就让给了考取进士科第二名的萧国梁。

赵汝愚进士夺魁后，被任签书宁国军节度判官，召试馆职，除秘书省正字。当时的馆职一般由进士中的优秀人才担任，有宋两朝，名臣贤相多出此途。不久在朝堂之上，孝宗点名要这位原本为新科状元的青年才俊赵汝愚发表一下治国平天下的见解。赵汝愚从容不迫，将腹中的治国之策和盘托出，孝宗点头称许。又将赵汝愚转为校书郎，转过年来，又迁著作郎，参与朝廷大事记一类的汇编工作，已是从六品官职了。

在秘书省搞了几年馆务、文书工作之后，乾道八年（1172），朝廷将赵汝愚外放到地方锻炼，任信州（今上饶）知州。赵汝愚知信州之后不到一年，在他的治下，当地政和民洽，为了感谢他的治化之恩，吏民便在南屏山麓替他建祠设像。赵汝愚将自己的像取下，取"且尽生前一杯酒，何须身后千载名"之意挥笔将此亭题为"一杯亭"，公务之余，常来此处同友人在亭中宴饮，自此该亭天下闻名。

淳熙二年（1175），赵汝愚又以左奉议郎身份知台州（今浙江临海）。他督修城墙，体察百姓，赈救灾民，深得民心。后赵汝愚又调任江西任转运判官。因为治所洪洲离家乡比较近，赵汝愚几次回到余干赵家岭，想起少年时代在梅岩下苦读的情景，萌发了创办书院让家乡诸多学子方便就学的想法。淳熙四年（1177），父亲赵善应去世，赵汝愚在家居丧期间，与从弟（即堂弟）赵汝靓在冠山（即东山岭）东峰上筹资建起了一所东山书院。当时的书院主要有云风堂等主体建筑。书院落成后，即邀请四方学者来此讲学。理学大家朱熹系赵善应生前好友，特来余干吊唁，赵汝愚、赵汝靓兄弟便请朱熹在东山书院主讲，并为书院云风堂题额，一时余干冠山之上四方学子云集。

赵汝愚被召回朝廷后，先是担任吏部郎兼太子侍讲，后又升迁为秘书少监兼权给事中。淳熙八年（1181），赵汝愚代理吏部侍郎，兼太子右庶子。吏部侍郎相当于今中央组织部副部长，掌管全国文官的任免、考课、升降、调动等事务。次年又以集英殿修撰身份出任福建军帅。临行前，孝宗看着这位赵家宗室爱卿，有些不舍，问他有何交代？赵汝愚说了四件重要的国家大事，其中之一是"吴氏四世专蜀兵，非国家之利，请及今以渐抑之"。南宋初期，吴氏四代武将相继执掌四川兵权，被士大夫指斥为"吴氏世袭兵柄，号为吴家军，不知有朝廷"。后来，吴氏果然反叛。也可以看出，赵汝愚对治理国家的深深忧虑和为君分忧的赤胆忠心。

后赵汝愚又出任四川制置使兼成都知府。当时四川一带羌族武装四出骚扰，赵汝愚以计分散其势力，始相安多年。孝宗闻报，称赞其有文武威风。绍熙元年（1190）光宗接位，赵汝愚升为敷文阁学士，又知福州。次年朝廷又将他召回任吏部尚书。绍熙四年（1193），又升其为知枢密院事，掌管中央军政大权，仅次于丞相。

从1166年考取宗室进士第一，光阴荏苒，经过27年的历练，此时的赵汝愚已然成为朝廷上位高权重、深得皇帝信赖的一品大员。

绍熙五年（1194）六月，孝宗去世。然而作为儿子的光宗却犯了疯癫病不能主持丧事，甚至不理朝政。宫内矛盾重重，朝廷内外人心浮动，对朝廷不满的地方大员在密切观望，有发动反叛的迹象。在最关键的时候，宰相留正担心自身不保，撂下这个烂摊子乘上一顶小轿悄悄跑出了京城，这些消息更令朝廷内外惊恐万状，社会变乱随时可能发生。

赵汝愚当机立断，在工部尚书赵彦逾、左司郎中徐谊等共同谋划下，根据光宗"念欲退闲"的御笔，一方面让赵彦逾去做殿帅郭杲的工作，以取得宫禁卫队的支持，另一方面让知阁门事韩侂胄去请示太皇太后吴氏，在得到她的同意下，决策将皇位内禅给皇子嘉王赵扩，是为宁宗。在政局飘摇、大厦将倾的紧要关头，赵汝愚并没有像宰相留正那样躲得远远的，而是以国家社稷为己任，不避祸患，毅然挺身而出，终于使朝廷转危为安。

宁宗即位后，大赦天下，改年为庆元。宁宗认为赵汝愚定策功高，一即位就要诏拜他为右丞相。赵汝愚说："臣属同姓之卿，不幸处君臣之变，安敢言功？务请收回成命。"同以赵姓不可为相的祖训婉辞。宁宗见他功成不居，深表赞许，只好任命他为枢密使，参与执政。不久，因孝宗葬礼的事，赵汝愚与宰相留正意见不合。韩侂胄也在都堂，目睹两人争持不下，就乘间进谗，入奏宁宗，极言留正糊涂已极，难胜宰执之任。宁宗对韩侂胄很信任，马上下诏将留正贬为观文殿大学士，外放建康府。朝廷不可无相，宁宗于是立即任命汝愚为光禄大夫、右丞相，赵汝愚力辞再三，宁宗就是不许，只好承命，接受了右丞相一职。就这样，在宁宗的坚持下，赵汝愚成为两宋时期唯一的宗室宰相，成为"一人之下，万人之上"的重臣。

在宁宗受禅的次月，赵汝愚力荐理学家朱熹、陈傅良等入朝来担任宁宗经筵侍讲。宋宁宗初政，以赵汝愚为政治领袖，以朱熹为精神领袖，时论认为"从赵公者皆一时之杰""众贤盈庭"。然而韩侂胄等却因为没有达到个人的欲望而怀恨于心，开始纠结党羽，在政治上攻击赵汝愚、朱熹等，先是在宁宗面前不断进谗，赶走朱熹，赵汝愚也身不由己陷入了权力斗争的漩涡。

韩侂胄除去朱熹后，继续剪除赵汝愚的党羽。他利用双重外戚的身份和宁宗的信任，以及自由出入宫禁、传达圣旨的便利，以内批这一犀利武器，逐渐排斥了赵汝愚的台谏系统，而掌握了言路。在以内批和言官的双重攻击下，继朱熹被罢后，彭龟年、陈傅良相继被罢，赵汝愚在朝中日渐孤立。韩侂胄在参知政事京镗的策划下，决定在赵汝愚是同姓之卿上大做文章，指使右正言李沐弹劾："汝愚以同姓为相，本非祖宗常制，方上皇身体未康时，汝愚欲行周公故事，倚虚声，植私党，定策自居，专功自恣，似此不法，以安天位而塞奸萌。"指责赵汝愚以同姓居相位不利于社稷，并结党营私。

于是，宁宗在庆元元年二月将赵汝愚的右丞相罢免，授观文殿学士出知福州，距拜相仅仅半年。十一月，韩侂胄又指使监察御史胡纮诬陷赵汝愚，说他"倡引伪徒，图为不轨"，打算让太上皇光宗复辟。这是宁宗最不可容允的，于是，赵汝愚又被贬往永州（今湖南零陵）安置。

庆元二年（1196）正月，正值万家团聚之时，被朝廷一贬再贬的赵汝愚凄楚地在随从的搀扶之下，路过衡州（今湖南衡阳）来到州府，本欲短暂安顿养好病继续前行，没想到韩侂胄的亲信、州守钱鍪对他百般窘辱、屡加刁难，赵汝愚忧愤不已。正月十八日天明时分，曾经定策扶危、力挽狂澜的一代名相赵汝愚暴病身亡。

开禧三年（1207），侂胄被诛，宁宗下诏宣布侂胄罪状，尽诛其党羽，并为赵汝愚平反昭雪，赐谥忠定，赠太师，追封沂国公，在其余干故里建赵忠定公祠。

嘉熙元年（1237），理宗又下诏将赵汝愚配享宁宗庙廷，并

赵汝愚墓地遗址

追封赵汝愚为福王，后又进封周王，并亲手写下"梅岩"两字赐给赵汝愚子孙。真迹在赵家久藏之后，由后人拿出拓刻于赵汝愚年少读书时的赵家岭石壁。直至清乾隆四十二年（1777）岩塌。

清余干知县詹广誉《宸翰梅岩》诗中有"五色云书留两字，千秋竹史记三台"两句诗，指的就是理宗赐字一事，称赞右相赵汝愚青史留名。

朱熹在《祭赵丞相文》中说，"惟公天赋中和，家传忠孝，爱君忧国，恳恳不忘，进秉机枢，适逢变故，禀承慈训，援立圣明，计定一时，功垂万世"[①]，对赵汝愚的一生给予了很高的评价。赵汝愚以他在历史上的功绩，实现了他少年时代"不负汗青一幅纸"的宏愿。

"江月不随流水去，天风直送海涛来。"这是赵汝愚写给朱熹诗中的名句。南宋右丞相赵汝愚的事迹如今已过去了800多年，然而他的英名永存史册，他的高尚品格赢得无数后人景仰。忠定传千古！

① 见同治《余干县志》卷十七"艺文志"。

理学名家胡居仁

◎陈国文

胡居仁画像

　　文章尘土久沉埋，露冷桐梧凤不嘴。

　　惟有梅溪溪上月，夜深还照读书台。

　　这是明代余干名宦、苏轼十五世孙、浙江参政苏章挽胡居仁的一首诗，表达了诗人对一代理学宗师仙逝的深切哀悼与怀念。其大意是，先生的锦绣文章早已淹没在历史的烟尘中，梧桐上挂满湿冷的露珠，凤凰也默不作声，一切是那样寂静。只有那梅溪上的清辉冷月，在夜深人静时依然映照着读书台。月还是那轮月，台还是那个台，可是物是人非，令人不胜悲凉！

　　这里的"读书台"指的是胡居仁故居福寿墩。

福寿墩，位于今梅港乡董家店村菜市场西北角，西南临街，东北是菜地。其墩巨石如磐，高约丈余，广约半亩，卓然独立。胡居仁32岁时从安仁县（今鹰潭市余江区，下同）大原村迁居于此。

他在《移居记》中写道："近得梅溪西南五六里有地曰福寿墩……于是与兄居安请亲命而迁家焉。"[①] 在墩上，他移建了数间茅草屋，以竹编作壁，以黏土粉墙，四周以土围成下水道，然后遍植竹木。虽身处陋室，但往来有鸿儒，谈笑无白丁；有书声之悦耳，无尘俗之烦心；所以怡然自乐，恬然自足。

据传胡居仁当初曾题"福寿墩"二个大字，刻于石壁。可惜字迹早已被岁月的风霜销蚀，了无踪影；而福寿墩倒像个饱经风霜的敦厚长者，至今静默地岿然而立，不但见证了胡居仁壮年时期理学成就和教育生涯，而且在人们纷至沓来探访时，反复诉说着主人的生前故事与身后名节……

一、平生淡泊继绝学

胡居仁（1434—1484），字叔心，号敬斋，明朝著名理学家、教育家。其一生按成长、思想发展和事业成就大致可分为三个阶段：

1. 知识累积阶段（18 岁之前）

胡居仁祖父名胡子仪，是当地有名的私塾先生，平生酷爱翠竹，人称"竹友先生"。父亲胡南俊，生于1396年，卒于1466年，其"资禀雄迈质朴，不事浮靡，好宾客而尚儒术，犹喜吟诗，所居梅溪，前有溪水环绕，因号曰'环溪堂'"，[②] 可见其父也以耕读传家，环溪堂大概也算得上小有书香的农家门第。母亲王氏，是中国古代俭朴治家的农村妇女典型代表。

---

① 见《胡文敬集》卷二，转引自冯会明《胡居仁与余干之学研究》，电子科技出版社，2014，第47页。
② 语见胡居仁《先石墓志》，见《胡文敬集》卷二，转引自冯会明《胡居仁与余干之学研究》，电子科技出版社，2014，第47—48页。

胡居仁少有大志，敏而好学，年幼时就在祖父膝下承欢，并接受启蒙教育；7岁时入私塾，"言动类成人"，表现出超越年龄的成熟，且天资聪颖，过目成诵，久而不忘，先生言上文，他能通下文，被称为"神童"。

当地曾流传着这样一个故事：一日有两人闲聊，恰逢胡居仁经过，其一指着胡居仁说："此儿神童也。"另一个鄙夷地笑着说："小时了了，大未必然。"胡居仁听了，当即回敬道："想公小时，必了了焉！"顿时，羞得那人无地自容。

12岁时，胡居仁随父迁居到安仁县大原村居住，直到32岁才迁回梅溪。

2. 学问成长与思想形成阶段（19—31岁）

19岁那年，他拜当时余江县于世衡先生学《春秋》，在两年时间内，不但把《春秋》读得滚瓜烂熟，而且博览群书，《左传》《公羊传》、诸子百家、楚辞汉赋、唐诗宋词，无不涉猎。但他并不满足于死读经传条文，他认为读书人最后归宿，应该是以经典教化人心，经世致用。于是，在21岁那年冬天，他负箧曩，来到抚州崇仁县，拜理学大家吴与弼先生为师，潜心钻研理学。

吴与弼（1391—1469），字子傅，号康斋，是崇仁学派创立者，明代学者、诗人，著名理学家、教育家。在清代黄宗羲的《明儒学案》一书中，"崇仁学案"位列第一，而吴与弼又为"崇仁学案"的第一人，显示出他在明代学术思想界的重要地位。

吴与弼的理学思想，概括起来有四：天道观、性善观、践行观、苦乐观。他继承和发展了程朱的哲学思想，认为：大千世界，万事万物，都有它们自身的规律。他觉得"人欲"，有善恶、好坏之分，但可以"化"。所谓"化"，就是通过教育自身修养，纯洁心灵，升华人格。古之儒者，崇尚躬行实践。吴与弼完全继承了儒家这一优良传统。他用封建伦常的"理"来约束自己的行为，规范自己的生活，贯穿到日常生活中去。吴与弼 19 岁时，即抛弃求功名利禄的科举业，谢绝交往世俗，潜心于程朱理学。明英宗曾三次下旨征召他，他都称病不出，完全继承了儒家"安贫乐道"的传统遗风。

受康斋先生影响，胡居仁发愤圣贤之学，绝意科举，以存心穷理为要，躬行实践为本，继承了程朱理气论，并进而提出了"心与理合而为一"的观点，得理学之醇正。后世评价说"明初醇儒以端及胡居仁、薛瑄为最"，又说"薛瑄之后，粹然一处于正，居仁一人而已"①。

大约 3 年后，胡居仁离开恩师吴与弼回到家乡，先后创办了礼吾书院、南谷书院、碧峰书院，又建了丽泽堂，走上了讲学授徒之路，生活也逐渐安定下来。因他教育有方，治学严谨，从游者日众，四方学子慕名而来者络绎不绝。

据五雷大梧村《叶氏家谱》记载，礼吾书院系由乡贤叶景先、叶应震②父子捐资兴建，地处人迹罕至的偏野孝诚乡（今五雷）大梧村。

南谷书院在安乐乡（今梅港乡）南极峰，据说也是叶应震等人筹资兴建。此地青山隐隐，绿水悠悠，茅舍竹篱，风清月白。

碧峰书院则是在当地一位陈姓绅上的帮助下，由胡居仁自己兴建的，位于孝诚乡十八都碧霄峰。今五雷有书院陈家，旁有碧霄峰，峰下道路偏僻，先生为启圣学，于此建书院，可谓筚路蓝缕。

其间，胡居仁在教授之余，常与好友陈献章、娄谅、谢复、郑侃等人交游，他们或一起吟诗作赋，或互相诘难，探讨学术。与此同时，他还与娄谅、罗伦、张元桢诸友常在余干应

---

① 语见《明史·儒林传》，转引自冯会明《胡居仁与余干之学研究》，电子科技出版社，2014，第 169 页。

② 叶景先、叶应震：五雷大梧村人，两人为父子关系。景先官至汀州知府，应震官至四川副使。

天寺、弋阳圭峰等地会讲，开明代会讲之先河，形成了后人所谓的"余干之学"，成为名闻一时的一大学派。明代堪称理学大家的全国共有 15 人，胡居仁与同时期另一位余干人张吉赫然在列，为余干赢得了"人文之盛甲江南"的美誉。

3. 事业鼎盛时期（32—51 岁）

胡居仁 32 岁时，举家迁回余干梅溪，择居福寿墩。次年，江西学官李龄慕名亲自登门，聘请他去白鹿洞书院讲学；但因父丧，孝服在身，辞未赴任。1467 年 2 月，他刚安葬好父亲，便收到白鹿洞书院主要创办人、南康知府何浚来函，再次盛情聘请他入主白鹿洞书院。盛情难却，他欣然应聘。

在担任白鹿洞书院山长和主讲期间，他尽心传道授业，力倡主敬修心，并继朱熹《白鹿洞书院揭示》之后，制定了《续白鹿洞规六则》，为书院规范化、制度化建设作出了重要贡献。这是胡居仁一生学术生涯的高峰。

1468 年冬，因母丧，他不得不从白鹿洞书院辞归服丧，结束了第一次白鹿洞之行，继续在家乡从事教学和著述事业。

12 年后的 1480 年，因江西提学副使钟成邀请，胡居仁再次入主白鹿洞书院。但这次任白鹿洞洞主时间更短，前后仅 4 个月左右，胡居仁就因疾病等原因，于同年六月初二辞职回家休养了。

胡居仁在长期的教育实践中，积累了丰富的教学经验，形成了一整套读书方法，有的已成为格言警句。他认为读书首先要有正确的目标和志向；要循序渐进，熟读精思；要持之以恒，更要强调躬行实践，笃志力行。他总结出的读书"立志、渐进、恒心、践行"八字要诀，对今天的读书学习仍有一定的启示作用和借鉴意义。

"苟有恒，何必三更眠五更起；最无益，莫过一日曝十日寒。"这副对联对青年时代的毛泽东曾产生过很大影响，青年毛泽东甚至将它作为座右铭自勉，该联便出自胡居仁手笔。

他那句治学修身名言"闻人之谤当自修，闻人之誉当自

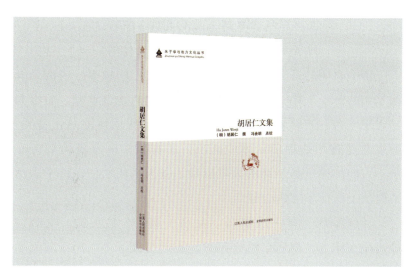

《胡居仁文集》书影

惧"，更是发人深省。

胡居仁淡泊自处，自甘寂寞。他远离官场，布衣终身。讲学之余，笔耕不辍，勤于著述，其著作，后人编为《胡文敬公集》《易象抄》《居业录》及《居业录续编》等书行世。

二、以孝为先修天性

胡居仁一生以游学、传道、授业、著述为业，绝意仕进，孝亲化人，粗茶淡饭，安贫乐道，为封建时代文人树立了道德标杆。

自古以来，中华民族的人伦道德，都是以忠为大，以孝为先。胡居仁年方弱冠便以孝闻名乡里。文献上记载他孝行的故事很多，这里试举数例：

罾鱼事亲　他经常夜里到梅溪、池塘用罾扳鱼，孝敬父母。为什么要夜里罾鱼呢？因为白天他要研习儒家经典，手不释卷，所以只好利用晚上时间捕鱼。为此他曾作诗：

王祥孝感出双鳞，更有美诗善事亲。

何事今人不如古，终宵举网向溪滨。

诗中引用的是二十四孝中"卧冰求鲤"的故事，讲的是汉朝末年的贤士王祥，虽被后母虐待却仍然对她很孝顺。后母大冬天想吃鱼，王祥就解开衣服卧在冰上，想用体温融化坚冰。后来忽然有两条鲤鱼从冰中跃出，王祥就拿回家煮给后母吃了，人们都说这是王祥的大孝感动了苍天。胡居仁在诗中表达了效法王祥行孝道的心愿。

尝便验病　有一次胡居仁父亲生病，久治不愈，吃喝拉撒，全在床上，胡居仁悉心照料，不但打破了"久病床前无孝子"的魔咒。而且，从医生那里得知，通过病人大便色、形、味可以推知病情后，他竟然亲自用手指蘸尝父亲的粪便，查验病情。尽管这是有违科学的行为，不值得提倡；但这个举动，对一般人而言，简直是匪夷所思，非大孝大爱之人无法做到。

超度亡父　1466 年，胡居仁 33 岁时，父亲去世，他执父丧，全依古礼，绝食多日，3 年不入卧室，以致形销骨立，身体虚弱到不借助拐杖就站不起来。另外，母亲按照民俗，要他做道场为父亲超度亡灵。这使他很为难，因为他的人生哲学，一贯主张修心主敬，与道禅格格不入，为此他曾公开批评好友陈献章的理学是"禅学"。然而此时母命难违，最终，他还是艰难地选择了顺从母亲，为父亲做了道场。为此他曾撰联明志："读东儒书，不信西天佛教；奉北堂命，乃作南无道场"，惟妙惟肖地刻画出守道与守孝的矛盾心理，传为千古名联。

三、昭昭孔祀垂世范

胡居仁以其高尚的人品和非凡的学术成就，在明代时就倍受推崇和赞誉。其得意门生、女婿余祐[1]在《居业录序》中对其

---

[1]　余祐，鄱阳人，年轻时拜胡居仁为师，胡见其勤奋好学，以为可造之才，把女儿嫁给他。余祐于弘治十二年进士，官至吏部右侍郎。

恩师给予了充分肯定："其学之醇，道之美，迥然无俦，跻之濂、洛、关、闽之列可也。"所谓"濂、洛、关、闽"是指理学大家濂溪先生周敦颐，洛阳学派开创者程颐、程颢兄弟，关中之学开创者张载和闽学开创者朱熹。余祐认为先生可与这些理学宗师并驾齐驱，给予极高的评价。

如果说余祐对胡居仁的评价打上了师承亲情的烙印的话，那么 100 年后，李颐对胡居仁的敬重则完全是发自内心的"粉丝"对"偶像"的真情流露。

李颐（1541—1601），字惟贞，余干县城九甲村人，隆庆二年（1568）戊辰科进士。曾任陕西监察御史、南京总督、都察院右都察史，卒赠兵部尚书。李颐从小敬慕胡居仁的人品。《明史》记载："颐仕宦三十余年，敝车羸马，布衣蔬食。初为御史，首请祀胡居仁于文庙，寝未行。见居仁五世孙希祖幼且贫，字以女，养之于家。"[①] 这段话有三层意思：一是说李颐在生活上以胡居仁为榜样，非常俭朴。二是说李颐做陕西监御史时就向皇帝上疏请以胡居仁从祀孔庙，未获批准。三是李颐看到胡居仁后裔胡希祖年幼贫困无依，就把女儿嫁给他为妻，把他接到家中来扶养。据同治《余干县志》，胡希祖后来官至潞安府（今山西长治市）通判（相当于今副市长），这无疑是李颐精心培育的结果。

据邹建峰《胡敬斋年谱新编》，李颐曾先后两次上疏请胡敬斋从祀孔庙：1574 年万历元年正月戊子，首次上疏，未被获准；十年后的万历十二年（1584）再疏请胡敬斋从祀，被准，从祀孔庙，并追谥"文敬"。同时获准从祀孔庙的还有王守仁和陈献章。

据邓志峰博士考证，1584 年礼部从祀大会，在礼部尚书沈鲤的主持下，参与廷臣会议的 41 人中，胡居仁一人独得 25 票，

名
人
故
事

---

① 转引自邹建峰《胡敬斋年谱新编》，《江西广播电视大学学报》，2011 年第 1 期。

且无人反对；陈献章、王守仁每人仅得 15 票，却谤议极多[1]。足见敬斋先生人品学术的权重非同一般。

李颙奏请朝廷以胡居仁从祀孔庙的奏章在杨希闵《胡文敬公年谱》中有原文收录，近日数读其文，令人感动。奏章从四个方面陈述理由：一是说胡居仁力行修为，坚持主敬修心，安贫乐道，深得程朱理学真传；二是说其人生态度严于律己，谨小慎微，孝友躬行；三是说其思想，博大精深，高明平实，对治国安邦有大补益，对发扬光大儒学有深刻影响；四是引用副都御史郑世威的话："宋儒自周、程、张、朱而下，我朝理学，薛瑄、胡居仁皆传得其宗圣学正裔"，加以佐证。最后李颙恳请皇上指令礼部，公开讨论评议，如他说得不错，就将胡居仁从祀孔庙。

试想，如果没有李颙执着地一再上疏奏请，胡居仁这块闪光的金子或许会埋没在沙砾中。

从祀孔庙，并被追谥"文敬"，这是封建时代对取得杰出成就的儒家学者的最高礼遇，也足见其学术思想对后世影响之深远。敬斋倘有知，九泉当含笑！

最后，笔者愿以拙诗《谒胡居仁故居福寿墩》，表达对敬斋先生的敬意，并作为这篇短文的结语：

> 文敬故居福寿墩，形如石磨四无邻。
> 鹑衣蔬食修天性，授业恭亲守本真。
> 穷理致知羞谈仕，安贫乐道尚居仁。
> 昭昭孔祀垂先范，耿耿淑心启后昆。

---

① 见邓志峰《王学与晚明师道复兴运动》，社会科学文献出版社，2004，第 428 页。

古迹寻踪

余干自古钟灵毓秀，人杰地灵，历史的长河冲积出五彩斑斓的古迹遗踪——远古的石虹山尧碑，记录了4400年前的灿烂文明；中古以来的东山岭、琵琶洲，诉说着流芳千古的风流遗韵；近古的康郎山、冕山岭，见证了人类历史上最惨烈的搏杀和对和平安宁最顽强的坚守。踏着古人的足迹，拂去历史的烟尘，拾掇尘封的记忆，你心中兴起的，将不仅仅是思古之幽情……

尧碑洞府石虹山

◎江朝栋

石虹山鸟瞰图

　　尧、舜、禹是中国古代声誉最高的三位圣帝。范文澜在《中国通史》中说："春秋战国时人，尤其是儒、墨两大学派都推崇取法这三个古帝，因此关于他们的传说，比黄帝以下诸帝更多些，真实性似乎也大些。"

　　《帝王世纪》说："帝尧陶唐氏，祁姓也，名放勋。……二十而登帝位"，定都平阳，后让位于帝舜，开禅让之先河。

　　舜，因生于姚墟而姓姚，因两眼皆双瞳名重华。《史记·五帝本纪》载："舜帝年二十以孝闻，年三十尧举之，年五十摄行天子事。"

那么，尧在何时何地得遇舜？其中又经历了怎样的曲折？笔者试作考据探索，以就教于大方之家。

尧帝为何访余邑

话说"当尧之时，天下犹未平，洪水横流，泛滥于天下"[1]。形势甚为严峻，而尧帝因年老力衰，不堪重负，在这种情况下还未选定大位继承人，不免十分焦虑！他几次召开高层会议，征求四岳[2]的意见。《尚书·尧典》[3]里还记录了部分讨论内容。四岳认为瞽叟之子姚重华（后谥为舜）能处理好复杂的家庭关系，又富有孝心，堪当重任。

尧帝还从百姓中了解到，重华二十即以孝闻，其父及后母、弟弟都是心术不正之人，多次欲置他于死地。但他总是检讨自己，与家人和谐相处。为家人生计，他曾在雷泽打过鱼，在河滨做过陶，还在寿丘、顿丘等地做过生意，颠沛流浪，历尽艰辛，所赚钱物全部用来供养父母、弟弟，深得百姓赞誉。姚重华不仅仁孝勤劳，而且善于团结人，只要他劳作过的地方便兴起礼让之风。"舜耕历山，历山之人皆让畔；渔雷泽，雷泽上人皆让居。"[4] "一年而所居成聚，二年成邑，三年成都。"[5]

尧帝恨不能立即见到重华，可是历山在哪？那些年，重华"处处无家处处家"，凡他所历之山皆称历山。查《古今地名

---

① 引自《孟子·滕文公》。

② 四岳：《周礼正义》"四岳，四时之官，主四时之事。"《尚书·尧典》说四岳乃羲和氏后裔羲仲、和仲、羲叔、和叔，主掌占卜、制定历法，后亦称其为四大诸侯。

③ 当代史学家洪展威先生认为《尚书·尧典》当非实录，而是许多年之后人们根据回忆整理而成的，故其中"朕在位七十年"一句放在尧帝遇舜之前可能有误。

④ 引自《新序·杂事》。

⑤ 引自《孟子·万章上》。

石虹山岗（小石山）

志》，历山竟有 21 处之多，焉知所往？后有人谏曰："三苗国彭蠡东岸余邑（即今余干县城）虽小，名气很大。重华或许已投是处。"尧帝认为言之有理：

尧时即有传闻："南方有小人，名曰焦侥之国，畿姓，嘉谷是食。"① 曾专供上好粮食给黄帝王朝享用。焦侥国在哪无可具考，而古余干所辖仙人洞一带是世界稻作文化发源地，自古至清仍有贡米供奉朝廷。

古余干还是中原人极为赞赏的精美陶器发源地。后世考古界已证实，仙人洞遗址出土的"圜底陶罐"距今约 2 万年，被誉为"天下第一陶"。

从战略角度看，彭蠡之滨的古余干是江南水陆交通枢纽，亦是扼控三苗的咽喉，势必成为兵家必争之地。

直觉告诉尧帝：重华即使不在余干，亦离其不远。同时，为了将来收服苗蛮，极有必要冒险深入敌国走一趟。于是他选出四名精干随从，乔装一番，备足资用，即刻上路。

路上非止一日来到余邑，为安全计，尧帝决定不住邑城，在邑东北约五里处找到了一个绝佳住地——石虹山。

---

① 引自《山海经·大荒南经》。

此山树木葱茏，高约百尺，东部巨石层叠成洞，洞有小门，内可容纳十多人站立坐卧。山外四面环水，水鸟旁若无人。正是：碧流洗尘嚣，蝉鸣林更幽。时虽值盛夏，洞中藏深秋。

尧碑明证知多

初到几日，君臣五人早出夜归，四处寻访不肯稍懈。一天，突然狂风骤起，大雨滂沱，众随从因为不能外出急得团团转。尧曰："连日辛苦，正好休息一下。为了解闷，我教你们下棋如何？"众皆雀跃。你猜他们下的什么棋？——围棋。《博物志》《世本》均有记载："尧造围棋，以教子丹朱。"原来尧之子名丹朱，从小顽烈，常打架闹事。尧帝深知，此子非但不能继位，恐怕将来谋生都难，于是造围棋与子对弈，旨在抑其动而训其静，以利开智。说话间尧帝已在地上画出了纵横相交的直线各十一条，此即当时简略棋盘。然后由对弈者各执黑、白石子数十颗。据传，尧帝所画棋盘到明代还依稀可辨，名之为"仙子棋盘"。

转瞬间又过了多日，君臣五人分头走访了很多渔村、水寨，尧帝心情日渐沉重，因他亲见南人"习于水斗，便于用舟"[①]。北人若与之战岂是敌手？欲取江南非智谋绝伦者不可图之。而关于姚重华依然杳无音信，如若找不到，万里江山托付给谁？尧帝为此常彻夜难眠，于是决计另走他处。

这日清晨，尧帝一众收拾行李准备离去。说来也怪，一群莺鸟似有不舍，围着他们叫个不停。众皆会其意，这里渴有甘泉，居有仙洞，山水着意鸟多情，叫人怎不依恋？尧帝一招手，一只黄莺飞落他手中，你看我，我看你，两心似对无声语：

圣主何之？听松呼鸟劝，怎消得劬劳伏暑；

高贤杳远，看石泣泉悲，能不忧兆庶江山。

---

① "习于水斗，便于用舟"，语出《汉书·严助传》。据考，上古时期南人之舟多为独木舟，或竹排之类。

黄莺点头振翅飞去，尧帝止不住热泪直流，在石壁上留下了几行籀文（后人见到的83个古篆，当是春秋之后文人补刻的遗迹）。随从们不识字，也不敢问，但心里都明白，必是尧帝平日念叨之辞，大意是"昏目易枯，君位难付。传之劣子，国必倾覆。戕民之罪，百身莫赎。泣祈上苍，速降英主……"

这就是遗传全今，全国著名的三大尧碑之一——石虹山尧碑。据民国《寿光县志》记载："仓颉二十八字与《余干县志》所载石虹山尧碑、《庐山志》所载禹刻、《镇江府志》所载孔子书季札墓十字、《赞皇志》所载周穆王东巡四字同载《法帖神品目》一书。"

《法帖神品目》系宋刘次庄、明王佐、明杨慎相继撰写。《辞源》注曰："《法帖神品目》收集历代各家法帖堪称神品者，凡古篆十四种。"《法帖神品目》文曰："石虹山尧碑在余干县，凡三十八字。"可见在宋代至明代尚有三十八个古篆遗存。

《法帖神品目》载"石虹山尧碑"

石虹山，也叫小石山。《太平御览·附录·地部·卷十三》记录：石虹山，有石室，中有石砥，平如床，可容置数百人。旁列石郭如屏风，篆书为八十三字。有横石跨水而渡，文彩青

小石山摩崖石刻

赤若虹霓，因名为石虹山。

　　清道光《余干县志》载："石虹山旧有仙子棋盘、机车……又，岩中石壁有石晕，名仙人鼓，以石扣之则响。岩面有大石悬崖怒出，有仙人床迹。岩下有小泉，深可数尺，经年不枯，名仙人井"，今均已不存。现仅存北宋崇宁二年（1103）摩崖阴刻楷书 30 字。文曰："至来游石虹，崇宁癸未夏，靳春吴中立，开封盛辨之，漳浦吴可权，怀玉周先之。"系当时前来拜谒尧碑的四位文士所记，字迹苍劲有力，堪称书艺精品。1957年列为江西省文物保护单位，已入编《中国名胜辞典》……凡此种种，不可谓明证不多。

刍议尧碑问世年

　　有人说，依据传说编写的历史故事不能当真。而当地群众则认为尧帝留在余干的足迹，有文、物两方面资料佐证，大抵可信。如能厘清尧帝此行的具体年份将更有意义。为此，必

小石山摩崖石刻标志碑

先考定尧帝出生年。遗憾的是，古今文献中可供参考的相关记载很不一致。如，《今本竹书纪年》载："帝尧登基是丙子年"，即前 2385 年。如结合"帝尧年二十登基"计算，帝尧出生年当为前 2405 年。

广西桂林市博物馆的解说词介绍说"帝尧出生于前 2408 年"。

《黔南民族师范学院学报》2002 年第 1 期发表了蒋南华的《尧舜禹及其生活年代》。蒋先生考定帝尧出生于前 2317 年。

诸如此类令人无所适从。当今史界多数学者都认可《史记·五帝本纪》《帝王世纪》的说法，各地旅游网也都引用这两大文献说："尧立七十年得舜，二十年而老，令舜摄行天子之政，荐之于天。尧辟位二十八年而崩。""舜帝年二十以孝闻，年三十尧举之，年五十摄行天子事。"并明确指出："尧（约前 2377—前 2259），享年 118 岁。"由此可得下表：

出生年	尧登位年	尧得舜之年	尧禅位于舜	尧辟位二十八年后而崩
（尧）前 2377	前 2357	前 2307 尧 70 岁	前 2287 尧 90 岁	前 2259 年 享年 118 岁
（舜）前 2337		尧举之年 舜 30 岁	舜即位时 50 岁	

或曰："尧立七十年得舜"时应为 90 岁。若依此，"二十年后，尧老，令舜摄行天子之政"，尧当有 110 岁。再加上"辟位二十八年而崩"即有 138 岁。在那缺医少药的时代竟能如此高寿，岂不近乎妖！且与众多学者认可的 118 岁相悖，不足采信。

游客常问："尧碑究竟问世于哪一年？"笔者曾在《尧帝下江南访舜的传说》中提到，尧帝来余邑寻访姚重华未果，经贩陶商人指点，转而赴大历山（758 年属饶州，今属东至县）才得以与姚重华相会。查上表："姚得舜之年"系公元前 2307 年。

由此可知，尧帝挥泪书碑之时只不过先其"得舜"数日而已，同为前 2307 年，屈指算来，距 2024 年长达 4331 年。

感谢尧帝！大笔一挥竟又点亮了余邑文明史的灿烂曙光。

可叹的是，在那漫长的蒙昧年代，石虹山屡遭摧残，从无修缮，几至圮废。好在尧碑有着非比寻常的人文魅力，为历代学者所推崇，才得以流传至今。自北宋以来，除却刘次庄、王佐、杨慎等文坛名宿撰文推介外，更有难以胜数的未名骚客前来拜谒、咏叹。曾有钓叟曰：

群莺好客，夸干越山川，犹指点尧碑洞府；

一鹭冲天，问棋盘石鼓，历几多血雨沧桑。

遗韵千古东山岭

◎陈国文

在余干县城中央，市湖北岸有座平地崛起，高不过35米、面积仅0.11平方千米的小山，唐宋时因它地处县治东边，故称东岗山，又称东岗岭、东山岭、东山；其状如儒冠，故雅称冠山。由于它是县城最高点，风景宜人，千百年来，无论文人雅士，还是迁客骚人，无不慕名登临。陆羽、李白、刘长卿、施肩吾、罗隐、韦庄、苏东坡、黄庭坚、赵彦端、张浚、朱熹、米芾、范成大、梅尧臣、王十朋、谢叠山、蒋士铨……都在山上留下过诗章或足迹。尤其是刘长卿和赵彦端两人留下的脍炙人口的诗词，更是为东山增色不少，千百年来，被人们广为传颂。

东山上名胜古迹和历史传说很多，如晋代的王恺别业，唐代的思禅寺、陆羽茶灶、干越亭，宋代的东山书院及与之相关

东山岭远景

的乘风亭、墨池、朱熹注《离骚》处，明代的周隐君故居，清代的桂秀墓，现代的烈士陵园和革命烈士纪念碑等等，使之成为一座历史文化厚重的名山。

一、亭台流韵骚客情

唐宋时，东山岭上古木参天，绿叶婆娑；前瞰市湖，烟波浩渺；水中洲渚，形如琵琶；湖光山色，美不胜收。尤其是薄暮时分，琵琶湖中渔火点点，思禅寺上暮鼓声声，好一派闹中取静、闻禅息心的人间仙境氛围。

唐代诗人刘长卿多次流寓余干，其间多次登临东山，留下了10多首脍炙人口的诗章。其中以东山干越亭为题的就有3首。

公元761年，刘长卿遭观察使吴仲儒诬奏，被谪南巴（今广东电白）尉，取道余干，登上东山岭干越亭，写下《负谪后登干越亭作》五言排律，其中有"秦台悲白首，楚泽怨青蘋。草色迷征路，莺声伤逐臣"等名句，抒发诗人遭朝廷打压、贬谪的悲痛、怨愤、迷惘、哀伤的心情。同时以"独醒空取笑，

东山干越亭

直道不容身。得罪风霜苦，全生天地仁"直言自己被贬是因为正道直行，不容于权贵。虽然贬途遥远，皮肉必受风霜之苦，但万幸的是还能保全性命。时至穷途，诗人以"全生"聊以自慰。最后以"牢落机心尽，惟怜鸥鸟亲"表明自己的人生态度：从今以后孤寂寥落，将断绝一切功利之心，一心一意仿效海鸟，萍迹鸥波，随遇而安。全诗或借景抒情，或直抒胸臆，活用典故，贴切生动，充分展现出"五言长城"的不世之才。

同年深秋，刘长卿获从轻发落，改任睦州（今浙江淳安）司马，再次来到余干，登上干越亭，作《秋杪干越亭》：

> 寂寞江亭下，江风秋气斑。
>
> 宦情何处澹，湖水向人闲。
>
> 寒渚一孤雁，夕阳千万山。
>
> 扁舟如落叶，此去未知还。

首联点明游亭的时间、气候和心情：在一个秋风萧索的傍晚，带着落寞的心情，诗人来到琵琶湖边上的干越亭。颔联表白自己做官心情就像市湖之水一样娴静淡泊。颈联借景抒情，说自己就像寒气逼人的琵琶洲上失群的孤雁，在薄暮时分还将飞越万水千山，好在还有一抹夕阳斜照，显出若干亮色。流露出获从轻发落后稍稍宽解的心情。尾联想到自己将只身前往睦州，一叶扁舟，就像落叶在水上随风飘荡，也不知此去贬地，何时得返。表达出对前途飘忽迷惘、无法把握的隐忧。刘长卿的诗章为东山岭平添了浓厚的文化气息。

如果说刘长卿是流寓余干的名士中钟情东山，且行且吟的第一人的话，那么，南宋著名词人赵彦端则是对东山和余干文化建设最上心的地方官。

赵彦端（1121—1175），字德庄，号介庵，祖籍河南开封，宋宗室。绍兴八年（1138），18岁，以鄱阳籍登记应试，进士及第，历任钱塘县主簿、建州观察推官、秀州军事判官；1151年，31岁，任余干知县。其父赵公旦早年移居余干，以余干籍登记应考，与彦端同年考取进士，任南城县令。

据《余干县志》载，赵彦端知余干县事，"刚介不屈，为政四年，以利民为本，民称赵母"。曾主持兴建孔庙（学宫）大殿，设大成殿、明伦堂、崇圣祠、名宦祠、进士题名碑等。其中名宦祠祀历代余干名宦16人（后增补至46人），进士题名碑将唐宋进士大名一一刻在石板上，以示旌表。又重修东山岭上乘风亭，把它从东峰移建到西峰龙池边，使池与亭相辅相成，相得益彰。其所作所为，对教化士子、昭激后学及打造人文东山起了很好的推动、促进作用。

赵彦端在余干为官时，常与文朋宦友聚会宴饮，吟诗填词，相互唱和，与韩元吉（官至吏部尚书）、谢谔、洪迈、辛弃疾、范成大、张浚等交往密切，唱和诗词不少。在赵彦端现存158首词中，有60首题目含"席上""送""钱""别""饮""为寿""生日"等字眼，足见他是个很重感情的"性情中人"。而题目明显与余干相关的词有10多首，其中以乘风亭为题的就有5首。

试赏读其一《好事近·乘风亭作》：

> 君莫厌江乡，也有茂林修竹。竹外有些亭榭，置酒尊棋局。　棋神酒圣各成欢，欢长更烧烛。寄语故人鹏鷃，任倾金围玉。

开头以同朋友交谈的口吻说，请您不要不满意江南水乡的小县城，这里同样有茂林修竹，环境非常清幽。次句点出乘风亭非常适合迁客骚人会饮、下棋。

下阕进一步写志趣不同的朋友，在这亭台轩榭，可以率性而为，逍遥自在，各得其乐。如果你想与朋友尽兴饮酒下棋，而觉得白天意犹未尽，你还可以银烛高烧，挑灯夜战。"鹏鷃"，典出《庄子·逍遥游》：鹏高举九天，远适南海，蓬间斥鷃嘲笑之。后以鹏鷃比喻物有大小，志趣悬殊。又衍生出"鹏鷃逍遥"的成语，意为志趣悬殊的人，各得其所，逍遥自在。"任倾金围玉"，指随意饮酒、下棋。全词极言乘风亭是文人雅士休闲娱乐的好去处。

这首词在艺术上大胆使用了重字（竹、欢）顶针修辞手法，读来使人觉得意蕴绵密，妙趣横生。

因慕东山风景，1172 年，赵彦端在东山岭筑室定居，时年 51 岁。据范成大《骖鸾录》记载：乾道九年（1173）"正月二十八日至余干县。前都司赵彦端新居在县后山上，亦占胜。同过思贤寺清音堂，下临琵琶洲"①。此次范成大从静江（今桂林）知府任上来余干拜访赵彦端，写下《清音堂与赵德庄太常小饮》一诗，诗曰：

> 曲浦弯环绕县青，一杯闲客两飘零。
>
> 琵琶不语苍烟暮，山水清音著意听。

抒发了诗人暂离官场，会友小酌，亲近自然的闲适之情。

1174 年 3 月，赵彦端在提点浙东路刑狱任上，因事受牵连，被降官两级，谪主台州崇道观（主管道观），因属闲官，加之身体小恙，故常居东山岭，"日与宾客觞咏自怡"。此时，他与辛弃疾曾有词作唱和。他作《新荷叶·欲暑还凉》，辛弃疾连和二词：《新荷叶·和赵德庄韵》《新荷叶·再和前韵》。

淳熙二年（1175）七月初四，赵彦端病逝，享年 55 岁。受他女婿方友陵请托，其生前好友韩元吉作《墓志铭》和《祭赵德庄文》，高度评价他的人品与才华。

二、书院七记证沧桑

南宋时由于官学的败坏，理学的兴盛，私人讲学的书院日趋繁荣。当时的余干是理学名邑，全国理学家 57 人，余干籍的就有赵汝愚、赵汝靓、曹建、饶鲁、柴元裕、刘伯正、柴中行 7 人，其中汝愚、汝靓兄弟与理学的集大成者朱熹交游甚密。为了宣扬理学和教化赵氏子弟，在朱熹的影响下，赵汝靓于 1178 年在东山岭羊角峰创建了东山书院，后几经扩（重）建、修葺，成为理学名儒游学和教授全县士子的学校，并由私办发

---

① 转引自浙江大学胡可先教授《赵彦端年谱》。

展成官办。

1196 年正月，赵汝愚在贬永州途中病故，归葬故里，朱熹来余干吊唁，留住书院，一边讲学，一边注《离骚》，使东山书院声名鹊起，成为除白鹿洞书院外，在江西很有影响的书院之一，与陆九渊主持的贵溪象山书院和辛弃疾创办的铅山稼轩书院齐名。东山书院基本照搬了白鹿洞书院的办学模式：主持人称山长，下设主讲、副讲、助教等职，课程主要是学习"四书五经"及理学家的"讲义""语录"等。

东山书院历时约 730 年，曾两度废弃，经过五次重建，共有 7 位名士为之作记。

南宋末年，因赵汝靓子孙穷困，书院被跟随知州来余干当差的北方人所占据。据道光《余干县志》，公元 1277 年，邑人李荣庭不忍心书院被废弃，变卖家产，倍价赎回，重办书院。并托人捎信给谢枋得[①]，意欲请其坐堂，谢枋得在军务十分繁忙之际，作《东山书院记》，赞扬李荣庭，志存高远，深明大义。

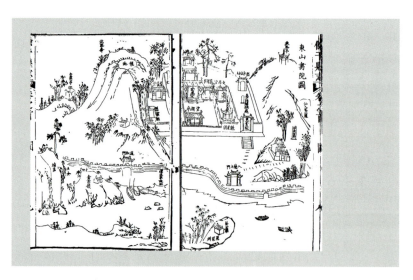

道光《余干县志》载"东山书院图"

---

① 谢枋得：江西弋阳县人，号叠山，进士，曾任信州知州，宋末爱国诗人，抗金失败后，元兵劝降，他绝食五日而死。

并把他与历史上重视教育的圣贤伊尹、傅说相类比，认为他"亦知学之有功于天地"。

李荣庭是南宋名将李显忠的孙子。李显忠在抗金北伐失败后，谪迁筠州（治所在今江西高安市），途经余干，其子李思颜便定居余干县北隅。李荣庭即李思颜儿子，是当时余干著名的有识之士。

元顺帝至正末，天下大乱，院屋又被战火所焚。此后百余年，东山书院首次被废弃，院址被昌国寺占用。直至明孝宗弘治二年（1489），知县沈时从寺中取回基地，重建东山书院，恢复旧观。时任江西承宣布政使司的参政（从三品，相当于今省长助理）、余干鹭鸶港乡湾头村人刘宪作《东山书院记》，详细记述了重建过程，盛赞县令沈时等人重修书院，"其有功于世教不少，非徒一朝游观之乐而已也。"

不久，明武宗正德四年（1509），姚源王浩八等发起抗暴起义，东山书院又被战乱焚毁。正德六年（1511），江西布政使（相当今省长）任汉捐资百金，右参政董朴捐资五十金，倡议复建。又因羊角峰，孤峻多风，不宜讲学，提出将书院迁至中峰（今余干宾馆中楼处），于是令知县徐冠丈量中峰地。东西得二十八丈，南北七丈。居中建堂五间，南向，东仍建云风堂，祀朱文公、赵氏兄弟及邑贤曹建、饶鲁、柴元裕、柴中行、刘伯正等人；西建讲堂；又建东西廊房，供主讲学者居住。江西提学副使李梦阳曾撰《东山书院记》详述其事。

明神宗万历二年（1574）书院被改为官署，这是东山书院第二次被废弃。80年后的清顺治十年（1653），江西屯田道员翟凤翥巡察余干县，责令知县宁缵宗重建，以维持世教。1654年动工，4年建成书院堂屋三间，中祀朱文公、赵忠定公。两廊祀邑贤，加祀明代胡居仁、张吉、苏章、李颐诸公。时任饶州知府翟凤翥为之作《重修东山书院记》。

因这次重修的书院低矮、促狭，所祀先贤合聚一室，不利于举办祭祀活动。康熙十二年（1673），本邑知县江南龄与士民胡思韶、张珩、章雨化等，共议改扩建之事，得到士绅积极响应，对祀贤堂、大讲堂等进行了扩建。江南龄撰《重修东山书院记》，详记其事。

到乾隆时，堂宇多有损坏，楹柱几近倾折。乾隆十四年（1749）县令陈才倡议重修，但事未实行，他便离任了。继任知县李世仁以建书院为急务，自捐薪资先建了理学祠，作为首倡。一时士绅纷纷响应，捐资分建。不到3个月，门堂、斋舍焕然一新。此次集资分建，规模最大，用时最短，五月十三日开工，七月十七日落成，共建有亭室28间，计有理学祠3间，云风堂3间，丽泽堂2间，斋房1间，望湖亭1所，张吉专祠1所等。江西学政张拜赓、分巡道顾锡鬯分别撰写《重修东山书院记》，述其盛况。

及至嘉庆时，书院失修又40余年，栋宇朽坏，墙垣倾颓，以祀先贤则不敬，以处后学则不安。学使汪郡伯借修县城考棚之机，让捐资士绅，计粮捐费，结果考棚修好后，仍有不少余款。于是汪学使从中拨出一半，重修书院。于嘉庆十五年（1810）动工，3年落成。此次重建，规模更加宏大，中有云风堂，前有干越亭，西有集义堂，西南为谨独堂，东为丽泽堂，再东为文昌宫，宫前为魁星阁。知县董澜作《重修东山书院记》，述其来龙去脉。

同治七年（1868），邑人又进行了一次较大修缮，可惜没有具体记述。

清末，废科举，兴学校，东山书院于1912年被改为小学教员讲习所，次年更名为师范讲习所。1926年改作国民党余干县党部。1942年书院被日寇纵火烧毁大部分，仅存集义堂。1943年，改建成中山堂。1959年改为东山疗养院，后扩建为县委招待所（余干宾馆前身）。

东山的西峰有池，泉自池边石下渗出，秋冬不干，清澈可鉴。据说北朝齐梁年间，有龙蟠池中，故名龙池。池边建有乘风亭，朱熹在东山书院讲学、注《离骚》时，常在亭中休息；

东山乘风亭、墨池

又在龙池洗笔砚，以致池水变黑，人称"墨池"。每当皓月当空，清风徐来，微波轻漾，俯视池水，似有明月坠池之感，故有"龙池夜月"之景，为东山八景之一。

东山书院门外有石阶 90 余级，阶下朝半边街（今东山大街）有入德之门坊。建于嘉庆二十一年（1816），道光三年（1823）中丞程君题"明体达用"匾额和"读书志在圣贤，为官心存君国"联语，表明东山书院"经世致用"的办学理念。

东山书院为余干士子提供了求学的场所，也为名儒处士提供了学术研究的天地，宋明以来，余干乡贤，多出于此；朱熹在东山书院讲学、注《离骚》，并亲自为"云风堂"题额，后人还在院中树立"朱熹注《离骚》处"石碑，以示纪念，这大大提高了书院的品位与知名度；曹建、饶鲁等理学名家在游学、论辩的同时，撰写出许多理学专著，不仅为余干人文历史平添了若干亮色，而且为全国理学研究提供了宝贵的参考资料。至于书院实行的教育"开放"——听讲者不受地域和学派限制，并允许中途易师，教学中提倡问难论辩，注重培养学生自学能力和独立研究问题的习惯——这些教学特点，对今天进行教学改革，仍有一定参考借鉴价值。

三、陆羽煮茶寓东山

世上之事，无论大小，只要坚持执着去做，把它做到与众不同，做到极致，就是成功，甚至可能名垂青史。唐代有这样一个人，嗜茶成癖，一生以煮茶为业，潜心研究茶学，撰写出我国第一部关于茶的专著《茶经》，详细论述茶叶的品种、种植、制作、烹煮及其器具与水质等，成为引领喝茶潮流的一代"茶圣"。他就是余干东山八景之一"仙人茶灶"的主人公陆羽。

陆羽（约733—约804），字鸿渐，唐复州竟陵（今湖北天门市）人。幼时被遗弃，被竟陵龙盖寺住持智积禅师在湖滨捡到。相传一日清晨，智积禅师在竟陵西湖散步，忽听一阵雁叫，转身望去，不远处有一群大雁围在一起。他匆匆赶去，只见一个弃儿蜷缩在大雁羽翼下，瑟瑟发抖，智积禅师念一声阿弥陀佛，连忙把他抱回了寺庙里。

在智积禅师的抚育下，陆羽学文识字、习诵佛经、煮茶伺汤等都非常用心，但就是不肯削发为僧。禅师用各种杂务磨砺他，每天让他打扫寺院，清洁厕所，或练泥糊墙，但陆羽还是不肯削发。到11岁时，他乘人不备，逃出了寺院，到一个戏班子里做了戏子。

陆羽非常诙谐善辩，虽其貌不扬，且有口吃，但他在戏剧中演的丑角幽默机智，常常受到观众的欢迎。

唐天宝五年（746），李齐物任竟陵太守，县令为太守接尘，便让戏班子来演出。太守看完后，对陆羽很赏识，于是召见他，赠以诗书，并介绍他到天门西北的火门山邹夫子那里去读书。读书之余，陆羽也常为邹夫子煮茶烹茗。

陆羽20岁左右时，便出游到河南的义阳和巴山峡川一些地方，耳闻目睹了蜀地彭州、绵州、蜀州、邛州、雅州、泸州、汉州、眉州的茶叶生产情况，后来又转道宜昌，品尝了峡州茶和蛤蟆泉水。陆羽游历考察，每到一处，即与当地村老讨论茶事，将各种茶叶制成各种标本，将途中所了解的茶的见闻轶事记下，做了大量的"茶记"，为以后著述做了重要准备。

安史之乱后，陆羽于至德元年（756）从湖北天门沿长江而下，经鄂州、黄州、彭泽等地，一路游览寺观，采茶品水，结交名士，来到了余干，寓居于冠山（今东山岭）思禅寺，白天煮茶，晚上著述《茶经》。他在冠山东南石蹬中，架起石灶，汲取越溪（今市湖）水煮茶。《大明一统志》有载："羽尝品越水，故居思禅寺，凿灶煮茶。"

他认为煮茶的用水，以山水为上，江水居中，井水最卜。据《余干县志》载："市湖有越水……味甘且重，唐陆羽取水煮茶，溪的水品为天下第二水。"东山岭因而有仙人茶灶和陆羽煮泉亭等古迹。今茶址尚在，"仙人茶灶"在宋代就已成为东山八景之一，而煮茶亭则早已荡然无存。

同治《余干县志·艺文志》所载清代余干知县詹广誉《咏仙人茶灶》诗，生动描述了陆羽在东山凿磴煮茶、向日栖息、

"仙人茶灶"——陆羽东山岭凿茶灶处

月下浮槎的情景。诗曰：

> 越桥依城小径斜，当年石磴煮新芽。
>
> 空吟鱼眼翻松盖，莫识羊肠转火车。
>
> 风散寒炉销旧雪，雷沉中顶剩残霞。
>
> 羽衣向日还栖息，浪说浮光贯月槎。

为了探索天下名茶与茶叶烹煮的关系，陆羽走遍了信江两岸和武夷山的山山水水。在弋阳县，他找到了一处好泉水，据《广信府志》载，弋阳城北的万春泉，煮茶味隽永，陆羽品为第三泉。

在信州，他寓居广教寺，并在山上建山舍，四周植茶数亩，不辞辛劳地精心培育茶树，精心制作茶叶。在山舍旁边开凿了一眼山泉，其水"色白味甘，是为乳泉，土色赤，又名胭脂井"，陆羽品为"天下第四泉"[1]。

乾元二年（759），朝廷派当时的抚州刺史戴叙伦到上饶请陆羽进京，召拜为太子文学，陆羽婉拒不受。不久，朝廷加封陆羽为太常寺太祝，又派戴叙伦到信州请他进京，陆羽还是不受。戴叙伦问他为何不受，陆羽说："官职品位高低，都是身外之物。我爱茶，景仰茶。茶，根深土中，擅自然之秀气，钟山川之灵气，四季常青，高风亮节，坚贞，长寿，吉祥，可以冶情，可以养性。我愿做一个茶人，不想在仕途上劳心。"

戴叙伦极为赞赏陆羽的话。后来，他把到信州会见陆羽的情形写信告诉了好友湖州刺史、书法家颜真卿。颜真卿约另一位茶友皎然同来信州会见陆羽。座谈数天，颜真卿很欣赏陆羽的才学，劝他投奔仕途。而陆羽一心只想写《茶经》，没有听从颜真卿的劝勉。颜真卿"反激"他："茶之于为官，有何意义？"陆羽说："可以养廉。以茶代酒，以茶育德，以茶修身，以茶敬宾客，可以抗奢华之风。"

诗人孟郊与陆羽是忘年交，崇敬陆羽。他中了进士，知尉

---

① 引自同治《上饶县志》。

阳县。赴任前，孟郊专程赶到信州拜见陆羽。一年后，孟郊颇有一番心得，又专程到信州拜见陆羽，并为陆羽在茶山所建的新庐题诗一首《题陆鸿渐上饶新开山舍》：

> 惊彼武陵状，移归此岩边。
>
> 开亭拟贮云，凿石先得泉。
>
> 啸竹引清吹，吟花成新篇。
>
> 乃知高洁情，摆落区中缘。

陆羽流寓余干，定居上饶，避风尘之外，隐松涛之中。他广泛搜集茶事资料，结合自己种茶、饮茶的实践体验和到各地考察的情况，系统总结了当时茶叶采集和饮茶的经验，我国历史上也是世界上第一部茶学专著《茶经》就这样基本定型。

陆羽的一生完成了从弃儿到"茶圣"的华丽转身，不可不谓传奇。他一生进过寺院但没有出过家；与官场熟识但没做过官；有红颜知己却没结过婚；演过戏，喜欢热闹，但更渴望静心品茶著书；当朝就被立传，更传诸后世和"四海"。

当年，余干因山水好，吸引了陆羽。如今，余干因陆羽，丰富了历史文化底蕴。

四、元末隐士周仲达

元朝末年，余干有位闻名江南的隐士，弱冠前浪迹吴楚，定居于苏州长洲县青丘村，以农耕为业，以诗书传家，30年后晚归故里，隐居冠山终老。元明诗人成廷圭、高启、王慎中、郑学醇等都曾为他赋诗，称颂他淡泊名利、绝意仕途、恬退隐忍的人品。他就是明朝大文豪高启的岳父周隐君。

周隐君，原名周仲达，据说是元朝余干周家桥人，但《余干县志》失载。元末著名诗人成廷圭（1289—约1362）晚年避乱苏州，与张翥、杨维祯、周隐君等相友善，常在一起吟咏酬答，其中有一首诗专为周隐君而作，题作《半山歌为余干周隐君作隐君早年江湖中有半山行稿三十年晚归冠山终老焉》，诗题很长，信息量很大。"半山歌"是正题，"为余干周隐君作"，点明写作目的，径称"余干周隐君"，毫不含糊地点出周隐君的籍贯是余干。最后对周隐君生平行状进行简要说明：早年浪迹江湖，寻游山水，喜好作诗，著有诗集《半山行稿》。30年后，晚年时回到余干，定居在东山岭终老。让我们一起来解读这首诗：

> 番阳台上生春草，湖外之山为谁好。
>
> 沧波日日送征帆，多少行人此中老。
>
> 翁昔少年初远游，吴楚东南事幽讨。
>
> 江海诗名三十年，尽揽风烟入行稿。
>
> 归卧冠山一半云，知足由来合天道。
>
> 黄金似水供岁时，白发如霜照清昊。
>
> 却留一半与诸君，若个似翁归亦早。
>
> 傍人错比争墩翁，翁若闻之应绝倒。

这是一首押仄韵的七言古风。开头四句写周仲达祖居地鄱阳湖南岸的余干冠山，春草葳蕤，景色宜人；可是，有不少人却愿意背起行囊，踏上征帆，浪迹江湖。接下来"翁昔"四句写周隐君少年远游吴楚东南之地，寻幽探胜。30年吟诵江湖风雨，在苏州诗坛小有名气，后来结集成诗集《半山行稿》。"归卧"四句写周隐君晚年回归家乡，隐居东山，恬然自足。与当年不惜重金置办年货相比，如今清贫如洗，只有青天与白发交相辉映。从"归卧冠山一半云"，可推知周隐君应该是隐居在东山岭半山腰上，很有可能在西麓原思禅寺（今和平堡垒）附近位置。最后四句把周隐君跟他人对比，显示其淡泊名利、恬退隐忍的品格：要是读者诸君，拥有他一半的家产，又有哪个会像他那样抛弃家产，早早回到故乡来隐居呢？假如有人误认为他隐居余干是为了圈地，那他就一定会笑得前仰后合了。

这里有几个词语需要特别说明一下：一是"吴楚东南"所指何地？据《辞海》，吴是春秋时古国，"有今江苏大部和安徽、浙江的一部分，建都于吴（今江苏苏州）"。楚，战国时期疆土主要包括今湖北、湖南、安徽、江西、江苏、浙江等地。吴楚合称，常指江苏和安徽，而"吴楚东南"则专指今苏州、无锡一带。

二是"供岁"，是指岁朝清供，就是在春节期间陈列于室内案头的清雅摆设，旧俗，每到年关，要更新这些摆设。

三是"争墩翁"，这是个有趣的典故。东晋政治家谢安，字安石，与北宋王安石的名正好相同，后来王安石退居金陵，买的宅院正好在谢安府邸旧址，宅内有以谢安命名的"谢公墩"。王安石于是戏作诗道："我名公字偶相同，我屋公墩在眼中。公去我来墩属我，不应墩姓尚随公。"时人戏评他"与死人争地。"后来常用"争墩翁"借代争夺土地的人。

成廷圭这首诗写得妙趣横生，为我们活画出了这位既纵情山水，又眷恋故土、淡泊名利的高士形象。

周隐君30年在吴楚"寻幽讨"，那么他在哪儿安身呢？据苏州工业园区新编《元和唯亭志》卷九载："元：隐君周仲达宅，在青丘。子思齐、思恭、思义、思敬、思忠，并居此。""青丘"原属长洲县的村落，今属苏州工业园区胜浦镇管辖。这里说他有5个儿子，都住在青丘。

周复俊《东吴名贤记》说得更具体："周仲达，青丘巨室，隐居不仕。高太史启为其馆甥，依之以居。仲达喜吟诗，时与启唱酬，惜皆遗佚不传。子思齐、思恭、思敬、思义、思忠，俱有启赠诗。"这里写到周仲达是青丘的大户人家，育有5个儿子（老三、老四排行与《元和唯亭志》所载相反），喜欢吟诗，高启是他的馆甥（女婿），曾寄居在周家。

高启《居外舅周隐君宅，初开北窗晚酌》有句"孰云非吾庐，居止亦可久。"印证了他寄居岳父家之事，诗题中"外舅"即岳父。

高启又有《为外舅周隐君题杂画五首》，其五曰：

> 山深岚气寒，高斋掩窗卧。
>
> 林间踏叶声，知有樵人过。

从诗题可知，周仲达不但能吟诗，还会作画。

又有《外舅周隐君斋竹》：

秋思与秋声，间斋对夕清。

幽人梦回处，烟鸟月中鸣。

可见周隐君隐居之处非常清幽、雅静。

据贾继用《高启生平杂考》[1]和刘君若《高启生平事迹补正》[2]等文，高启曾与周仲达吟咏交游，周重其才，所以把唯一的女儿嫁给他。高启18岁娶仲达女儿周氏（约17岁）为妻，生有三女一子，次女与子早夭。

又据高启《寄题内弟周思敬野人居》，可知其妻周氏家中排行在周思敬之前，《元和唯亭志》和周复俊《东吴名贤记》对思敬、思义兄弟排行略有不同，周复俊作为同时代人，又是名人传记专家，他把思敬排在第三位似可采信。据此推断，则周隐君大约生于1308年；1328年20岁左右出游吴楚，定居苏州长洲县青丘村；30年后，约1358年50岁左右回归余干，隐居东山岭。

《元和唯亭志》又载，周思敬所居之屋叫"野人居"，曰："野人居，在青丘，周仲达子思敬所构。"又载：周立，字公礼，号拙逸。祖仲达。有传见前。与蒋圭等交称为吴淞六老。有"江枫叶落红消树，野水冰生白满田"句，清雅可诵。其《行经华阴》七律，尤脍炙人口。周立作为高启内侄，曾重编高启诗集《缶鸣集》并为之作序，称高启为"姑父"。

关于周隐君与高启的关系，历代《余干县志》没有记载，不过，同治《余干县志·艺文》收录了高启一首歌行体诗《里巫行》，嘲讽乡村巫婆，装神弄鬼，骗取钱财的行径。

① 贾继用：《高启生平杂考》，《商丘师范学院学报》2007年第10期。
② 刘君若：《高启生平事迹补正》，《华南理工大学学报（社会科学版）》2002年第2期。

道光《余干县志·艺文》载《里巫行》

诗曰：

> 人有病，不饮药，神君一来疫鬼却。
>
> 走迎老巫夜降神，白羊赤鲤纵横陈。
>
> 儿女殷勤案前拜，家贫无肴神勿怪。
>
> 老巫击鼓舞且歌，纸钱索索阴风多。
>
> 巫言汝寿当此止，神念汝虔赊汝死。
>
> 送神上马巫出门，家人登屋啼招魂。

按照惯例，《余干县志》所载诗文都是与余干相关的，要么是内容写余干的人和事，要么作者是本邑人或者流寓余干之客。县志中找不到高启流寓余干的记载，那收录其《里巫行》只能理解为其内容反映的是发生在余干乡村的事。那么高启为什么会写出这样一篇反映余干"里巫"的诗呢？是在什么情况下写出来的呢？方志没有给出任何信息，因此无从确知。在此，笔者斗胆作如下猜测：周仲达隐居冠山后，高启带着妻儿来探望岳父大人，在冠山小住，遇上或听说了里巫装神弄鬼，骗取钱财的事，于是写下这首歌行体的诗，留在岳父家，后来人们在清理周隐君的遗物时发现了它，抑或被人传唱开了，记录下来了；因此，最终被收进《余干县志》。如此著名隐士，可惜《余干县志》失载，故作此小文，希望引起编史志者注意。

古迹寻踪

簪缨摇曳琵琶洲

◎卢新民

　　琵琶洲，在余干县城东山岭南麓市湖中，面积约 0.75 平方千米。市湖原为信江一支，江水入湖，泥沙冲积。

　　北宋《太平寰宇记》载：余干县琵琶洲"盖江水回抱，积沙而成，状如琵琶焉"。宋代吴曾《能改斋漫录》载："饶州余干水口有洲，形如琵琶，谓之琵琶洲。"清代顾祖禹《读史方舆纪要》载：琵琶洲"在（余干）县治南水中，拥沙成洲，状如琵琶，因名"。

　　琵琶洲上原居住有很多渔民，专以捕鱼为生。每当星光闪耀，水天一色，渔民必驾小舟网鱼，轻舟叶叶，渔歌声声，故有"市湖渔唱"之景。洲与县城有堤相通，堤旁绿树成荫，杨柳依依。每年春汛，水波叩击湖岸，节奏成韵，宛如琴声，故又有"琵琶春涨"之景。

　　关于琵琶洲的来历，民间流传着一段传说故事。

　　信江古称"余水"，源自干越山（今怀玉山），自东奔腾而

琵琶湖全景

来，汇于余汗（余干古称）城冠山脚下越溪，又折向西北而去。

相传，三国吴太元二年（252），余水暴涨，大量泥沙沉积于越溪之中，骤成一洲。余汗百姓纷纷立于冠山上远望，见此洲呈椭圆，形如甲鱼，纷纷称奇，老百姓便管它叫鳖洲。

此年，吴国国运多舛。地处长江下游的东南方遭受洪灾，而中西部却又久旱不雨，江南一带饥民成群，尸骨遍野，特别是长沙一带尤甚。在京城建业，孙权躺在病榻上，心烦意乱地翻阅着各地送来的奏章。其中一份由南阳王孙和送来的奏章特别怵目，里面说的是近日来长沙大饥，群盗蜂起，杀人肉食者不可胜数。孙权看后，心里不禁掠过一丝寒意，忙传令各大臣进宫。

面对各地的奏折，大臣们面面相觑，个个束手无策。此时孙权突然想起熟谙天文地理的赵达，于是叫人把他找来。

听说孙权召见，赵达连忙来到宫廷。孙权赐座后问道："近日来长沙大饥，你知道原因吗？"

赵达回答说："臣昨夜察观星象，略知一二。"

孙权听后，若有喜色："那好，你说说。"

赵达起身说道："臣闻天地山川，如人之四体，息息相通。比如人的鼻孔出血，从头到脚都会感到像火烧一样难受。听说如今余汗水口，突然生出一洲，形如一鳖，不分昼夜张口吞食着长沙的风气，因此才造成今日长沙饥荒的惨状。如不赶快想办法，恐怕结果会更惨。"

孙权听后连连点头："道师说得很有道理，但不知用什么办

法可解除长沙大饥的威胁？"

"依愚臣之见，只有将鳖洲挖去，方保无事。"

孙权从榻上坐起，连声叫好，随即派赵达等人率领兵将数十人去余汗处置此事。

赵达一行人，昼夜兼程，几天后终于来到了余汗县。县令连忙出郭相迎。赵达等人爬上冠山一望，果然看见城东南河中有一个骤成不久的沙洲，其鳖头正好对着西边的长沙方向。

赵达传达孙权的旨意，县令哪敢怠慢，连夜在城内挑选了200名青壮民工待命。

第二天天一亮，县令就带领着民工，扛着锄头、畚箕，来到洲上。邻近群众也从四面八方赶来看热闹，一时越溪之畔被围得水泄不通。在河岸上，赵达摆起香案，案上供着猪羊果品，然后口中念念有词，伏地三拜，祭祀天地之神。

祀毕，200民工便挥动锄头开始挖洲。这些民工挖的挖，运的运，一时间沙土飞扬，人声喧哗，偌大一个沙洲，不一会儿就已挖去了一小半。

不料此时，从人群中走出一位老者。他慢腾腾来到案前，拱手对赵达说："大师，小民有一言相求！"

"请讲。"

老者说："此洲乃上天造成，如果挖除，有伤余汗风水，今后官民长居此地，恐怕永无宁日！"

当地百姓见有人带头求情，也纷纷伏在地上请求将剩下的河洲保存下来。那些正挖得起劲的民工见这么多的人跪在地上，想想自己是余汗百姓，关系到切身利益，也全都放下锄头，跟着大伙求起情来了。

赵达想了一下，觉得鳖洲已破，长沙大饥即可停止，留下半边也无碍大事，落个顺水人情做做也好。于是扫了大家一眼，说："各位请起，既然这样，我赵达依了你们吧！"说完，收起香案，叫县令将民工散去。

第二天，赵达也率领随从回建业复命去了。说来也怪，不

琵琶湖公园远景

久之后，长沙那边就下了一场雨，旱情大大得到了缓解。

从此以后，鳖洲由椭圆形沙洲变成了琵琶形，后来人们就管它叫琵琶洲。

宋代范成大之《骖鸾录》中也记有此事，曰："至余干县。……清音堂下临琵琶洲，一水湾环，循县郭。中一洲，前尖长，后圆阔，如琵琶，故以清音名此堂。……琵琶洲，一名鳖洲。野人相传，长沙当旱，占云'余干新涨一洲，如鳖，远食兹土'，潭人信之至，遣人来凿洲，今有断缺处。"

还传说，无论发生多大洪水，琵琶洲总不会没于水中。《骖鸾录》云，"岁涝，洲不没。大甚，仅浸琵琶之项，后又谓'浮洲'"。

千百年来，琵琶洲的传说和湖光山色吸引了无数名人墨客纷至沓来。晋代，曾有位王爷因觊觎这块宝地，竟将琵琶洲据为己有。据《饶州府志》《余干县志》载，晋元康年间（291—299），梁萧王恺来过余干后，就对这片山水十分喜欢，将冠山与琵琶洲当成其别业。琵琶洲之独特魅力可见一斑！

琵琶洲是个美丽幽静之地，唐代曾有裴式微所建余干东斋。裴式微，又称"裴尚书"，曾隐居于余干琵琶洲，并建有东斋十二楹。同治《余干县志·古迹》载："裴尚书东斋，旧址在琵琶洲。按唐有佚名'裴尚书故里'。旧志云：裴式微隐居其中。"明代陆应旸《广舆记》亦载："余干琵琶洲为裴故里"，同治《余干县志·隐逸》又载："裴式微，邑里人，宝应间隐居琵琶洲，有东斋十二楹，时刘长卿谪居余干，尝与姜浚过之，觞咏尽欢，刘长卿为赋东斋诗"。按记载，则"裴尚书"是余干乡贤，但其事迹不可考。

宋开禧年间，赵崇宪曾报请礼部，准将其父汝愚谥号命名，在故乡县城之琵琶洲辟建"忠定书院"，教育当地贵族子弟。又作"籯金楼"以藏异书。元至元间，知州乌枢命赵孟济重修，洛阳张益作记，但后来遭兵毁。

历代歌咏琵琶洲的诗文很多，略举如下：

唐刘长卿诗："青青草色满江洲，万里伤心水自流。越鸟岂知南国远，江花独向北人愁。"

唐韦庄诗："琵琶洲近斗牛星，鸾凤曾于此放情。已觉地灵因昂降，更闻川媚有珠生。一滩红树留佳气，万古清弦续政声。戟户尽移天上去，里人空说旧簪缨。"

唐施肩吾诗："琵琶洲上人行绝，干越亭中客思多。月满秋江山冷落，不知谁问夜如何。"

唐张祜诗："洲嘴露沙人渡浅，树梢藏竹鸟啼多；层澜涨水痕犹在，古板题诗字已讹。"

唐罗隐诗："岸下藤萝阴作怪，桥边蛟蜃夜欺人。琵琶洲远江村阔，回首征途泪满巾。"

宋范成大诗："曲浦弯环绕县青，一杯闲客两飘零。琵琶不语苍烟暮，山水清音著意听。"

琵琶湖公园景区

宋米芾诗："琵琶洲无弦，我弹君能听。弹罢共一笑，白云归玉京。"

宋王十朋诗："我来鄱君山水洲，山水入眼空迟留。绝境遥通云锦洞，清音下瞰琵琶洲。"

元代聂古柏诗："昌国寺前枫树秋，琵琶洲畔暮云愁。沙头潮落滩声急，疑是浔阳泪未收。"

如今，琵琶湖公园建成，于 2022 年 6 月 17 日，被江西省文化和旅游厅认定为国家 4A 级旅游景区。

公园依托琵琶洲和市湖、总面积 2409 亩，其中水域面积 1350 亩，绿化面积 790 亩，总投资 7.1 亿元。按照"还湖泊于民、还生态于民、还文化于民"的规划理念，分"两园一带"（琵琶湖公园、互惠河滨水公园，环湖运动活力带）三大板块，打造成了集休闲娱乐、文化旅游、运动健身、绿色生态"四位一体"的城市会客厅。

主要有总长 7.1 千米环湖景观大道，5 千米长的环湖慢行绿色系统，湿地科普教育基地，亲子乐园，余干十大历史文化名人雕塑园、音乐喷泉、水幕电影等。同时，以古干越八景为内容题材，采取旧景新生的方式，重新打造烟波涌月、拂柳清风、古韵流芳、越溪唱晚、琵琶帆影、樱花陌上、琵琶微雨、双桥飞虹等"干越新八景"。

古城屏障冕山岭

◎彭胜先

> 冕山岭上古屏障，历史风云千载长。
>
> 石壁巍峨护百姓，林峦叠翠映天光。
>
> 隋末楚帝筑此城，唐代忠侯保安康。
>
> 干越八景传千古，文化瑰宝永流芳。

冕山岭，又称兔山，俗称宝珠岭，是余干山脉东大支中经杨埠福安山转白马桥，过马背嘴眠牛山至县城东山岭的一支。"在治东五里"，即今玉亭镇东南上冕山、药铺、宝珠岭等自然村之间。南北走向，面积1.2平方千米，海拔94.8米。是余干县历史上"四大古城"遗址之一，今为"江西省3A级乡村旅游点"，广大市民休闲打卡的首选地。

据同治《余干县志》记载："其山二支，为雌雄龙状，亢者长里许，低者差短，横亘治左。壁上有石肖虎，其首昂然。由岭南数百步，有乌石连缀丈余，似船形，俗名金龙船，每见夜光。"关于这"夜光"，流传着一个凄美的故事，与"宝珠岭"这个俗称的由来有关。

冕山岭旧貌

冕山公园大门鸟瞰图

一、宝珠岭由来

传说很久很久以前，宝珠岭下住着兄弟俩，老大勤劳善良，是个朴实的庄稼汉，而老二却不务正业，整日与一班酒肉朋友鬼混。一个雨夜，有位白须长者来到老二家借宿，正在与朋友喝酒的老二，厌烦地把长者赶了出来。长者又来到老大家，老大二话没说，热情款待，并在第二天吃过早饭才送长者离开。

长者离开不久，天空突然又下起了暴雨，老大急忙夹起雨伞去追赶，并将衣衫全湿的长者重新接回了家。长者非常感动，连声说："好人定有好报！好人定有好报！"老大也没在意。

一年大旱，老大的庄稼颗粒无收，家中揭不开锅，急得一

病不起。蒙眬中，看到那位白须长者飘然而至，在他身上摸了一把，并对他耳语了一番，病就全好了。当他睁开眼睛时，并没看到长者。

他将信将疑，试着按老者所说去搬动那块青石打制的猪槽，哪想轻松一提就起来了。于是，他索性照着长者交代的，来到石窟前。他默念咒语："长者托梦来，石打石门开；今日借珠宝，只为度荒灾。"用石槽对着石壁洞一撞，石槽塞进去了，门也缓缓移开。

石洞里堆满了金银珠宝，闪闪发光，老大来不及细看，用衣服包了些就退了出来，石门随之自动合上，看不出丝毫痕迹。

老大把金银全部买了粮食，赈济那些断粮的灾民。老二对老大的家底是一清二楚，知道他不可能积攒到那么多钱。

见老大家中猪槽被洗得干干净净供奉了起来，觉得十分奇怪。老二心生一计，一天夜里，他偷偷地把猪槽藏了起来，过了两个时辰又放了回去，并故意让老大知道。

生性忠厚的老大果然中计，生怕宝窟的秘密被人发现，对不起神灵，就悄悄地提着猪槽去验证，而老二早已悄悄地尾随而至。

宝窟被打开的一刹那，金光耀眼，老二一个箭步推开老大

冕山公园珠宝门

强闯了进去。老大因老二一推，把石槽带了出来，跌坐在地上。石门随着徐徐关闭。

老大急得大声哭喊："出来！出来！快出来呀！"正在一个劲儿地捡拾金银珠宝的老二哪能听得进去？等听到"咣当"一声门被合拢时，已悔之晚矣。老大回过神，准备用石槽开门救人，但是，石槽刚刚砸在地上砸缺了一个角，无法合上，门再也打不开了。

此后，路过宝珠岭的人们间或会听到山内有"咣咣咣咣"的砸石头声，有时还会出现夜光，有人说是金龙船发出的光芒和鼓响，也有人说是老二在砸壁呼救。

为什么宝珠岭又称冕山呢？这与隋末"大楚皇帝"林士弘有关。

三、免难之城

话说隋朝末年，大兴徭役，又屡次对高句丽远征，搞得民不堪命，怨声载道，激起强烈的反抗。大业十二年（616），鄱阳人操师乞与同乡林士弘率众起兵反隋，攻克豫章（今南昌）后，操师乞不幸中流矢而死，所部归林士弘统领。

林士弘智勇双全，兵势大振，很快拥有部众十余万。大业十三年（617）初，林士弘率军攻下虔州（今赣州），自立为帝，立国号为"楚"，建元为"太平"，建立起大楚政权。不久，又连续攻陷了临川、庐陵（今江西吉水北）、南康（今赣州西）、宜春等郡，周边的豪杰争相杀太守、县令以郡县归附之，势力最盛时控制着北到淮河、南到广州的辽阔地域，成为当时势力最大的六个割据政权之一。

当年十二月，隋将王世充的部下张善安攻陷庐江郡（治今合肥）后渡江，在豫章郡归附林士弘。林士弘对强盗出身的张善安心存疑虑，让他在城外南塘（今南昌南）扎营。张善安极为不满，于是偷袭林士弘，烧毁豫章郡的外城后而去。而另一支割据政权首领梁王萧铣，则派其部将苏胡儿乘虚而入，一举攻克

士弘楼

了豫章。林士弘兵败，不得不退保余干，避其锋芒以存实力。

大业十四年（618），退保余干的林士弘在县治西边的藏山白云峰一带高筑城墙自保，是为余干历史上第一座有明确记载的城堡——白云城。由于是年四月李渊在长安称帝，建国号为"唐"，白云城亦称"唐城"。

为了全身心地抵挡住苏胡儿、张善安等一拨又一拨的强攻，保境安民，林士弘以宝珠岭为依托，修筑起第二道防线，把没有战斗力的妇孺老幼集中起来加以保护。前线的壮士了无牵挂，奋勇杀敌，终于取得了保卫战的胜利，城里的市民也幸免于难。唐武德五年（622），林士弘病故，大楚帝国历时6年而告终。宝珠岭作为屏障，保民免难，为了纪念，人们便把宝珠岭称为"免山"。

据同治《余干县志·沿革·山川》："冕山，在治东五里。隋末林士弘筑城保余干，敌至，市民避之免难，故名免山。后人因吴楚冠冕之语，易曰冕山。"这就是宝珠岭易名"免山"和"冕山"的缘由。林士弘曾筑冕山城和白云城，由于白云城上有刘长卿等名人的题诗，名气更大，导致有人把冕山的门楼冠名为"白云城"，弄得啼笑皆非。

四、蚂蚁骑士

故事发生在黄巢起义军转战余干期间。

乾符六年（879），黄巢军兵围广州，再入桂州、衡州、澧州，十一月占领军事重镇江陵，却被胜利冲昏了头脑，遭受严重伏击，不得不避开锋芒转入江西，连续攻陷饶、信、杭等州。黄巢军进入余干后，立即抢占了越水（今称信江）岸边的冕山、眠牛山一带有利地形，修筑工事布防。

一天，黄巢的马从军营里闯了出来，独自跑到附近的陂嘴上吃草，由于水草鲜嫩肥美，乐得昂天长啸，不意引来众多的战马前来吃草、洗澡，形成马满陂嘴的壮观，人们便称此地为"马陂嘴"，余干方言则说成了"马背嘴"，此名一直沿用至今。

广明元年（880）四月，连连失败的黄巢起义军再次退守饶州，于余干、鄱阳、浮梁等县与官军展开激战。黄巢军进入余干时，烧杀淫掠之事时有发生。北隅铁井巷的何贞女被黄巢部将所掳，骂不绝口，坚贞不从而被杀，引起极大民愤。为了平息风波，黄巢将那名部将就地正法，并亲自主持何氏下葬仪式，命全体军士各举一捧土垒墓。

本县大慈南乡南塘人余铎，原唐工部尚书、上柱国余懃的六世孙，他自幼习武略，熟读《战国策》，"知为人子者当尽其孝，为人臣者当竭其忠，居乡曲者当保其众"，面对黄巢军的所作所为，非常愤慨。他与饶州府偏将彭幼璋结义，集乡义士以土围相保，并积极协助抚州刺史危全讽驱赶据城的黄巢守军。之后又营筑白云城，凿冠山之麓，堵市湖之堤，练士卒，整器械，严阵以待。是年十二月，黄巢兵进长安，于含元殿即皇帝位，国号"大齐"，建元金统。

中和二年（882），黄巢的侄子黄浩，率7000人马从龙津进犯余干县城，余铎屯兵于白云城，彭幼璋屯兵冕山，两营成掎角之势，坚守了六天六夜，由于寡不敌众，冕山防线还是被攻破。

天亮后，黄浩等人策马山巅，笑望唾手可得的余干城，很是得意。可当一行人准备下山时，被"黄巢必亡"四个大字所吸引，惊叫连连。因为这四个大字并不是人写的，而是蚂蚁搬家所搬出来的，卫兵把成字的蚂蚁刚踏烂了，很快又有蚂蚁把字填好，好似就是天意。黄浩感到不寒而栗，惊恐万分，立即命令部队撤离余干。中和四年（884）六月十五日，黄巢败死山东泰山狼虎谷。

难道真是天意吗？非也！这是余铎想出的一条拒巢奇计，他在彭幼璋快顶不住时飞鸽传书，叫幼璋到冕山人家找来红糖，在山上歪歪扭扭地写下那几个字后立即撤离，等到天亮，早就被爱吃糖的蚂蚁顺字布满，就是那些不屈不挠的蚂蚁骑士吓退了黄巢军。

为此，余铎功封"忠义景陵侯"，人们作生祠祀之。

五、冠冕山横

冠冕，指冠山和冕山。冠山在县城中央，唐代称余干山，宋时以其崛踞城中，巍然如冠得名冠山，明清时以山在县治之东改称东山。而冕山之名，又何尝不与曾在此战斗过的"大楚皇帝"林士弘、"大齐皇帝"黄巢有关呢？他们两人虽为"编外皇帝"，但头上戴的都是象征天子的冕冠啊！

冠山与冕山遥相对峙，故称"冠冕山横"，是著名的"干越八景"之一，也是文人墨客争相歌吟的对象。宋代苏东坡，明代叶继震、叶应震，清代詹广誉，民国吴宝田等都有诗存世。

吴宝田在他的《余干东山八景》诗中写道："冠冕山无恙，今犹似昔横。依然眉目态，维苦弟兄情。"冠山虽然比以前小了，但保护得还算好，眉态依旧；冕山则由于长期以来的无序开采和垃圾填埋，导致山体残破、植被损毁、岩石裸露、垃圾成堆，生态环境遭到严重破坏。为修复冕山生态环境，才有了斥巨资打造的冕山公园，才能重新领略到"冠冕横翠"的魅力。

风云激荡康郎山

◎陈国文

在鄱阳湖南岸，有一块海拔 23.4 米，面积 3.5 平方千米的水中高地，名曰康郎山。自古以来，它既是浪迹天涯的游子歇息的驿站，也是当地渔民抵御狂风巨浪的港湾。康郎山原是鄱阳湖中的小岛，20 世纪 60 年代，因围湖垦田，修起了大堤，把它与鄱阳湖隔离开来，成为内湖中的小山坡、康山乡公署所在地。从此，其周边良田万顷，再无水患之虞。

康郎山一年四季，风情万种。每当冬春之交，阳和启蛰，数以万计的候鸟栖息于湖滨湿地，大雁翔集，白鹤翻飞，百鸟争鸣，生机勃勃，绵延数里，蔚为壮观。正所谓：雁阵惊寒，声断彭蠡南浦；白鹤群舞，影倩康山北天。每当此时，前来赏鸟的游客络绎不绝。从 2019 年开始，每两年一届的候鸟观赏节，更是使康郎山成为广大市民和来自昌、景、饶、抚等地游

康郎山鸟瞰图

客的打卡地。据专家观测统计，每年来康山插旗洲越冬的候鸟有百余种，20多万只。而大白鹤就有3000多只，占世界大白鹤总量的70%以上。

一到夏季，水漫大堤，烟波浩渺，一望无际，又呈现出另一种水天相接的旷远、雄阔、豪迈气象。

等到秋季枯水时节，水落滩出，芦荡参差，塘窟错落，鱼跃浅水；远望则"落霞与孤鹜齐飞，秋水共长天一色"，美不胜收。

如果说市湖岸边的东山岭是小家碧玉，有"杨柳岸，晓风残月"的婉约动人的话，那么，康郎山则是赳赳武夫，不失"大江东去，浪淘尽，千古风流人物"的豪迈气概。

康郎山野旷天高，在这里你会觉得心旷神怡，思无际涯。然而，无论你想象多么丰富，也许想不到，660多年前，这里曾是世界水战史上投入兵力最多、厮杀最为惨烈的古战场前沿阵地。

一、鄱湖鏖战大本营

元朝末年，蒙古族统治集团在横征暴敛的同时，滥发纸币，造成恶性通货膨胀，物价飞涨，民生凋敝，民族矛盾和社会矛盾错综复杂。至正十一年（1351），爆发了声势浩大的红巾军起义，各地农民纷纷响应。其中，人数较多的有湖北蕲水的徐寿辉部、安徽濠州的郭子兴部等地方武装。

安徽濠州皇觉寺小和尚朱元璋21岁投奔郭子兴，因救郭有功，深得郭子兴信任和重用，他攻城略地，大破元军，屡建奇功，很快成为义军统帅。接着他改集庆（今南京）为应天府，作为根据地，迅速出击，攻占了镇江、常州、徽州、婺州等大片土地，被部下拥立为吴王，并被小明王韩林儿任为江南等处行中书省的左丞相。

与此同时，湖北仙桃渔民出身的陈友谅则参加徐寿辉天完红巾军，以功升为元帅。后来他杀徐寿辉自立为帝，都九江，国号大汉。接着他又联合雄霸太湖和长江三角洲广大地区的张士诚出兵应天府，企图消灭朱元璋，不料却被朱元璋打败，反被夺走江西一些地盘。

元至正二十三年（1363）七月，陈友谅纠集60万大军，卷土重来，要报昔日之仇。这时，朱元璋20万人马驻扎在康郎山及其周边的插旗洲、指康山、杨家山嘴等地，操练水兵。陈友谅率水师从都昌、南昌方向杀奔而来。于是，两军在鄱阳湖展开了一场生死大决战。

康郎山作为朱元璋的大本营和粮草集散地，见证了大战的全过程。战斗非常惨烈，共持续了36天；结果是朱元璋以20万兵力和小战船，几乎全歼陈友谅60万装备艨艟斗舰的大军。陈友谅大溃败，向湖口突围，在船至泾江口时，中流矢身亡。朱元璋付出了巨大代价，最终完胜陈友谅。

鄱阳湖大战是元末朱元璋与陈友谅争夺南方霸主，决定历史走向的一次战略大决战，是朱元璋由弱到强的转折点，是继赤壁之战后又一个以少胜多、以弱胜强的水上成功战例，也是中世纪世界规模最大、投入兵力最多、厮杀最惨烈的水上大会战。战后整个湖面，浮尸横波，沫流涨腻，血腥弥空；风云为之变色，日月为之无光，万籁为之失声！

陈友谅战死后，其次子陈理率残部逃回武昌，继任汉王。次年朱元璋兵临城下，陈理不战而降，被封为归德侯。后来徙置高丽（今朝鲜），无疾而终。

笔者去年在参观康山忠义文化园后，曾吟诗三首，其中有一首不揣浅陋，对陈友谅慨评如下：

负义藏机僭国君，亲离众叛失三军。

身死鄱湖宗庙毁，荑孤膝软世评纷。

陈友谅有数倍于朱元璋的优势兵力，结果却一败涂地，究其原因，除了战略战术错误和粮草匮乏等原因以外，还有一个重要原因就是他杀了天完国君徐寿辉，夺了皇位，兼并了徐寿辉的兵马，许多人并非心悦诚服，以致各怀异心，众叛亲离，缺乏向心力、战斗力。而吴王朱元璋则上下一心，和衷共济，拼死搏杀。时至今日，康郎山一带仍流传着不少关于朱元璋的美妙传说。

其中有所谓"大鳖救主""柳树将军""柏树将军""鸬鹚飞将"等传说，无非是借以神化朱元璋，表明他大难不死，必有后福；暗示他才是真命天子。但大将韩成以金蝉脱壳之计救主的故事，则是真实历史，读来不禁使人感慨系之。

据同治《余干县志》之《康山忠臣列传》载，鄱阳湖大战时，有一次朱元璋的战船被陈友谅包围得水泄不通，朱元璋不能脱身，无计可施。这时部将韩成挺身而出，对朱元璋说："臣闻古之人有杀身以成仁，臣不敢辞也。"说罢，韩成将朱元璋战袍脱下，穿在自己身上，扮成朱元璋，当着敌人的面，投入水中自尽。陈友谅以为朱元璋真的投水死了，就鸣金收兵了。

韩成随朱元璋南征北战，屡建奇功，深受朱元璋赏识。关键时刻主动实施金蝉脱壳之计，与朱元璋换袍，替他去死。这种杀身成仁、舍生取义的精神，正是朱元璋取得最终胜利的根本原因。韩成死后被追赠安远大将军、高阳侯等一系列头衔，在忠臣庙所祀36位忠臣中，位列第一。

还有一则关于"老表"称呼由来的故事，也很有意思，虽未得到正史证实，但民间传说和稗官野史已成共识。

据说朱元璋作战负伤，康郎山的父老乡亲将他藏在家里，为他疗伤，精心护理，朱元璋很快痊愈，对救助他的老乡非常感激。临别时，一位老乡问他："日后你如果坐了天下，我们来找你，你还认得我们吗？"

朱元璋笑着答道："认得，认得，到时你们尽管来找我，你就说康郎山的老表来了，我叫门卫一路放行。"

1368年，朱元璋登上皇帝宝座。几年后，鄱阳湖发大水，康郎山被冲毁大片良田，颗粒无收，可朝廷赋税依然照收不误，以致饥馑载道，康郎山老百姓就想进京去见皇帝，寻求救济。可是到了应天府，来到皇宫大门前，宫门卫士不让进去，于是他们就对卫士说："请转告皇上，我们是康郎山老表，今天来看他了。"

逐级通报上去，朱元璋得知后，立即传令让他们进见，并当即恩准免除三年赋税。从此，"老表"这个称呼就叫开了，从余干叫到应天，从应天叫到五湖四海，从明朝叫到今天。

2020年，"江西老表的传说"与"鄱阳湖大战的传说"同时列入上饶市第五批非物质文化遗产名录。

四川师范大学教授李大明先生曾评朱元璋："出身贫贱，起于乱世，成就一代大业；有大智大勇、大仁大义。"我以为切中肯綮，很有道理。笔者曾作《题吴王朱元璋》一诗，现录于下，作为本节的结束语。诗曰：

> 易袍替死凭侠骨，护驾托舟赖鳖神。
>
> 廿载柔情滋大统，忠魂卅六铸天尊。

二、庙宇常新厝忠魂

鄱阳湖大战虽然以朱元璋的完胜而告终，但朱元璋也付出了巨大代价，检点人马，损兵过半，折将36名。一日薄暮时分，朱元璋伫立康郎山主峰金钗峰，面朝鄱湖，遥望蓝天，悲从中来。他突然双膝跪下，来了个五体投地，然后颤抖着说："诸位兄弟，我重八有负于你们！"

回到应天府后，朱元璋便令刘伯温在康郎山择址建造忠臣庙，纪念鄱湖大战中死难将士。1364年4月动工，历时5年完工。落成于1368年朱元璋登基之年。

庙堂属木构砖瓦建筑，共分三进，前殿为定江王（受封的千年老鳖）殿，中殿为观音堂，后殿为忠臣大殿。后殿祀死难36位将军，因韩成功高至伟，追封他为安远大将军、轻车都尉、帐前总制亲军都指挥使司左副指挥使、高阳侯，位列第一。

《余干县志·康山忠臣列传》详细记载了36位将军姓名及其封爵情况，计有公爵1人（丁普郎），韩成等侯爵12人，伯爵2人，子爵13人，男爵8人。另祀柳树将军、槐树将军及

忠臣庙正门

飞将军（救主脱险的鸬鹚）若干。

忠臣庙建造以来，历五代 650 余年，其间历经水灾 200 多次，火灾 20 多起，重建达 15 次之多。现存旧庙地基是始建之年 1364 年的原址，主体结构、梁架和立柱是清顺治十六年（1659）重修所保留下来的。

2018 年在保留旧殿忠臣殿原貌基础上，紧挨旧基另辟新址，重建了定江王殿、忠臣大殿、怀忠楼等殿堂。新建的定江王殿占地 340 平方米，高 9.4 米，红墙金瓦，歇山重顶，飞檐翘阁，气势恢宏。大门两边楹联为"英骨皇封，千古湖山增气色；忠魂庙祀，四时俎豆荐馨香"，表达了人们对忠臣的景仰与怀念之情。

新建的忠臣大殿，是忠臣庙最核心部分，其广场铺装采用刻有"鄱阳湖大战场景与线路图案"的石板，建筑形式采用红墙金瓦，重檐歇山顶形式，占地 820 平方米，高 18.9 米。殿中崇祀 36 位忠臣全身塑像。

在地下设博物馆，建有鄱阳湖大战情景的沙盘，形象还原了当年的历史。设计者巧妙运用"穿越时空"的构想，将不同时间点的相关事物，忠臣庙和鄱阳湖大战的场景，通过同一个时空沙盘连接起来，给人启迪，引人深思。

忠臣庙大牌坊

为旌表忠臣的功勋，景区大门口建有大牌坊。它是一个新旧结合体。牌坊下面靠右三个底座和抱鼓，上面颜色偏旧的月梁均是1364年始建之年保存下来的，难掩岁月沧桑；其余均为修旧如旧，恢复当年原貌。匾牌"忠臣庙"三个字，"忠"字为朱元璋御笔亲题，"臣庙"二字为临摹朱元璋字体而来。

康山忠臣庙作为我国唯一的皇帝为大臣、将士修建的庙宇，已成为人们了解明朝那段历史的纪念馆，正吸引着越来越多的游客慕名前来。2019年"忠臣庙"旅游景区更名为"忠义文化园"国家4A级旅游景区。

最后仍以拙诗《忠臣庙感怀》来收束这一小节：

追雕逐鹿起红巾，陈汉朱吴没旧尘。

败寇成王皆过客，忠肝义胆足昆仑!

三、历史遗迹再追踪

据道光《余干县志》："康郎山去治西北八十里鄱阳湖中。旧云康氏居之。一名抗浪山，谓能抗风涛也，伪曰康郎。明初建忠臣庙于其上，有祠，有守备府，有兵营。"可见，康郎山的得名有两种说法：旧志认为曾有康姓人居其地，故名康郎山；新志则认为是由"抗浪山"谐音而误为"康郎山"。康郎山不但建有忠臣庙，而且自古就是军防重地，建有守备府和兵营。

同治《余干县志》又载：康熙年间知县江南龄曾在忠臣庙东边建营房，守备张射光修守备署。雍正五年（1727）改为都司署，共有五进二十二间，周围一百二十余丈，另有箭亭一所三间，火药局一所四间。庐陵人翰林院侍读张贞生作《康山营新修公署记》，详记其事，其中写道："明太祖破陈友谅处多盗，凭泽国出没，尤称难治。"极言建军营守备的重要性和必要性。

清朝军队建制分八旗兵和绿营两大部分。省以下绿营以提督为最高长官，总领一省军务，相当于今省军区，下设镇、协、营、汛四级驻军单位，营级单位按重要程度又分别派参将、游击、都司、守备等军官防守。都司一般为四品，远高于知县。汛是最小驻军机构，驻汛军官有千总、把总、外委等。

道光《余干县志》载：康郎山"巡湖守行署，有中军，所辖十四汛。在余干者六：曰梅歧（今梅溪）、曰瑞洪、曰木樨

湾、曰坝口（今八字嘴）、曰龙津、曰大树埠（今大溪）。其营房俱知县江南龄捐赀造。后复设梅港汛"。

由此可见，康山巡湖守行署（都司署）是大军营，有"中军"（将军）坐镇，管辖 15 汛，除余干 7 汛外，还包括邻县 8 汛。足见其地理位置的重要，可谓鄱阳湖南岸的军事重镇，兵家必争之地。

鄱阳湖的重要性，只要重温一下江西地理便知。江西全境有大小河流 2400 多条，总长 1.8 万余千米，以鄱阳湖为中心，呈向心分布状态。绝大多数河流分别汇成赣江、抚河、信江、饶河、修水 5 条大河，一同汇入鄱阳湖，经湖口流入长江而达于海洋。古代交通主要依赖水运，所以，鄱阳湖就成为最重要的交通枢纽和兵家必争之地。

在朱元璋与陈友谅大战鄱湖之前，康郎山就是兵家热土。据《说岳全传》，南宋大将余化龙曾在康郎山落草为寇，占山为王，时任大元帅岳飞曾奉旨率大军来康郎山征剿，降服并收

插旗洲候鸟

编了余化龙。《说岳全传》为清代钱彩创作的历史演义小说，且不管故事是否属实，至少说明在古人眼里，康郎山地理位置非同一般。

史载太平天国翼王石达开曾与曾国藩的湘军在康郎山大战，然后落败都昌。1940年，日寇一架战斗机在梅溪上空突然对鄱阳陈铨记轮局"饶宽"号客货轮开火，造成多人伤亡和轮船沉入湖底；1942年6月5日，日寇军舰占领康郎山，并进而溯信江而上，侵占县城。余干军民曾奋力反抗，在瑞洪、江埠、龙津均有战斗，在江埠乡的黎背曾击沉日军一艘巡逻舰。

综上所述，宋明以来的康郎山往往是地方武装的角力场、外敌入侵的桥头堡。

据江西师范大学王东林教授《鄱阳湖里沉睡的惊世遗产》一文介绍，鄱阳湖底目前还沉睡着两个被淹没的县城——鄡阳县城和海昏县城、长达3千米的"千眼桥"、历代战争遗存、各种沉船（军舰和货轮）及其货物（如瓷器）等，其中就包括上述余干境内的日军巡逻舰和"饶宽"号客货轮。尽管江埠和梅溪不在康郎山境内，但康郎山作为日军驻地，是余干人民遭受凌辱与奋起抗日的历史的见证者。

"云拥惊涛立半空，凭虚览胜倚孤篷。楼船百战今何处？惟有湖分在望中。"这是元末明初余干著名诗人甘瑾当年对康郎山的描写与慨叹。漫漫历史长河，多少英雄豪杰，在康郎山度过"采薇夜归戍，操筑朝治垣"的戎马岁月，甚至成为群雄割据、相互挞伐的牺牲品。

无论忠臣庙里供奉的36位"忠臣"，还是永沉湖底的陈友谅的数十万"野鬼"，其实本质上都不过是历史悲剧的扮演者。朱元璋和陈友谅这两个成王败寇的悲剧导演者，也早已被历史的烟尘所湮没。日本帝国主义蹂躏余干山河的民族悲剧，更是一去不复返了。但忠臣庙里的忠魂和抗日军民的民族气节，将与康郎山上的明月清风、鄱阳湖浩渺的波涛以及插旗洲那些与人类和谐共生的珍稀候鸟一起，成为人们心中永恒的风景！

民间传说

历史是由筚路蓝缕的劳动者书写的，其惊天动地的功业，大都被正史所收罗，有些逸闻旧事则散落在民间，千百年来，人们口耳相传，津津乐道，就像沙滩上隐约可见的贝壳，不一定耀眼，却也珊珊可爱，闲来把玩，常令人解颐，给人启迪。

忠义豪气溢小洲

◎陆小锋

信江，鄱阳湖水系五大河流之一，古名余水，清代称信江，沿用至今。信江干流自东向西流经上饶、铅山、弋阳、贵溪、鹰潭、余江，进入余干，沿途风光秀丽、景色迷人。在300余千米岸线上，水草丰茂，物产丰富，滋养着美丽富饶的上饶、鹰潭两市广袤大地，成就了"赣东北粮仓"之美誉，也孕育了万万千千的境中之洲的信江岛屿。

在信江下游余干县梅港乡，就有一座宛若仙境的沙质岛屿——小洲岛。小洲岛的小是相对同在梅港乡境内的望眼可及的中洲岛而言的；小洲岛的小，小在玲珑精致，俯瞰如同镶嵌在信江上的一块翡翠，晶莹绿透。岛内绿树成荫，鸟语花香。

小洲岛鸟瞰图

说是岛，实际上绝大多数时间为半岛，平时岛西南边是干净雪白的沙洲。到了每年丰水期才有机会看到小洲岛泊于江心，恰似轻舟已过万重山，信江深处有桃源。

信江流域，名胜古迹众多，余干境内的信江两岸，最有历史文化底蕴的古迹名胜，当属小洲岛西南岸边上屹立千年的应天寺。

应天寺，又称梅王殿，是纪念西汉开国大将梅鋗的专寺。《余干县志·墓茔》载："列侯梅鋗墓在梅港，即应天寺。"由此说明应天寺除奉祀梅鋗外，还是保护梅鋗墓的专门建筑物。

应天寺是余干县 1984 年公布的第一批县级文物保护单位；梅鋗是 2018 年评选出的"余干县十大历史文化名人"之一。

应天寺坐落在小洲岛阳光沙滩尽头、梅港街后的寺臂岭上，背山而建，比邻信江，其岭奇异如睡椅。

传说南朝时期，梅鋗墓紫气薄天，帝王令断其脉，建寺压之。紫气薄天，直冲北斗，被认为是"天子气"。梅鋗虽作古，但帝王担心他的宗族后代会压其帝王的"龙脉"，故于元嘉三十一年（454）至三十三年（456）间建寺，名应天寺。

应天寺大门

应天寺兴衰交替、历代建修，连绵不断，至今 1500 余年，是为千年古寺。

寺西有龙船岭，距寺 4 千米为太子埠，传说梅鋗的儿子在此弯弓射大雕，故得名。寺前原有五脊飞檐的古戏台，现已不存。台后有一后人称梅溪的小池塘，当年梅夫人的茅舍依于池旁。现在还可依稀辨出小池的遗址。

应天寺建筑结构为穿斗式木构架，单檐梁顶，红墙黑瓦，古朴肃穆，前后两进，配有厢房。中有天井，传说梅鋗墓就在井下，当地老百姓视梅鋗为神明，充满敬畏，从未挖掘，这也是应天寺至今保存现状较好的重要原因。

党的十一届三中全会以来，当地百姓自发对应天寺再次进行修缮，特别是近 20 年，对古寺进行了整体重建，各项殿堂和生活设施不断完善和新建。中华人民共和国成立前应天寺原有占地面积约 3000 平方米，建筑面积约 600 平方米；现应天寺占地约有 6000 平方米，建筑面积约有 2600 平方米。

应天寺正厅前石柱上，两副对联赫然在目。第一副：忠骨附梅溪，寺建应天庙貌终古长不朽；异军起台岭，灵东豫省武功迄今更无双。第二副：志秉纯忠历服秦亡安社稷，地居胜境山环水绕显威灵。

从第一联可以看出，台岭和梅岭是梅鋗带兵的驻扎地；河南东部是他的建功地，安徽是他的受封地；而梅港是他的出生地，也是他的长眠地。两联高度概括了梅鋗将军赤胆纯忠的威灵和功标青史的一世武功韬略。

据《史记·项羽本纪》记载："梅鋗功多，故封十万户侯。"

梅港一带，至今流传着梅鋗富有传奇色彩的故事：刘邦称帝后，总担心国内有新的天子降生，帝王自多疑。据说有一高人，馈以高祖仙镜一块，此镜可窥察到何地有天子气。如有，镜中即会显现。有一次镜中的影像总是混沌不清，辨不出方位，王甚为着急。

且说梅鋗将军转战十几载，未曾路过家门一次，离开时，其妻已身孕，分娩时，满院清香，紫霞贯房梁。孩子长大后，仪表堂堂，朝气勃勃，天资极高，臂力过人。梅夫人的茅舍长满紫金藤，枝繁叶茂。茅舍前有一小池塘，常年饲养了些鸭子，鸭子常在池中嬉游，搅黄了池塘的水。还养了一只黑狗，黑狗总是蹲在茅屋顶上，这就是所谓"乌云遮日"，这鸭子和狗便成了这"未来天子"的卫士，故使仙镜模糊不清。

有位风水道人路过此地，看见茅舍紫气冲天，知其必有贵人降生。于是叩门入室，拜访梅夫人，自言善算。梅夫人因家贫付不起卜资，没有答应，只是馈与凉水一杯，未招待用餐。风水先生心胸狭窄，于是产生陷害之心。两人在言谈中，梅夫人流露思夫之情，风水先生听后，计从心来，说："要夫君回来不难，只要杀了鸭子，宰了狗，断了紫金藤，夫君必归！"梅夫人信以为真，思念成灾，果然杀鸭宰狗，砍断了紫金藤。狗亡，意味着"天子"失去了卫士；鸭死，池水澄清见底，仙镜便能明察秋毫；断了紫金藤，就是断了龙脉，据说紫金藤流出鲜血一般的树汁，流而不止。

此后刘邦便在仙镜中发现了江西东北方向有紫气冲天。因梅鋗为江西人，便派他回江西办理此事，授意寻得"受命者"可先斩后奏。溢满思念之情的梅鋗，欣然领命，扬帆而归。

船至梅港太子埠时，梅鋗见岸上有一英俊少年，弯弓射大雕，百发百中。这时岸上一少年怂恿弹弓少年射打船帆绳索，持弓少年说这有什么难，"嗖"的一声，官船帆索弹到即断，船帆降落，船倒退了30里，退至龙船岭（龙船岭因此得名）。

梅鋗甚为震惊，乃弃船登岸，见这少年气宇轩昂，非凡人也，心想应是仙镜中窥察到的天子。于是梅鋗在距少年百步之遥，一箭穿心而过，少年一命呜呼！

梅鋗回到阔别已久的故乡，与妻重逢。互诉衷肠时，发现睡榻前有一双鞋，顿生醋意，问鞋从何而来？妻察夫意，解释说："夫君离开时，我已怀孕，这是咱俩儿子的鞋啊！"

"儿子在哪里？"

"到小洲上打雁去了。"闻此，梅鋗脸色突变，忙问孩子是何模样，衣着如何。妻以实告，梅鋗顿时醒悟，刚才被射死的正是自己的亲生儿子！他仰天长叹，心脾炸裂，当即倒地身亡，死时半脸发黑。故以后梅鋗的塑像，左脸为黑，右脸为白。

刘邦得知梅鋗死讯，悯其忠，令厚葬，又担心他会葬到龙脉，又令将灵柩用金链吊着，不许落地（这也是越族悬棺葬的风俗）。

应天寺东望水深清澈的信江，西、北、南松竹茂盛，绿树环绕，小洲岛恰似绿色长城守护着千年古寺。从信江行舟经此，远眺此寺，在蓝天、青山、白云映衬下，颇为秀丽可人。自古以来就有广大百姓和游客对梅鋗的崇敬和祭祀，香火不断，古迹与教化功能融为一体，使其成为一个修心养性的好去处，旅游参观的绝妙之地。

据史料记载，明朝理学家胡居仁曾在小洲岛上应天寺讲学会友。可见随着历史的推移，应天寺不只是奉祀梅鋗和保护梅鋗墓的专寺。亦寺亦儒，有了"书院"的文化属性了，这给忠义凛然的千年古寺添加了一分书卷文气。

不曾想到，300 年后，小洲岛上再现"天子气"。

传说乾隆下江南也曾游历过黄金埠、梅港一带，他身感江南鱼米之乡的富饶，欣然提笔，将黄丘埠改为"黄金埠"。距应天寺不远的小洲岛凤凰街（古时小洲岛的虞家村，因有港口码头，水路发达，货物集散，繁荣成集镇街市），让这个风流皇帝流连忘返，乐不思蜀。"乾隆戏凤"的民间故事就发生在这里：豆腐店小女子虞凤英貌若天仙，让乾隆神魂颠倒。

话说在小洲岛虞家村邂逅豆腐店小凤英，想吃豆腐的风流天子岂能不吃"梅港的豆腐"，特别是豆腐丝更是"一绝"，传说是乾隆皇帝最钟情的一道"余干菜"。它是将豆腐用纯棉纱袋子装好，再用木板置于袋上，上压重物，榨干水分，再将豆腐块切成细长豆腐丝，用新鲜的菜籽油烧热煮炸，待其膨大变

应天寺全景

黄后，捞出沥干，其色黄油亮，其香浓郁诱人，其形如兰根，若配以新鲜土猪肉，用砂锅焖烂，其味特爽。

乾隆皇帝尝过此菜后，龙颜大悦，问之，答曰："豆腐丝"，乾隆嫌其名俗，遂赐名"兰花根"。

现在，应天寺还保留着清乾隆年间记载重修的石碑。从石碑上看，清乾隆三十九年至四十六年之间有两次较大规模重修，这和乾隆下江南的时间是吻合的。从石碑上我们依稀看出当地百姓有钱的出钱，有物的捐物，虔诚的百姓真是罄其所有。

那么，应天寺是否曾为"天子"开过正大门，是否盛装以待盼来皇帝的光临，我们不得而知。

但是，当地百姓至今流传，龙船岭上厚葬了乾隆皇帝的爱犬，留下了爱犬的衣冠冢。这是怎样一回事呢？

小洲岛凤凰街，这个古村集市让皇帝流连忘返，也让养尊处优的爱犬乐不思蜀。一次撒欢至荒野，被三五壮汉设套围猎，扒了皮，改善了伙食。

爱犬"失踪"后，乾隆龙颜大怒也伤心欲绝。为查爱犬下落，皇帝心生一计，召集村中百姓，反说爱犬诸多罪大恶极，有寻见者告知有赏，如若食之则食之痛快，食者亦有赏。随着三五壮汉勇敢认赏，从众者越来越多，一拾荒老汉见状着急，大声高喊：搅屎棍一出，也有我的一股。

待"见者有份"人数尘埃落定后，乾隆开始细数爱犬之好，说到动情处，不觉眼泪纵横。大伙方知上当，更感大事不妙，欺君之罪要杀头的，不觉悲从中来。

这时，有随从启奏，不如让这些"见者有份"的食客披麻戴孝，为爱犬建个衣冠冢厚葬之。乾隆见目的已达到，便借坡下驴，恩威并施，不治尔等之罪（也有说是小凤英的献身求情的结果）。随之山呼万岁，响彻小洲岛。

狗之"皮毛"下葬时，声势浩大，"孝子孝孙"哭得悲天怆地，哭得五味杂陈。

俱往矣。小洲岛上故事多，风云际会世人说。

走进应天寺，内有梅鋗塑像，樟木雕成，高 2 米余，形象威武，令人肃然起敬。还有一副台柱对联，更加熠熠生辉：赫奕忠声史册标名长不朽，巍峨庙貌梅鋗立像俨如生。

如果梅鋗将军俨如生或有灵的话，如此岁月静好，国泰民安，他定在丛中笑，忠义豪气的笑声溢满小洲岛，响彻云霄。

其实，一个地方，一个人物足矣，足以给养一方水土和栖息在这里的人们。岛因人闻名，人因岛传世，小洲岛因梅鋗注入忠义的骨骼和灵魂；将军的忠义也早已生成了一种不朽的精神，励志成一方不朽的"文化"，进而加持着诗情画意的小洲岛成为当地百姓的理想家园。

旧城闹市务前街

◎余善爱

务前街是余干县玉亭镇旧城最古老的街道之一，地处旧城的核心地段，在余干的城市街道建设中占有很重要的地位，是人们商贸购物的主要街道，是一代代余干人特别是老辈人头脑中不可磨灭的记忆。

明代铁井

务前街历史悠久，据现有史料，最早记载是在明朝。1991年《余干县志》载，务前街在县城中部，西接中大街，东接小南门、东街、四牌楼三条叉街。东西长190米，宽13米。明朝置铁井于街中，故称铁井街。务前街虽街面较窄，但门店众多，商品种类齐全，繁华热闹。

老务前街——东街口旧照

中华人民共和国成立后，兴办有国营的大众食堂和人民大会场，南有县煤炭公司和百货公司旗下铁井商店，东有烟草公司和副食品公司。1956年，扩建东段。1973年，改砂石路面为水泥路面。1983年，又扩建13米，并改为沥青路面。2001年，县政府招商引资拆迁了一部分北面门市店建成了现今的恒昌大厦。扩建后的务前街，依然商店林立，是市民逛街休闲的最佳去处。

在务前街演绎了众多的传奇故事，这些五花八门的传说，虽无历史记载，却在民间口口相传。

一、"百货商店"的由来

话说一日，务前街的一家名叫万货商店来了一老者，头戴礼帽，身穿长衫，手拿文明棍，身板硬朗，看那气势，很有来头。在店里转了三圈，停在一柜前，用文明棍指着一伙计道："买'四得时'。"

伙计纳闷，哪有这物件？忙又追问："爷，您老要买什么？"老者不耐烦又吼叫了一遍，伙计还是没弄明白啥东西。急忙进到里间，请来了掌柜。

掌柜双手作揖："老朽乃万货商店掌柜，请问老爷要买何物？"老者凶道："要'四得时'呀！"掌柜躬身，暗自叫苦，心想，世上哪有这物？忙躬身道："本店开办百年，东西方物件、日用百货、绸缎布料、名吃小点、农资家什等等，应有尽有，就不知你所要物件是个什么模样，什么用处？请您赐教！"

老者不屑一顾道："这不是万货店嘛，今天要是买不到，我就砸了你牌子。"掌柜惊出一汗，这不就是来找碴的嘛，擦干额头汗道："老爷请您宽限三日，定当办齐货，您看行不？"老者转身离店而去。

当日报告东家，这东家姓吴，乃清末武举人出身，曾在省府为官，不知何故，早年辞职归故里，接手掌管这祖上的家业，买卖做得风生水起，省内开有十几家分店，今天也是头一回碰到难缠的买家。

晚上吴东家备上厚礼，直奔县太爷府邸。县太爷姓史，也是个举人，因贪财吝啬，舍不得钱财，只能在余干县做个知县。吴老板是个生意人，八面玲珑，史知县处自然是花了不少心思，平时常常推杯换盏，称兄道弟，彼此熟悉热络。见面自是拱手作揖，让座沏茶客套一番。

吴老板说明来意，讨要对策。史老爷笑道："这有何难？如若再来，报官便是，本官定为你作主。"吴老板面露难色："开门做生意，迎接八方客，倘若欺客，如何立足？再说这老先生如此霸气，不知是何方神圣，定有来头，得罪不起。"

一旁师爷接口："老爷，何不请彭话公问计？"史老爷一脸疑问，师爷接着说："彭话公是个落魄秀才，上知天文，下晓地理，巧舌如簧。无论是邻里纠纷与家庭嫌隙，还是山林权属与乡村矛盾，都能巧妙化解，深得乡人信赖，遐闻乡里。"两人听后点头同意。

次日，史知县一边请人摸摸老先生的底细，一边差人把彭话公请到县衙，师爷将事件过往重复了一遍。彭话公略思片刻道："老爷放心，明天我去应对便是。"师爷愕然，又不便探问，便将他礼送出门，道明天不见不散。回头禀告史老爷和吴老板，也只能如此了。

是夜，差人来报，老先生乃古埠南塘余家人氏，承祖荫，曾在外为官，告老还乡后，百无聊赖，悠闲自在，近日逛务前街偶见"万货商店"字号，便心生一计考考东家。

约定时日，老者果然如约而至万货商店，直问掌柜物件准备如何？这时掌柜忙说已备好，一边将老先生引入里间，入座上茶。此时上座史知县，老先生一见便起身拱手，客套几句便落座。

这时一旁彭话公开口道："老先生所需的货物已备齐。"余老先生闻言甚感意外："拿来看看。"

彭揖手道："先生所说'得时'实为'得势走运'之意。您听好了，甘罗12岁出使赵国，不使一兵一卒，说服赵王臣服割地，让秦国获得十座城池，回国被秦始皇封相，权倾朝野，为少年得时，此为'一得时'；姜子牙渭水之滨垂钓，与周文王姬昌相遇，大谈治国理政，文王大喜，遂同车往周地，大行德政仁道，后助周武王姬发火商建周，称师尚父，功高盖世，80岁拜相，为老年得时，此为'二得时'；史老爷坐堂县衙，师爷侍侧，两班衙役护佑，上领天子皇命，下佑黎民苍生，乃百姓之父母，光宗耀祖，何等威风，实为正得时，此为'三得时'；吴老板举人加身，领皇命四方出征，战功卓越，功成名就，隐退官场，开埠头，设商号，门迎四面客，广纳八方财，也是正当时，这合起来不就是'四得时'吗！"

众人听得如痴如醉，拍手叫好。余老先生听后，心里暗自佩服，连说："妙！妙！妙！老先生本无生事之意，只是看到这商家取名'万货商店'的名号似乎是有点托大，故心生此计，想考一考东家的应对策。"

这时彭话公笑道："老先生胸有乾坤，晚辈献丑了。"老者面露红色，连连摆手说："虽说商店物品种类齐全，难免缺遗失漏，'万货'一说难免言过其实，改为'百货商店'更为妥帖。"

吴老板拍手称道："甚好！甚好！"吴老板何等圆通，当即恳请史知县题牌匾，掌柜闻言立马准备文房四宝。史老爷当即挥毫题曰"百货商店"，从此这一名号便在务前街传承下来，沿用至今。

二、东山士子花样斗酒令

话说南宋年间，在理学大师朱熹的影响下，全国理学盛行，书院遍布。余干东山书院就是在南宋年间公元1178年，由右丞相赵汝愚和其从弟赵汝靓出资兴建的，因朱熹曾长驻书院讲学，并注《离骚》而与铅山鹅湖书院、贵溪象山书院、上饶信江书院齐名，故引来众多理学士子云集。

据载东山书院位于东山岭原建于东山岭羊角峰上，与东山岭东麓下的务前街相距不足百米。务前街商铺林立，贸易繁华，酒肆饭馆，熙来攘往，热闹非凡。

一日傍晚，华灯初上，有理学士子毛、钱、柴三人相邀来到务前街一酒馆小酌。三人坐定，店小二已将一碟炒黄豆和一碟炒南瓜子摆上了桌，沏上一壶李梅岭山茶，点了枫树辣椒炒肉、鳜鱼煮粉、干煸针贡鱼、素炒湖田藕等几个菜，两壶余干粳米烧酒。三人边喝茶边嗑瓜子边聊天，没多时酒菜上齐，推杯换盏，好不惬意。

这时，毛相公提议说，往日轮流付酒账，好生无趣，今日何不设个酒令，三局两胜，谁语出最粗俗算赢，不用付账，众人赞同。遂合拟了三个酒令，确定应令顺序为毛、钱、柴。第一个酒令：有来有去，有去无来。

毛相公低头呷了一口酒，正思考着，猛然闻听梁上燕子的呢喃之声，立刻有了思路，张口便道："有来有去的是梁上的燕，有去无来的是将军的箭，梁上的燕呀将军的箭，没钱喝酒是嘴巴贱。"钱相公闻言，暗揣此言甚粗，我该如何应令，勿闻隔壁有嘀嗒嘀嗒织布的机梭声入耳，神情一振，口中念道："有来有去是机上的梭，有去无来是水上的波，机上的梭呀水上的波，没钱喝酒真啰唆。"

柴相公是三人中最有才的一个，何时爆过这等粗口，憋得满面涨红，这时店小二刚好来续茶水，见此情形，忍不住扑哧一笑。柴相公一见，立马来了灵感，马上念道："有来有去是嘴里的气，有去无来是屁股里的屁，嘴里的气呀屁股里的屁，没钱喝酒受怄气。"

毛、钱二人闻言，一脸无奈之状，摇摇头只得认柴相公先赢一局。

第二个酒令：有上有下，有滋有味。毛相公随即道："师生论道有上有下，酒馆品酒有滋有味，心中暗想，哪天不做学生，当当先生。"钱相公抬头，见掌柜左手拨算盘右手记账，便笑道：掌柜拨珠有上有下，手数银子有滋有味，心中暗想，哪天不做账，当当东家。"

柴相公讪笑："你们还是太文雅了，听好：君臣朝堂议政有上有下，恶少戏弄韩信有滋有味，心中暗想，哪里像个将军，当当孙子。"二人闻言，大惊失色，自不敢与之比粗，这一局柴相公又胜。

第三个酒令：有说有笑，不情不愿。毛相公笑道："项羽宠虞姬有说有笑，乌江自刎不情不愿，可见霸王心，重在江山。"钱相公不服道："悟空逛天庭有说有笑，拜师去西天不情不愿，若无紧箍咒，何等自在。"柴相公接着吟道："伙计待客有说有笑，扫地抹桌不情不愿，若不为生计，去他妈的。"

此话一出口，毛、钱二人起身抱拳道："柴兄才高八斗，没想到竟也能出如此粗俗言语，兄弟佩服佩服。"

柴相公自觉不好意思，举起酒杯说道："小弟家境不宽，囊中羞涩，情急之下而为之，让兄台见笑了，小弟自罚三杯当是自责。"话毕连饮三杯，二人见状，连忙端起酒杯说道："兄台何必当真，今天就是寻个由头，解个闷子，找个乐子嘛。"接着三人相视而笑，后又海阔天空神聊了起来，直至酒馆打烊才散去。

三、秀才巧对赢娇妻

话说一日上午，务前街一商行门前围了一圈人，正在小声议论着，但见一楼门庭前贴了一大红的招亲海报，原来是张员外欲招一上门女婿继承家业。张员外早年考得秀才，后多次赶考未得功名，便利用自家门面做起了生意，经过多年的苦心经营，积攒有万贯家财，可膝下无子，只有一独女，自感美中不足。

员外遍寻先生，悉心培养，女儿自幼聪慧，琴棋书画学得样样精通。眼看芳龄二八，正值婚嫁，怎奈难寻如意郎君，心里甚是烦恼，为择佳婿，父女二人商定张榜招亲。招亲分两轮进行，设定期限一个月。第一轮笔试，为《策论》，择三位优秀者入围；第二轮面试，为对句，择最优者胜出。

自此每天跃跃欲试者甚众，员外父女每日端坐堂前，认真阅看，反复玩味，最后确定赵、王、李三位秀才入围，择良辰吉日面试。

吉日当天上午，果然天高云淡，阳光和煦，三位秀才满面春风，应约来到员外家，员外见三人书生打扮，身材适中，相貌堂堂，一表人材，满心欢喜，于是上前右手示意：三位秀才请上座。三人抱拳回礼落座，这时佣人端上了沏好的香茶，各自品茗，相互寒暄。

员外开口直奔主题："今天面试为藏字对句，即高、低、有、藏，文采最佳者是为赢。"三人点头应允，遂约定应对顺序为赵、王、李。

赵秀才也毫不客气，右手举起桃花扇高声说道："高的是巍峨群山，低的是错落丘峦，有了山和峦，藏得虎和豹。"员外听后含笑道："很好！很好！"

王秀才随即摇了摇手中昆仑扇，微笑道："高的是绿波水浪，低的是闪烁金沙，有了水和沙，藏得鱼和虾。"员外点头道："甚好！甚好！"

李秀才听后心里暗揣：赵王两位的应对很有气势，前者眼中有山，胸中藏虎，后者眼中有水，胸中藏龙，都有虎跃龙腾之势，乃上乘之佳句，我该如何对句才能更胜一筹，抱得美人归？于是站起身来，手拿羽毛扇，双手反剪，一边在客厅踱步，一边苦思起来。

这时只听"吱呀"一声门声，李秀才停下脚步，循声望去，但见房门内一小姐探出头来，一袭轻罗裳，一头青丝长发，鹅蛋脸型，清秀可人，心里不禁泛起了阵阵涟漪……小姐见状忙含笑掩门。李秀才这才回过神来，继续搜寻佳句，当再次回想刚才的情景，似乎瞧见小姐房内有一朱红宁波床，粉红的顶帐高高悬挂，顿时有了对句："高的是绫罗粉帐，低的是软席温床，有了帐和床，藏得姐和郎。"

员外听后哈哈大笑："妙哉！妙哉！"接着点评道："赵秀才对句意境虽远，但虎和豹乃山林中猛兽，是为凶，且不应景也；王秀才对句意境虽深，但鱼和虾乃水中灵物，是为善，却不应情也；李秀才对句意境深远，姐和郎乃凤凰相配，鸳鸯相伴，是为合，应景应情！此嵌字对句，关键是"藏"字，藏山者是为智，藏水者是为仁，藏情者是为善。李秀才对句暗藏儿女情愫，似更为切题，当赢得头彩。"

话毕，三人点头称赞。员外留下李秀才，吩咐摆上酒席，唤出小姐作陪。席间，李秀才高谈阔论，春风得意，频频举杯，推杯换盏，好不热闹。

斗转星移，物是人非。务前街的传说故事流传至今，不仅为人们留下了茶余饭后的谈资，也为余干历史文化增添了一抹亮丽的色彩。

老务前街——东街口新貌

江湖奇人彭考先

◎彭胜先

在信江与鄱阳湖相拥的余干，曾出现过一位阿凡提式的江湖奇人，人们亲切地称他为"彭考先"，他幽默风趣，全力阻止权贵对穷苦众生的欺凌，智斗贪官污吏为民请命的系列故事，不仅在余干家喻户晓、妇孺皆知，甚至在整个赣东北地区也广为流传。

一、妙笔一挥释哑讼

话说有一天，彭考先来到县城。见衙门口围着许多人，凑近一看，只见一名哑女指手画脚咿咿呀呀，见有穿长衫者经过，便磕头作揖，并奉上手中的碎银，观其意，像是想请读书人代写诉状申冤。在场之人无一敢接。是啊！纵然你有天大本领，又怎能为一个说不清、道不明的哑巴申冤呢？哑女见无人肯助，越求越急，以至泪落涕零，呼天抢地，在县衙前长跪不起。

这一切，深深地触动了彭考先的恻隐之心。他扶起哑女，将碎银塞回她的衣袋，耐心听她"诉说"，待哑女情绪安定之后，找来笔墨，沉思片刻，一挥而就："此哑人，来告状，不知哑人告哪人。请县爷，派二吏，随同哑人抓那人。指东家，捉西家，自有旁人说公话。"哑女感激地收起字条，直奔县衙而去。果然，县衙当天就将哑女要告的人捉拿归案，一切真相大白。

二、半金黄金七两漆

乐平县（今乐平市）有个李老财，为富不仁、尖酸刻薄，经常欺侮百姓。他家除水稻千顷外，还有一大片甘蔗林，为防偷盗，专门派人看守。

邻村有个彭小二，靠打柴养家糊口。有一天，他到镇上卖柴回来，天气炎热，就在李老财的蔗林边歇了一下脚，那帮看守就冲上来将小二捉住，不由分说扭送官府，说偷了甘蔗。结果硬是罚了彭小二100文钱。小二有口难言，窝了一肚子火，扬言一定要报此仇。他娘说："儿呀，靠咱孤儿寡母哪能斗得过他们？听说余干有个宗家叫彭考先，专爱打抱不平，你何不去会会他试试？"第二天，小二几经曲折找到彭考先家，请求帮忙。彭考先笑着说："你放心回去，我明后天就到。"

次日，彭考先背着包袱就上了路。路过李老财甘蔗地时，特意扳了一根又粗又长的甘蔗，坐在田塍上有滋有味地吃起来。不久，一伙狗腿子一拥而上，把他扭去见李老财。李老财翻开彭考先的包袱，见没有什么值钱的东西，就把他扭送县衙。

县令一听又来一个偷甘蔗的，心里很烦，便问彭考先偷了没有，彭考先说："我不是偷，只是口渴，买了他一根甘蔗吃，不信可派人到地里去看，我还放了几文钱在那里呢。"县令派人验证后便说："既然放了钱就不是偷，你可以走了。"彭考先不但不走，反而喊道："人人且慢，李老财抢了我的包袱和东西还没还呢。"县令便问："你包里有什么东西？"彭考先说："我包里有半斤黄金，另外还有我牵来的一对驴子也被他们抢走了。"县令问李老财："果真如此？"李老财急忙大喊："冤枉啊大人，不是那样的，是七两漆和两只梨子呀大人！"县令呵斥道："半斤和七两七不是差不多吗？两只驴子和一对驴子又有何区别？休得狡辩，本官命你立即归还，否则治你个抢劫之罪！"可笑李老财忍气吞声，白白赔了半斤金子和两头驴，从此，再也不敢猖狂。彭考先把驴子送给彭小二，把金子献给了当地彭氏宗祠，他的故事也从此传遍了乐平的大街小巷。

前些年我到乐平上济彭家拜访宗亲时，他们仍对余干彭考先智惩乐平李老财的故事津津乐道，原来故事中彭小二的原型就是乐平上济人氏。

三、巧聚合力建祠堂

余干人做屋的木料爱到贵溪上清镇去买，一来是那里的木料材质好、品种多，二来是扎好木排顺信江水而下，运输方便。见生意好了，黑心商人便在放排时玩起了以次充好、缺方少料的障眼游戏，害得买家投诉无门，有苦难言。

有一次村里的长者正在商量要建一座彭氏宗祠，又苦于经费不足，彭考先便说："木料我全包了，决不食言！"因为彭考先家并不富有，所以村里人谁也不信。另一个人就说："考先伢，如果你能包木料，我就包下石料和砖瓦，决不食言！"其他人更是跟着起哄："我们这些木匠、石匠、瓦匠，工资分文不要，还自己带饭来吃！"彭考先说："好，就这样说定了！"

几天后，贵溪县上清镇来了一艘船，船主声称要收购一批上等杉木。上清最大木材商行老板打量着来人，只见他衣着光鲜，气度不凡，便有几分好感。在交谈中，商行老板又听其言语不俗，更是钦佩之至，此位买家就是我们熟悉的彭考先。

木材商带他看完几片山林后开了价，彭考先对价钱是满口应承，并说马上给付定金。彭考先叫随从搬来银票箱子，可是待打开箱一瞧，哪里有什么银票啊，都是些地契、房契、借据和与一些社会名流往来的信札等。彭考先顿时大怒，厉声对随从说："叫你拿银票箱来，怎么拿这些乱七八糟的东西来！"随从说："是我弄错了，是我弄错了，我这就赶回去拿！"木材商因为这几天同彭考先主仆打得十分火热，并贪下次再次合作，见此情景，反倒可怜起这个随从来了，就说："先生家大业大，我还有什么不放心的。木材你们先运走，年尾我再同你结算便是。"就这样，彭考先还真把木材运送回村，而先前许诺的村民也都兑现了自己的承诺，彭氏宗祠就这样建起来了。

到了年尾，上清的木材商行老板上门来要债，彭考先先是好生款待，然后再慢慢算账：首先是本次向您购买的树少了多少多少方，上岸时我便已报官，您应该心里有底，必须从中扣除；其次是为了重新采购木材补满这些方，耽误了祠堂工期，这个损失您必须得给我算上；第三，那些曾经被您坑过的苦主，部分人也来到了现场，要跟您一起算算账。木材商老板先是诡辩和耍狠，后见势不妙溜之大吉。曾经被坑过的苦主们，出了心头这口恶气，纷纷把应得的那份补偿捐建祠堂，共同帮彭考先圆了这份梦想。据说杨埠里彭村的宗祠，就是明万历年间彭考先所建。

四、这根光棍真难拿

在封建社会，贪官污吏多如牛毛，彭考先就专同这些酷吏作斗争。听说他告倒过好几任知县。单说这一位吧，也不是个善茬，专靠搜刮民脂民膏、送礼买官才从小吏升职至此。他早已听闻彭考先的故事，所以一来就想拿彭考先立威。

一天，彭考先莫名其妙地被传到县衙，刚进大堂，知县的发问便劈头盖脸："云绕青山，哪个尖峰敢出？"其势咄咄逼人，其貌虎视眈眈。彭考先气定神闲，张口便对："日照漏壁，这根光棍难拿！"一联对出，满座惊哗。考先乘势反诘："无故拘传百姓，你该当何罪？"短短几字，掷地有声。知县早有准备，口若悬河，历数彭考先桩桩"罪状"，彭考先据理反驳，头头是道，第一次交锋，两人便打了个平手。

有一天下午升堂时分，彭考先听到衙门后堂仍在猜拳行令，便把堂鼓敲得震山响，知县急忙上堂查看："何人如此大胆，乱敲堂鼓，扰我酒兴？"彭考先答道："回大人，小人彭考先有状子要上告。"知县反唇相讥："哟，原来是你呀，不知这次又要状告何人？"彭考先道："要状告现任县官，也就是你！"知县怒道："你竟敢告我？我何罪之有？"考先答道："公干时间，老爷你还在喝酒，此其一；升堂不穿官服，此其二；问案不戴乌纱，此其三。这三条分明就是蔑视王法！"县令气得一跺脚、把签筒拂倒在地，彭考先又追加一条："你在公堂之上捶案顿足、砸烂签筒,分明是咆哮公堂,应当罪加一等!"县令被气得光翻白眼,无话可说。结果不久也卷起铺盖开溜了。

从上述故事中不难发现,彭考先是个智谋超群的江湖奇人。在那有理无处讲的时代,你若受到欺凌、孤立无援,他就挺身而出,让你倍感温暖;你若蛮不讲理、图谋不轨,他就因势利导,请君入瓮;你若尖酸刻薄、作威作福,他就将计就计,让你自尝苦果。彭考先不畏强暴、扶危济困的侠义之举,成为人们心目中的"平民英雄"。

五、彭考先果有其人否

彭考先果有其人乎?考之正史,无任何记载。果杨埠里彭人否?查其族谱,亦无此名。但在里彭村珍藏的民国廿九年所修《古余里彭家谱》中,有个彭呆七与彭考先有几分相像。谱载:"昭宇公,守吾次子,出继真为嗣,名呆七,字伯明,号昭宇。为人岐疑,有机智。自小不受人羁绊,尤好急公义,所当行,虽试以铁石,无所退避。一时利害,赖公挺任兴革者甚多,邑人至今独传颂其名。"

里彭族人信誓旦旦,说彭考先就是他们的呆七公,并列出了许多"实例"。比如,里彭村口刻有"大清嘉庆御前侍卫彭中杰立"的旗杆石,就是乐平上济彭氏宗亲赠送的,而乐平上济彭氏之所以能以如此规格的厚礼相送,就是因为在明朝时呆七公帮他们智惩了恶霸、以金相赠,让他们的祖先在那里站稳了脚跟(即故事二);里彭村的宗祠就是呆七公等在明万历年间所建(即故事三);"孙都司争彭家山"的故事家喻户晓,并在白马桥乡寺前孙家的家谱上有记载:"万历八年,(应璧公)恭膺简命,出任北京河涧府守备,严肃军伍,抚卒善政……升迁贵州省镇边都司……盗党尽除,朝廷闻其智勇绝伦,擢升都堂,选用把守后载门大将军。因告假归,为祖基周坊源,与表弟彭呆七互口。在饶城暴病而卒。"

通过多年走访座谈、整理故事、核对史料、梳理考证，发现彭考先确无其人，但明朝末年的里彭人彭呆七（1563—1634），系民间传说人物"彭考先"的原型之一，传说多由其故事衍化而来。

彭呆七实为家境殷实的文化人，而民间传说中的彭考先，有时以白丁、孤老、长工等身份出现，有时以私塾先生形象登场，都是为了拉近与底层民众之间的距离，树立起其"平民英雄"的形象。有的故事说他是清朝人，有的说他是民国初期人，既可能是误传，也可能是后人以古讽今的伪托之作。但不管怎样，都客观上满足了广大民众崇敬英雄、惩恶扬善的心理需求。

六、"彭考先"还是"彭巧先"

在余干方言中，"考"与"巧"的发音相同，都读 kǎo，所以，民间传说的主人公姓名的写法，一直流传有"彭考先""彭巧先"两个不同版本。比如，不知传抄于何朝何代的《干越旧事杂记》残本，为文言文体，使用的就是"彭考先"，多次出版的《干越民间故事集》使用的也是"彭考先"。而 2011 年 7 月公布的《余干县第一批县级非物质文化遗产名录》以及 2012 年 9 月公布的《上饶市第三批市级非物质文化遗产名录》，使用的则是"彭巧先"。若从字义上分析，则各有所据，且都有一定的道理，笔者则更倾向于"彭考先"。

七、彭考先故里今何在

彭考先的故里，民间亦有多个版本。有杨埠镇甘泉村委会里彭说、有杨埠镇牌坊村委会过岗楼彭家说，还有白马桥乡山源村委会盖竹彭家说等。

里彭、过岗楼、盖竹彭氏，都是以西汉梁王彭越为第一世祖的第 47 世彦昌公的子孙，南宋时从鄱阳迁居余干佛岭（今甘泉村甘泉亭所在地）。元末，第 52 世彭韶俊由佛岭迁居今里

里彭彭考先故里

彭；第57世文章生子二，长子日旺（号静安），明末从里彭迁盖竹；幼子国宠（号遗安）生子三，第三子以道（号守吾）生子四，其中次子彭杲七（字伯明，号昭宇）迁居过岗楼。

说彭考先的原型彭杲七是里彭人，没错，他生长在里彭；说他是过岗楼人，准确，因为他是过岗楼彭氏始迁祖；说他是盖竹彭家人，则是一个美丽的误会。

彭考先的传说，是余干民间文学的一座富矿，是全县人民共同的精神财富。传承人彭文、彭华川、彭永安、李善美等皆已作古，彭德生、彭荣生、孙三贤、李海林、江治安、徐金华等都年愈古稀，中国作家协会会员、中国电影家协会会员史俊先生，正在以微电影形式传播彭考先的故事；中国美术家协会会员胡才春先生用漫画的形式，把彭考先的传说带上了《人民日报》漫画增刊《讽刺与幽默》。余干县彭祖文化研究会成立了"彭考先故事编委会"，拟将其故事重新进行搜集、整理和出版；彭杲七故里杨埠镇，在其文化展示馆开设了彭考先故事专版；彭杲七的后裔们，在过岗楼建起了"考先广场"和"考先亭"，经常邀请本县文艺爱好者前去采风，只为将这一独具特色的民间文化宣传好、传承好。

鸣机课子钟令嘉

◎张元斌

钟令嘉（1706—1775），字守箴，晚号甘荼老人，余干瑞洪人，清代著名文学家蒋士铨之母，中国古代知书达礼的贤妻良母的典型。其相夫教子的故事一直被民间津津乐道，广为传颂，成为家庭教育中的经典。

钟令嘉出生在清康熙年间瑞洪镇一个中医世家，父亲钟志顺，祖籍南昌，从小随父辈研习中医中药，后在余干县瑞洪镇中湾街开设中药铺，一边卖药，一边给人看病。药铺取名韩康药栈，寓意以东汉高士韩康为楷模，坚守本分，悬壶济世，安身立命。由于为人诚信，经营有方，家道比较殷实。

钟志顺娶李氏为妻，共育有 6 子 3 女。不到 50 岁，便儿孙满堂，奢享天伦之乐。康熙四十五年（1706）李氏生下第三个女儿，因排行老九，乳名"九儿"，并取《国语》"为令闻嘉誉以声之"中"令嘉"二字为雅名，以寄托对女儿美好未来的期许。

钟令嘉，人如其名，不但长得俊俏，而且聪明伶俐。小时候与几个哥哥一起跟随父亲学习识字断文，稍大又读唐诗，习经书，往往过目不忘。十四五岁便出落成知书达理、娴静明慧的少女。市井纨绔交口称赞，说媒者纷至沓来。但父亲一概不允，说："里儿岂婿？"意思是农村作田种地之人岂能做我的女婿？直到 18 岁，机缘巧合，嫁给了 46 岁的铅山秀才蒋坚为妻。

蒋坚，祖籍浙江，其父本姓钱，因战乱时成为孤儿，被铅山永平镇一蒋姓人家收养，才改姓蒋。据陶江《蒋士铨传》，蒋坚与钟令嘉结婚前，已在好友、山西泽州知州佟国珑家做幕僚，蒋家在南昌小金台已拥有房产。房子虽不十分宽敞，却也足可栖身。因此，钟蒋两家算是南昌同乡，又属门当户对，所以，父母之命、媒妁之言，最终促成了钟令嘉与蒋坚的姻缘。

蒋坚从小接受的是传统的读书应考教育，他云游四方，广结善缘，可惜时运不济，寻求功名一直不顺，年近四十时在好友佟国珑家谋得幕僚兼管家的职位。他为人豁达豪爽，有"古烈士遗风"，"任侠好客，乐施与，散数千金，囊箧萧然"，所以蒋家生活甚是清贫。钟令嘉生下蒋士铨后，生活更是陷入困顿。不过，在云游过程中他也结识了一些有识之士，他们后来发达了，对蒋坚均有所帮助。其中除佟国珑以外，还有鄱阳富商史氏、鄱阳县令黄获村、山西泽州凤台富商王镗、南昌县令高尚礼等。

康熙五十九年（1720），佟国珑因病告老还乡，蒋坚也回到南昌，1723 年与钟令嘉结婚。1726 年因家中下人卷款潜逃，佟公子追到南昌，未果，心情郁闷，邀蒋坚同去广东游历散心，钟令嘉只好带着 2 岁的儿子寄食余干瑞洪娘家。

生活艰苦清贫，日子过得纠结，丝毫没有动摇钟令嘉对儿子的期望。在应对生活窘困的同时，她几乎把全部心血都倾注在儿子的成长和教育上。

蒋士铨 4 岁时，钟令嘉便教他断文识字，由于年龄太小不能握笔，她把竹枝削成横、撇、竖、捺，做成各种笔画形状，合而成字，让士铨坐在膝上，一字一字教，每日以 10 字为限。第二天复习时，让孩子自己拼字，直到没有错误为止。这种寓教于乐的方式，不仅使孩子易于接受，而且记得牢固。一年后，教读"四书"，每日四五行，她用通俗生动的语言为孩子解疑释难，以利于记忆。

秋虫唧唧的深夜，皓月当空，光亮从窗外投进屋里，与那盏不甚明亮的清油灯一道，映衬出她那张慈祥的脸。她一边摇着织机，一边耳提面命，口授功课。母子俩咿咿呀呀的读书声，伴着窗外风扫樟树的沙沙声，还有织机那有节奏的嘎嘎声，为瑞洪这安静的夜晚平添了一分温馨的暖意。

钟令嘉教育儿子从不懈怠。冬夜，外面北风呼啸，屋里寒气逼人，她坐在床上，用棉被盖着下半身，把儿子抱在怀里，母子俩依偎着读书。正如将士铨后来在诗中回忆的那样："瓦灯照字教儿读，败絮围身卧母怀"。

钟令嘉教育儿子要求非常严格，夜晚纺织，便将课本放在自己的膝上，让儿子蹲在地上，口授句读，手仍不停地纺线。孩子困倦了，就让他睡一会儿；唤醒再读，往往到鸡鸣为止。

儿子稍有调皮、懈怠，钟令嘉就会偷偷躲到旁边去抹泪。同辈姐妹问她何苦要这样？钟令嘉说："他是独生子，如不好好教育，将来不肖，我便没有指望了。"在蒋士铨9岁的时候，钟令嘉便教他读《礼记》《毛诗》，又抄录唐宋诗词，教他吟咏。

蒋士铨长大成人后，感念母亲辛劳，请南昌画师给母亲画像，画的正是这样一幅暖意图：一个朗朗秋夜的庭院里，母亲在织机上纺织，蒋士铨在檐下秉烛读书；题为"鸣机夜课图"。后来他又写了一篇散文《鸣机夜课图记》，记录作图原因及过程。

鸣机夜课图

据《鸣机夜课图记》载：母亲从小天资聪颖，勤奋好学，深得外祖父喜爱。外祖父身高须白，喜欢饮酒，饮到半醉时，便大声吟诵自己作的诗，让母亲指出诗中的毛病。母亲每指出一个字，外祖就满饮一杯酒。有一次，在母亲指出多处瑕疵后，外祖高兴地捋着胡须大笑，举着酒杯自呼道："没料到我家竟然出了个这么厉害的女儿！"

在瑞洪地区，钟令嘉还是个出了名的孝女。据蒋士铨《吾母姓钟氏》记载：外祖母生病时，母亲自始至终细致服侍，凡汤药饮食，一定要亲自尝过后再喂给外祖母吃；历经四十个昼夜，毫无倦容。外祖母病危时曾说："我女本弱，今劳瘁超过诸兄，实在劳心。"外祖母死后，母亲悲痛欲绝，七天七夜，滴水不进，以至多次晕倒。内外亲戚和街坊邻居，都称赞她为"孝女"。

天有不测风云，那年鄱阳湖发大水，洪水泛滥，粮食颗粒无收，物价暴涨，人们都四处逃荒。瑞洪街也被淹没，药店无法正常营业，钟家处境也是急转直下，一时十分困难，全家人只得吃糠粃充饥，省下一点点大米给小士铨吃。另外，每天买一片肉做菜给他吃，生怕他营养不良，两年如一日。蒋士铨后来在诗中回忆道："船泊牙樯糠作饭，鱼生床角灶沉蛙。"

由于生活艰苦，缺乏营养，劳累过度，钟令嘉病倒了，蒋士铨倚靠在母亲床前，问母亲："你的病怎样才能好些呢？"母亲回答说："只要你能把当天所读的书背下来，我的病就好了。"于是，士铨立即朗读，直至背下来。母亲就说："我的病已经好了。"

士铨11岁时，钟令嘉便带着他随丈夫出门远游，让他开阔眼界，增长见识。十多年来，她随丈夫颠沛流离，随遇而安，曾定居南昌、鄱阳、杭州和山西凤台等地，足迹遍及大江南北。

1735年，蒋坚全家一路风尘，辗转来到山西泽州凤台

（今晋城市）朋友王锴家。王锴为凤台巨族，富而好客，楼接百栋，书连十楹。他得知蒋坚一家萍迹鸥波，居无定所，盛情请其全家留居馆内，以便蒋士铨书文自娱。盛情难却，蒋坚便在王家打理家务，钟令嘉则一边陪伴儿子读书，一边习诗作画，四年安逸的生活，激发出她旺盛的创作欲，创作出《自秀梅花诗图》等自娱画，写出了不少清丽晓畅的明志诗，后来结集为《柴车倦游集》，这使她赢得了"豫章才女"的美誉。

她在《自题归舟安隐图》其五中写道：

三十随夫四海游，江山奇处每勾留。

谁知老去清缘在，还坐东南软水舟。

生动表达出年轻时随夫寻幽探胜的意兴盎然和老迈时独居湖滨的清欢。

又如其七：

四十归田可闭门，焚香省过答天恩。

三年后更添欢喜，新妇为婆子抱孙。

直抒归田的省心和喜添龙孙的开心。

钟令嘉一生兰质蕙心，吟诗作画，相夫教子，功夫没有白费。乾隆二十二年春，蒋士铨考中进士，名列第十三名，殿试二甲又得第十二名，朝考钦取第一名，被选为庶吉士，负责起草诏书，后迁翰林院编修。

瑞洪风波亭边曾为他高高竖起了两根旗杆，左右各一，四块大夹石大书"乾隆二十二年丁丑朝考钦取第一名蒋士铨"十八个大字。乾隆二十七年任顺天乡试同考官，后又奉命为统文献通考馆纂修官。三十一年夏主讲绍兴府蕺山书院。且名重一时，成为一代文学家、戏剧家，与袁枚、赵翼并称为"江右三大家"。钟令嘉母凭子贵，封太安夫人。

蒋士铨在朝中为官时，钟令嘉仍不忘诲子谆谆，她曾写下《腊日寄铨儿》一诗：

北方寒咸重，怜伊客里身。

音书差慰我，贫贱莫骄人。

失路皆由命，安时即报平。

师言当复习，莫负诲谆谆。

她以诗来告诫儿子：北方寒冷，要注意保重身体；要常通书信，传报平安；要谦逊待人，谨记师训。"可怜天下父母心"，钟令嘉不因儿子已是朝廷命官而放弃教育责任，其言行堪与孟母相媲美。

钟令嘉削竹拼字、鸣机课子的故事在瑞洪已成美谈，她对儿子终身教育的箴言，也将永垂史册，光裕后昆！

乾隆四十年（1775），钟令嘉病逝于扬州，葬于铅山县湖山下，大学士袁枚为她作墓志铭。钟令嘉一生奉献自己，乐子之乐，忧子之忧，为世人树立了贤妻良母的道德标杆。

江楼打擂美名扬

◎江朝栋

年轻时的江楼

江楼（1908—1983），字齐云，洪家嘴乡云头江家村人，中国现当代著名武术家、骨伤科医疗专家。他自幼酷爱武术，早年就读玉亭中学、南昌心远中学时，就一边读书，一边习武，赚够了同学羡慕的目光。高中毕业后，回到家乡务农习武，曾任湖滨、山背等乡乡长和县参议员等职。后专心钻研伤科接骨，为余干江氏传统中医正骨法的创始人。因医术高明，前来就医者，络绎不绝，在鄱湖平原，几乎无人不知、无人不晓。然而，在家乡，人们对他年轻时打擂的故事似乎更感兴趣，至今流传。

—

1933 年 5 月初，江西省国术管理部门为迎接十月份全国比武大赛，在南昌市百花洲公园广场，举办了一次规模空前的擂台比武选拔赛。

当时，广场上彩旗飘扬，人声鼎沸，就别提有多热闹了，三通鼓响过，擂台后走出一位好汉抱拳向四方深施一礼，颇为得意地喊话道："数日来，承蒙各位父老乡亲捧场助威，承蒙十八位武林兄弟谦让，在下暂时忝为擂主。今天是最后一天，不知还有哪位英雄上台赐教……"

人们举目一望，但见那擂主三十上下年纪，头如巴斗[①]，腰如棕熊。迈开双腿有武松打虎之威，挺立台中有鲁达拔柳之势，声如雷震，气盖当场！观众一为擂主助威，二为鼓动挑战者尽快登台，立即报以雷鸣般的掌声，且不断有人高喊："有胆量的上啊！此时不上，更待何时？金杯就要拿走了。""一、二——来呀！一、二——来呀！"就这样，约莫持续了 1 小时，都无人应战。

120

正当人们感到失望至极时，猛听得台下一声雷爆："我来！"众人欣喜万分，只见一位 20 岁左右的青年，身高五尺有余，目光如电，频频向周围人施礼："借光！借光！"大伙纷纷让路。

此人来到台前略略躬身，伸手一按旁人肩头，飞身跃上六尺高的擂台，向擂主抱拳行礼："不才愿向师兄讨教！"

"好！"观众的喝彩声此起彼伏。不过，有人赞也有人叹。赞的是，来者轻功了得，眼若流星，绝非平庸之辈。叹的是，此人比擂主矮去半头，腰细一圈，恐怕凶多吉少。而擂主此刻的心情看来有些复杂，他先是眉峰一聚，因为连日来并无飞身登台之人，更无瞳孔澄澈如斯者。当他听到"师兄"二字

---

① 　巴斗：一种用竹藤或柳条编制而成的小型菜篮子，余干方言（编者注）。

时，不由心生亲切，立即面现笑容连连回礼："请问壮士高姓大名？""小弟姓江名楼，请师兄多多关照。"

此时，三位裁判露面，主裁朗声宣布："比武现在开始——"

擂主将身往后一撤，唰、唰、唰晃动双臂亮了个门户叫大鹏展翅，左手高右手低，掌心朝前、手背朝后，身腰往下一塌，这姿势相当优美。再看江楼，身形一晃也退后数步，亮了个招数叫童子拜佛。亮门户这玩意儿可不是为着好看，而是为了进可以攻，退可以守。在场的老少英雄看了无不跷起大拇指。这叫行家一伸手，便知有没有。

台上两人刚近身便像风车般转动，只闻风响，难辨身形。这玩的是哪门高招？往常武家竞技，起初都是意在试探，动作较缓。而他俩的"缓"却比别人的决斗高潮还快。是否都在拼命速决而痛下杀手？错。明眼人都明白，他们学的都是岳家功，两人对本门功法太熟悉了，所以毫不迟疑，出手如电。

需要说明的是，岳家功是北宋末武学大师周侗所传。说到底江楼与擂主同属周门远代徒孙。擂主此刻方明白，难怪对方称自己为师兄，这位师弟也真行，不仅功力深厚，而且处事精明。多日来不上台，为的是反复观察，思谋对策。看来我得加大力度，叫他知难而退，才不致坏了同门之谊。

真是上山虎碰着了下山豹，云中鹰遇上了雾中龙。两人斗了二十回合，打了个棋逢对手，将遇良材。江楼越打越觉得，这个师兄的修为果然深浅难测，别看他牛高马大，打起来却活似灵猴，发招动式，抬腿挥臂，都有独到之处。眼下，他手法不变而力道渐增，难怪前几天七个凶狠角色，都在十招之内被他一一打趴；余下的十多位德良武师，交手后，都对他心悦诚服。

江楼心想：我须继续硬扛一阵，一方面学习他老招新用，另一方面看他有无别门功法。于是，他沉着应对，又打了二十回合，两人都累得气喘吁吁，鼻尖冒汗，擂主以为该歇手言和了；江楼却认为时机到了，他突发奇招，迎门三不顾、六家式、青龙出水①……招连招，步套步，连环进击，势如洪涛。擂主大惊：此人到底是哪家高徒？

要回答这个问题，还得从头说起。1923年，15岁的江楼考入余干玉亭中学读书，他天性好动，酷爱武术，引起了国术教师朱柏生先生高度关注。朱先生认为江楼骨骼匀称壮实，且头脑机敏，反应快速，是个学武的好苗子。于是，对他另眼相看，每逢节假日，常常为他"开小灶"，悉心教授岳家功。

江楼进步很快，不到一年，同学中无出其右者。初中毕业时，朱先生说："你的发展空间还很大，今后应遍访高人，继续深造。"

1930年，经人引荐，江楼在上海医学红十字会投到"上海八大公司总保镖"、全国著名武术家刘高升门下。刘大师将自己的拿手绝活铁砂掌等硬功传授给他。刘大师的好友、名震海内的正骨伤科专家、"千斤神力王"王子平（后来还曾出任全国武协副会长），也看中了江楼，将查拳绝技悉数相授。于是上海便有了"两个武学泰斗共教一徒"的新闻，一时传为美谈。

回头再说擂主因不习惯查拳技击招数，应对很是被动，眼见他只有招架之功，并无还手之力。打到这个份上，擂主对江楼非但不生怨恨，反而心存感激。为什么呢？原来江楼为了不令同门难堪，每到紧要关头屡屡手下留情。一记打虎劈山掌，将到其顶，立马收回。倘若劈中，势必顷刻毙命。一招直拳，刚触其胸，迅即撤还，假如直击，岂不魂归丰都②……

由于动作太快，没几人看出端倪。而擂主此刻已是心服口服，一跃跳出圈外抱拳道："贤弟掌法精奇，愚兄避无可避，我输了。"

江楼回道："承让！师兄内力过人，小弟佩服之至！"两人惺惺相惜，当众牵手一起向台下观众鞠躬致谢！看得入神的观

① 迎门三不顾、六家式、青龙出水、二巴子，均为查拳招式名称（作者原注）。

② 丰都：重庆旅游景点丰都鬼城，以声光电技术打造了近200个"鬼"故事。文中用丰都代指阴曹地府（编者注）。

众如梦初醒：哇——随即山洪暴发般的掌声响彻了洪城，江楼的名字自此传遍了四面八方。

当天，江楼捧回了金杯，成为江西省出席全国武术大赛的头号选手。

王子平、刘高升两位大师收到电报后欣喜万分。为了备战，即命江楼择日赴上海接受五个月特训，此话暂按不表。

二

金桂飘香时节，南京市鼓楼广场呈现出一派节日景象。正北面搭起了宽大的比武台，台前横挂着大红会标——"中华民国国术比赛大会"。台两旁插满了少林、武当、昆仑、华山、崆峒等大小武学门派的彩旗。偌大的广场被观众挤得水泄不通，加之礼炮冲天，鼓声动地，真是热闹非凡！

经过四天小组分场淘汰赛，来自全国各地百多位选手，赛出了十位"优胜者"，然后，十人通过复赛确定了前三名名单，今天是名次争夺战。第一轮对决者是江南的江楼与塞北的"二师兄"。

"二师兄"何许人也？国军某部第三旅旅长的二公子是也。旅长虽富甲一方，二公子却不爱读书，上了八年学还是四年级。同学们背地里叫他"二师兄"，取喻猪八戒。旅长无法，只能顺其所好，将他送到关内，先后拜了多位名师学武，练就了一身过硬的硬气功，出道十年，打遍塞北无敌手。没了敌手可不好，他闲得手痒，不是一拳打晕张家马，就是一头撞倒李家墙。百姓们状告无门，恼了一位穷书生，半夜在他门首贴了一副对联：

腰缠万贯，妻有三连，只缘父为三旅长；

力大千斤，智无二两，难怪人号二师兄。

此刻，三通鼓已响，"二师兄"上得台来，既不施礼也不讲话，头一昂挺立台中。众人举目看去——好家伙！身高约七尺，体重二百五，腮胡连鬓，胸毛入脐，真个有揭谛[①]仪容，金刚相貌。

---

① 揭谛：梵语，佛教中的护法神之一（编者注）。

民间传说

再看江楼，喊声借光，一个旱地拔葱跃上同伴头顶，在众人头上施展点萍渡水的功夫，燕子般飘到台心。观众连声喝彩。

"二师兄"见江楼虽然长得英俊壮实，但比自己矮去一截，轻蔑地说道："小子！与我交手不死即残。想活命的话就滚下去！"

江楼抱拳施礼说："我比武是为了学艺，正想向你讨教，何故拒人于千里之外！""想死，我成全你！""二师兄"话音未落就来了个泰山压顶扑向江楼举拳猛砸，吓得女人闭眼小孩尖叫。江楼一个斜窜，从他右腋逃脱。"二师兄"转身伸出蒲扇大左手朝江楼腰间抓去，眼看避无可避，观众的心都提到了嗓子眼。没想到江楼倏地仰倒，一个猫溜从其左腋溜走。"二师兄"反身一看江楼正在面前，狠命一头撞去，台上的裁判惊出一身汗："完了！"谁知江楼向后一跃飞出丈八有余。"二师兄"因用力过猛收不住脚，扑了个满脸泥灰，逗得台下哄堂大笑！"二师兄"恼羞成怒，跳起来疯狂猛攻。

江楼心想，此人力大无穷，不可硬拼，只能智取。于是他以恩师王子平教授的绝技"闪展腾挪法"，尽力周旋。

这闪展腾挪法进可攻退可守，用以消磨强敌，隐身自保更是妙不可言！你看江楼绕着"二师兄"移形换位犹如魔幻：瞻之在前，忽而在后，风来影去，倏忽无踪。把个"二师兄"晃得头晕眼花，四面都是对手身影，似是非是，真假莫辨。"二师兄"只好不断转身，挥动双臂瞎抓乱打。他体重身笨，转了约半小时，感到腿如灌铅而腰如沉石，直累得气喘吁吁。

这是怎么啦？依其功底再战三十回合也不至于此呀。坏就坏在一个"色"字上。有道是"耽于酒色，如以双斧伐孤树，未有不颠仆者"。何况他天天花酒，夜夜笙歌，能不气短？待到"二师兄"精疲力尽之时，江楼倏地左立掌右握拳使出看家本领"三阳开泰"。

这是啥功夫？在场的老少英雄都蒙了。原来江楼在特训期间，每日都败于陪练的师哥，他向师父求教，王大师只说"输在功力"。江楼听懂了，凭功力短期内不可能战胜师哥。翌日晨练，江楼突然脑洞大开，将岳家拳、查拳、闪展腾挪法三者融为一体，抛开原有的套路节奏，随机择招出击，竟然威力大增，将师哥逼得节节败退。师父笑曰："孺子可教也！"并为之命名为"三阳开泰"。

回头再看比武台，"二师兄"此时还未弄清子丑寅卯，转瞬之间颈吃一掌，腰中一拳，屁股被踢，嘴巴又挨了一记响亮的二巴子……

台下有人大笑："这出戏，先是老鹰抓小鸡，现在是悟空戏八戒。""二师兄"听了气得七孔生烟，大吼一声："去死吧！"说着他一缩身，两手撑地，来了个横腿满堂扫。俗话说，暴徒拼命，鬼都怕三分。这一扫不打紧，直扫得柱摇台晃，灰暗云愁，一旦被他扫中，势必命丧当场。好个江楼纵身一跳七尺高，顺势一个千斤坠，正好砸在"二师兄"小肚下，二师兄当即痛得晕过去了。据说从那以后，"二师兄"再没碰过女人，八成是毁了"是非根"。这正是：

125

> 比武争锋较艺强，轻生捐命等寻常。
>
> 谁知两虎相吞啖，独教淫根断脊梁。

最后，江楼夺得全国第二名，中央国术馆授予他"国术无双"奖牌。

1980年4月全省武术比赛江楼带上饶队参赛时合影

三

江楼打擂的故事不胫而走，从南京传遍大江南北，从此国术星空又多了一颗闪亮的新星。后来江楼多次参加武术大赛，都有斩获。

1935年，他在上海参加全国武术擂台赛获第四名；1937年，在长沙参加全国武术擂台赛夺得第二名，荣获银杯奖。因两度进入全国前三名，他在武林声名大噪。

正值盛年，本可继续奋进，问鼎武坛桂冠。可恨从日寇侵华开始，战火纷飞，生灵涂炭，他的夺冠梦最终也破灭了。于是，他苦心孤诣把接骨疗伤的事做到极致，把自己做成了专家。

中华人民共和国成立后，他被聘为余干县人民医院骨伤科担纲医师，直至退休。他所创造的江氏中医正骨法，现已成为江西省非物质文化遗产。

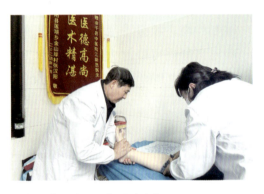

江氏正骨继承人江新思（左）

退休10年后的1979年，他仍被全国武协聘为国家武术比赛一级裁判员，先后担任南宁全国武术大赛裁判员、江西省武术大赛副裁判长。

1981年，他以73岁高龄在余干县政协第四届委员大会上被选为政协委员。两年后在家中溘然长逝。

注：文中江楼先生的简历及其师父姓名、比武的时间与地点等资料，均为江楼先生的嫡孙、江西省非遗中医正骨法继承人江新思、江新浩提供。

126

民间艺术

在余干历史上有宋、明两座人文高峰，曾赢得"文化甲江右"的美誉。文化的繁盛，为艺术的发育提供了沃土和养分。余干民间艺术，源远流长，门类众多，不仅有乡情浓郁、韵味十足的民歌、戏曲，还有特色鲜明、令人心醉的乡土艺术，如威风凛凛的龙狮舞、活泼玲珑的木偶戏、柔美多姿的蚌壳舞……

民歌乡情浓 [1]

◎宋铁雄

◎宋铁雄

余干人民向有重文化、习礼义的崇高风格，"父兄者以其子弟不文为咎，为母妻者，以其子与夫不学为辱"，故而余干人才辈出，有"文化甲江南"之称。

明清时期，余干县如同饶州府所管辖的其他县一样，民间文化颇为发达，三脚班、饶河戏、木偶戏、民间歌舞、曲艺、灯彩广为流行，每逢传统佳节或是大办喜事，民间总要大开"戏台"，大闹灯会，十分热闹。全县每个城镇都有乡村山歌手、民间艺人接踵而出、代代相传。

随着历史发展和社会的演变，大量的民间歌曲在生产劳动、革命斗争和日常生活实践中产生。那豪放的山歌、抒情的小调、铿锵的号子、逗人的儿歌无不客观地记载了余干悠久的历史文化，描绘了不同历史时期的社会面貌，展示了余干人民的风俗民情、传统习惯，抒发了人们的心声。

在余干赣剧团和文化馆工作期间，笔者曾在专家的指导下，进行过民歌采风，足迹遍布全县各个乡镇，寻访民间艺人多达数十人。所采集的民歌丰富多彩、种类繁多，有劳动号子、山歌、小调、田歌、渔歌、儿歌、风俗歌等门类。

一、劳动号子

号子，来源于劳动，它直接为生产劳动服务，是最原始的

---

① 本文在周汉杰相关作品的基础上修改完善而成。

民歌，不同的劳动工种相应地产生不同的劳动号子。根据余干的地理特点以及各地、各行业、各工种所从事的生产劳动方式来看，大致可分为农事号子、水乡号子、作坊号子、建筑号子等。相应地，这些号子的分布情况也各有不同。农田原野分布的是农事号子，如经常听到的《车水调》；湖泽水乡分布的是水乡号子，如渔民、船工高亢的拖船号子；建筑工地、手工作坊分布的分别是建筑号子、作坊号子；圩堤上，人们高唱的是《打硪歌》《打桩号子》；榨油作坊里，榨油工人所唱的《榨油号子》等。

这些劳动号子的主要功能是：鼓舞劳动者的劳动热情，调济劳动者的精神状态，组织协调劳动者进行有效的劳动。

余干号子在歌词、音乐形式等方面有着鲜明的特点：

（一）歌词

1. 号子的歌词，大部分是根据当地当时劳动情景临场即兴创作的。也就是说，劳动者在劳动场地即兴发挥，见事唱事。其内容均以指挥劳动、激发劳动热情为主基调。例如：在筑圩堤时所唱的《打硪歌》，其中唱道："基脚打得好，千年万年牢；造福为子孙，防旱又防涝。"歌词紧紧围绕筑圩堤的劳动场景，充分体现了劳动者火一般的劳动激情和对未来生活的向往。

2. 号子的歌词，通常是由一些固定不变的衬词或是由改变固定句子中某一字（或词组）所构成的。《锯板号子》属前一种情况，其中的衬词基本不变；《车水号子》属后一种情况，它仅改变了句子中的"一个""两个"等。

3. 号子的歌词，句式结构以四字句和五字句为主，句与句之间有的是有机地结合，有的并没有太大

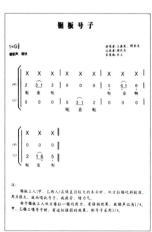

《锯板号子》

3. 歌词的表现手法及其他

本县山歌歌词的表现手法是多种多样的。有比兴、比拟，有直叙、设问；有序列、衬词，对偶、重叠等。

例如，《姐赠会》中"男"的唱道："清水池塘一朵莲，莲花飘飘出水面；真想伸手摘一朵，不知池塘几深浅？"接下来是"女"的唱道："岸上君子莫多言，荷花飘飘藕相连；哥哥若爱莲花好，哪管池塘深和浅……"既采用了设问手法又采用了比兴手法。

又如，《长工歌》采用的是比拟手法，其中将"日头"拟人化，称为哥哥；进而长工向"日头哥哥"倾吐心中苦水，使整个歌词形象生动，感情真挚。

衬词的运用，在每首山歌的歌词中都可见到，它丰富了山歌的情绪，突出了不同的风格，就不一一举例了。

（二）音乐特点

1. 独特性与普遍性

由于地貌和乡土人情各异，因此山歌的旋律、风味等都有它的独特性。例如鄱湖之滨的下余干在风味上就有浓郁的水乡特色，在崇山峻岭的上余干则带有明显的山区特色。

俗话所说："山歌十有九个对，千变万变不离宗。"余干有不少山歌无论在风格还是在旋律等方面，都有它的普遍性。如"长工歌"这一类，各地的唱词虽然不一样，但它的总体音乐形象仍然相同。

2. 山歌的类型

余干山歌主要分为高腔、平腔、矮腔三种类型。这三种类型均为单声部，其分布情况与地域无直接关联，不受地形地貌影响。在同一地方，这三种类型都可以同时并存。

例如，《长工歌》《姐赠会》属高腔山歌，其曲调高亢、嘹亮、奔放，音域与平腔、矮腔相比较宽，节奏自由性很强，拖腔时值较大，衬词使用很多，自由延长音用得较频繁，句幅也相当长大。

从《长工歌》谱可见，演唱时演唱者感到非常吃力费劲，在高音区一般人则常常采用假嗓子。

平腔山歌，曲调较悠长，节奏较为自由，拖腔时长较短，旋律进行较为平稳，演唱时演唱者既可用真嗓大声唱，也可用真嗓小声唱，演唱者感觉舒服即可。例如，《养伙群鸭养自身》《十二月花》等。

矮腔山歌，曲调比较悠和，音域不宽，音程很少使用大跳，节奏较规整，词曲结合一般是一字对一音，结构短小，一般极少使用拖控。例如，《扒柴歌》等。

3. 曲式结构

余干山歌曲式常见的有二句式和四句式的单段体。同时也有在二句式的基础上变化发展形成的四句式。

例如，《十二月花》《扒柴歌》《日头下山阴又阳》等是属二句式；《姐赠会》属四句式；《长工歌》是在二句式的基础上发展起来的四句式，其第三乐句是在第一乐句的基础上变化重复，并将结尾音"5"改变为"6"，起了"转"的作用，从而成为"四句式"。

4. 调式及其他

常见山歌调式是徵调式，其他调式尚未发现。

另外，山歌中的自由延长音和延长音上的上下滑音变化以及方言的字、词、语调等与曲调的结合突出了余干山歌的特色。

三、小调

余干小调分布面很广，几乎遍及全县的城镇乡村，特别是全县中部地带分布更为集中。这与民间艺人、民间歌手在各地的分布情况与各地的风俗习惯等因素密不可分的。中部地带的人们很喜爱在大的传统节日里或者大办红喜事时闹花灯、唱堂会等，因此，小调影响很深，流传面很广。

我们主要从以下几个方面来阐述小调的有关特点：

（一）歌词

1. 题材和内容

小调的歌词题材很广泛，它涉及社会生活的各个方面，有历史题材，也有现实题材；有社会事件，也有日常生活；有反映劳动人民对旧时代黑暗制度的强烈控诉，也有对未来生活的美好向往；有正当的、较健康的描写男女青年恋爱情歌，也有为统治阶级服务，迎合公子王孙情趣，毒害腐蚀广大人民、低级下流、庸俗猥琐的。内容丰富，形式繁多。

例如，《采茶调》一类的小调中，大多是揭露剥削阶级对劳动人民的残酷剥削和压迫。又如，《单身哥》描写了"单身哥"的辛酸生活和内心的愤懑不平。《爱情歌》《探妹》等小调，以较健康的手法来描写一对青年男女的相互爱慕之情。而像《十八摸》《五更天》等小调，则是低级趣味的东西。

2. 歌词的句式和段式

余干民歌小调中的歌词，有五字句式和七字句式的，也有用某种句式为基本结构，混合使用各种句式手法写作的，后者较前者多。

例如，《买年鸡》是五字句式构成的歌词。《采桑》《单身歌》等，是由七字句式构成的歌词；《十双红绣鞋》《四季相思》《数麻雀》《数螃蟹》等属混合句式构成的歌词。

《数麻雀》

3. 歌词的表现手法及其他

小调歌词所运用的表现手法是多种的。除采用比拟、比兴、对偶、重复、直叙等手法外，最为突出的特点，是采用序列写法。

例如，《四季相思》《五更鼓》《十月怀胎》等将一年的春、夏、秋、冬的四个季节或一天的几个时辰或全年的十二个月或东、南、西、北四个方位等与分节歌词相应地有机地连缀在一起。

同时，"衬词"的运用，也是本县小调歌词中的另一重要特点。例如，《表十字》中的"衣呀莲花，张呀么子花，雪花飘飘闹洋伞，海棠花"等长篇幅的衬句与各小调中衬词运用，在小调的情绪、风格等方面起了很大的作用。

（二）音乐特点

1. 在演唱小调时，以一人独唱形式多见，也有二人对唱形式，常配有乐器伴奏。有时用单件乐器（如二胡、笛子等）伴奏，有时用多件乐器伴奏。在一些职业艺人中，一人能唱几个声腔，男的用尖嗓子唱女腔，女的用粗嗓子唱男腔，技艺高超的艺人能达到以假乱真的程度。还有些职业艺人不但一人能唱两个声腔，而且能一人操多种乐器自伴自唱。

2. 小调的曲式常见的有二句式和四句式构成的乐段。也有由歌词重复，衬词、衬句大幅度的使用，而构成的扩充乐段，格式多样，情调各异。

小调的调式大部分的是徵调式，也出现过宫、商、角、羽调式。如，《探妹》为宫调式，《采桑》为商调式，《数螃蟹》则为角调式等。

大多数小调的音域不宽，节奏平稳，旋律流畅。七度以上的大跳较为少见，速度多为中速，情绪多为抒情。音乐发展比较丰富，表现力较强，无论是绘人、绘景或绘事都很细腻，尺度适中。

3. 在选用民歌小调时，人们往往将律动性较强的小调用来歌舞表演，像灯歌部分中的一些曲调，其节奏、旋律、形式、情绪都很适合载歌载舞。如，《城门灯》《打花鼓》，从它们的词曲来看，都具有很明显适合表演的特点。

4. 小调与地方剧种有着密切的联系。在数量上，余干"三脚班"的采茶小调占整个小调相当大的部分。在音调、风格、唱腔上，由于歌手在很长的民间艺术生涯中，掌握了大量地方戏剧曲牌，加上其个人的艺术个性、思想情感、演唱风格等多种因素，使一些小调带有明显的某一剧种风味。例如，《数螃蟹》的结尾句就有浓郁的赣剧味等。

四、生活音调、儿歌

余干的生活音调与儿歌数量虽少，但它能粗略地反映本县语言的特点，这些生活音调与儿歌的语调、语句节奏，与音乐上的音调、节奏基本上是一致的。例如，生活音调的《篾匠吆喝调》和儿歌部分的《锯嘴里锯》都能较准确展示出上余干社赓地区的方言特点。

以上是对余干县民间歌曲中的号子、山歌、小调等种类所作的较为粗略的介绍，相关词曲均可参见张华峰、宋铁雄主编的《余干民歌》一书。限于篇幅，其他种类就不一一赘述了。

五、红色歌谣

余干苏区之所以能在艰苦的战争环境中发展壮大，这和它抓紧时机以歌代言、以歌聚心分不开。当地红色歌谣与苏区革命同频共振，在动员苏区群众参加战斗时发挥着重要的作用。

宋铁雄教唱红歌

至今，余干苏区与革命结合的传统歌谣流传有 30 多首，在当地有重大影响，体现了赣鄱优秀传统文化。

余干苏区红色歌谣主要可分为劳动号子、传统民歌、民间小调和纯器乐演奏的串堂音乐。

一是传统民歌：可分为高腔山歌、柔情山歌、诵咏山歌。其特点是：高腔山歌——高远、嘹亮；柔情山歌——抒情、柔美；诵咏山歌——是自然语言音调夸大美化并赋予情感色彩。如，《劝郎当红军》《送郎当红军》等。红色歌谣《十二月里谈妹》反映了苏区革命战士对爱情的渴望之情。

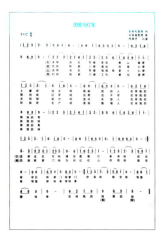

《送郎当红军》

二是民间小调：可分为吟唱小调、谣唱小调、风光小调。其特点分别是：吟唱小调——诗词吟唱、街坛叫卖和催眠小曲；谣唱小调——叙述性和咏诵性相结合；风光小调——用优美的音乐赞颂各地的风土人情。如，《山歌一首》《工人歌》《长工歌》《半夜三更吃早饭》《红军攻打万年县》《妇女当家作主人》《婚姻自主》《土地革命歌》《步哨守则歌》等。

三是串堂音乐：用多种不同的旋律烘托出不同气氛，以营造不同的氛围。如，红军出征，乡村串堂班会演奏《大开门》《中和乐》等军乐以示欢送和壮威；红军胜利归来，演奏《大得胜》《喜上眉梢》《香柳娘》等喜乐营造喜庆的氛围；祭灵、扫墓等场面，演奏《哭皇天》《思春令》等哀乐以示哀悼和怀念。

主要特征：（1）思想性——由于在过去漫长的岁月中，余干苏区军民借用"闽浙赣苏区红色歌谣"宣传革命，凝心聚力，起到了鼓舞人心、打击敌人的作用。

（2）地域性——"闽浙赣苏区红色歌谣"广为人知，融合

138

了余干特有的文化元素，其丰富的文化内涵极具地域代表性，体现了一个地方民众的集体认同、共同气质，具有薪火相传的内在生命力。

（3）艺术性——"闽浙赣苏区红色歌谣"集艺术性和娱乐性于一体，具有强大的艺术魅力。

①历史价值：闽浙赣苏区红色歌谣不仅勾勒了一幅广阔的江西苏区生活画卷，更是被时光留声机刻录下的鲜活的苏区生活史和革命史，对研究余干苏区光荣历史，开展党史学习教育，弘扬苏区光荣传统和斗争精神，有着重要的历史价值和现实价值。

②艺术价值："闽浙赣苏区红色歌谣"作为红色文化的一部分，以其"一首山歌顶一个师"的艺术风格，通俗、直观、有效的艺术形式在余干苏区大地获得了新发展，对当代人来说具有多重人文价值和艺术价值。

③审美价值："闽浙赣苏区红色歌谣"除了丰富而清新的内容，还有着多样化的教体，通过借鉴民间山歌和曲调以及本地丰富的历史文化，弘扬真善美，鞭笞假恶丑，展现出较强的审美价值。

综上所述，余干民歌与其他的艺术门类一样，源远流长、积厚流光，这些民歌像珍珠般地散落在余干县的大小村落、田间地角，反映出丰富多彩、五光十色的社会生活，更是人们理想意识、思想情感最直接、最生动的写照。

珍惜历史就是珍视今天，唯愿余干民歌这一民间艺术瑰宝唤起广大读者对余干地域特色文化的高度重视，"剔除其封建性的糟粕，吸收其民生性的精华"予以传承、发展，让这支艺术之花越开越艳。

戏曲韵味长

◎宋铁雄

余干"地方千里、水陆四通，风土爽垲、山川秀丽"，孕育了灿烂的历代文明，蕴藏着丰富的人文资源，余干戏曲则是其中之一。

余干的戏曲，归纳起来，大体分两大类，一种是散布在民间的"三角班"，它产生于民间茶灯，演唱的是采茶等民间小调，经灯戏、三角班、半班等于清朝年间逐渐形成了由生、旦、丑三个行当表演的戏，其反映的都是劳动人民的劳动和爱情故事。

另一种是源远流长的古典大戏，是余干重要的戏曲，它行当齐全，多数演出历史袍带戏（蟒靠戏）。其中发源于赣东北

余干戏曲表演现场

一带的饶河、信河两班为代表，统称为赣剧。它有两个流派，即饶河调、广信调，在余干都有传播。各地群众对这两个支派的戏曲有着不同的感情。饶河派在中下余干有着雄厚的群众基础，至今还活跃着饶河调民间表演团体，当地人民群众也十分喜爱聆听这种腔调。而在上余干群众对广信调更有感情，每逢大喜事就请来一伙吹鼓手，在酒席宴上唱上一段，东家高兴，就会多赏几个唱钱。

余干人喜爱赣剧，爱听者甚众，能唱者不少，极大地丰富了余干人的文化生活。听赣剧成了余干人生活中不可少的内容。本文就笔者所了解的余干戏曲历史作一些粗浅的介绍。

一、赣剧与余干

赣剧，起初是以唱弋阳高腔（含青阳腔）为主，大约到清朝初期，江西又出现了一种"梆子乱弹腔"，即今天赣剧之二黄腔，俗称"二凡"，又名"宜黄腔"。据考证，这种腔调出于明代的西秦腔，当它传入宜黄后，又受"秦腔梆子"的陶冶，改笛子、唢呐为胡琴伴奏，又叫"胡琴腔"。

至光绪年间，高腔开始传入乱弹班社，或由于高腔艺人陆续演唱乱弹，于是高腔班、昆腔班、乱弹班三者最后相与合流，但在赣东北地区，除弋阳县还保留有弋阳腔剧团外，习惯只称两大流派，即饶河班和广信班。

饶河班，流行于饶河流域，以鄱阳县为中心，包括乐平、万年、余干、余江、德兴和景德镇等县市。饶河班因其流行中心乐平县是后期弋阳腔的活动地域，受高腔影响较深，所以一直保留了高腔剧目和演出特点。

广信班，则流行于信河流域，分别以贵溪、玉山两地为中心。辛亥革命时贵溪、玉山合班，转至上饶为主要基地，包括广丰、铅山、横峰、弋阳，并流进了浙西、闽北一带。

赣剧具体何时传入余干地域，已无考。不过，可以说，余干自有"串堂锣鼓""三角班"以后，赣剧就已传入。

"串堂锣鼓，又称串堂班……逢时过节或酒后茶余，兴致所至，即吹打弹唱，曲调为饶河戏。"

"三角班……演灯彩戏，唱采茶调，后增加角色，学会演正本戏……唱饶河调……"

可见，三角班起源早，赣剧传入余干的时间也是相当早的。

（一）余干是饶河调流行的主要地区

清末民初，信河下游的几个乡镇，如石口、乌泥、东源、大塘、三塘等地，因和鄱阳县毗邻，商船在两县之间往来频繁，商贸活动密集，在鄱阳接触饶河戏较多；中上余干，在信河上中游及其东边支流流域的黄金埠、五雷、古埠、杨埠，与乐平相邻，商人往返于乐平、余干之间，在乐平也多有接触赣剧的机会。鄱阳县的一些赣剧班社，乐平的"老同乐班""赛金同乐班"等经常来余干演出，下余干人，"八月有戏看""冬至戏"接的戏曲大班，多为鄱、乐饶河大班，因此，饶河戏在人民心中留下了很深的印象。

142

广信班流行于贵溪、东乡、金溪等县，这些县与余干的社赓、邓墩、梅港、九龙毗邻，所以上余干人与广信班接触得比较多。

在交往的过程中，余干有不少人出于对赣剧的喜爱，或为谋取生活，加入了戏班学艺。学艺后，有的继续留班演出，有的学艺回来在本地传艺，或另起炉灶组班演出。现在知道的赣剧艺术传承人有以下老艺人：

朱崇典——民国前在乐平"老同乐班"从艺，旦行，中华人民共和国成立初为县赣剧团老演员，三塘乡后湖村人。杨祖光（外号杨驼子）——各行当皆能，师从鄱阳县饶河戏班，中华人民共和国成立前曾是社赓"三角班"的领头，在全县各地传艺。汤华堂——旦行，师从"乐平赛金同乐班"，中华人民共和国成立初为县赣剧团老演员，洪家嘴岭上汤家人。陈友亮——须生，师从广信班，中华人民共和国成立初为县赣剧团老演员，人称"活刘备"，社赓人。陈和生——须生，陈友亮之父，师从广信班，社赓人。江海清（外号江麻子）——花脸行，师从饶河班，中华人民共和国成立初为县赣剧团老演员，洪家嘴乡云头江家人。彭春望——老生，师从"乐平赛金同乐班"，为县赣剧团老演员，资溪人（后迁居余干）。吴百根——琴师，师从广信班，中华人民共和国成立初为县赣剧团乐师，社赓邓墩人。

上述老艺人都是清末民初赣剧在余干的主要传承人，他们曾是在余干传播赣剧的骨干。而大部分师传都是出自饶河戏班的，所以演出的都是饶河戏。

（二）赣剧饶河戏在余干有着广泛的群众基础

业余戏班在上、中、下余干都有过，其中五雷、东源、大塘、塘西村、乌泥村现在仍有团体活跃。他们农忙时务农，农闲时演戏。有的常年维持传戏活动，如新桥村，从中华人民共和国成立初开始，该村就供养了来自鄱阳的老赣剧艺人陆师傅夫妇俩，为村里传戏，直供养至老人逝世。余干人，特别是农村老一辈的人，都会哼唱几句饶河调，即使不会唱也很爱听。

戏曲表演广受余干群众喜爱

哪里有庙会或者集上有戏班唱大戏，即便相隔十多里，也会步行前往，直至看到天明。

二、中华人民共和国成立后的余干戏曲史

1. 成立赣剧团

中共余干县委、县政府为满足人民群众对文化的需求，于1952年，以社赓业余剧团为基础，成立了余干赣剧团，还招收了一批学员。剧场设在县城下关盛家祠堂，演员20人，经费自给。原县赣剧团挂牌演员李双田、孙占凤、李祖武、李法生就是当时从湖尾业余剧团选招进县赣剧团的。

剧团成立初，为解决演剧中男扮女角的局面，从浙江引进了两位文武旦角的女演员加盟（戏称大绍兴佬、小绍兴佬）。由于她们的加盟，达到了男女同台、剧目增多的新局面，许多以前无法演出的剧目（如《白蛇传》《打金枝》《梁祝姻缘》等）都可以上演。观众踊跃，场场爆满，演员收入可观。

2. 剧团转制

1955年，剧团转为地方国营。次年，在大南门新建剧场，可容纳观众千人，演职人员增至30人。1959年，又从全县各小学挑选了一批好苗子进剧团学习，剧团人员一下增至60余人。1962年，转为集体所有制。

在此期间，剧团为提高演职人员的技艺，在县委、县政府的大力支持下，演职员分期分批送往省戏校学习，第一批有李双田、孙占凤、朱冬英等。第二批有秦牡英、舒玉琴、杨结保等。第三批有宋铁鳌、吴新武、宋美娥、高香宝等。这些人学成归来，均成为剧团的骨干力量，为剧团发展注入了新的活力。

剧团不仅演出传统戏，还创作演出了现代戏。1964年，上饶地区举行专业剧团现代戏调演，县赣剧团特精心创作排练了三个现代小戏《女队长》《打靶》《我等着》参加。由于此三个现代小戏短小精悍、唱腔优美、编排时尚，获得了一致好评，

荣摘桂冠。其中《我等着》入选赴省演出，并被省电台拍摄录音向全省播出。

1968 年老剧团解散，所有演职员均被下放到农村。1969 年成立余干县毛泽东思想文艺宣传队，为适应当时的形势，学习"乌兰牧骑"精神，排练了许多顺应时代需要的歌舞节目到全县各乡村宣传演出。直至 1972 年改成文工团，团队的规模逐渐扩大，演出的剧目和种类逐渐增多，排练演出了《红灯记》《智取威虎山》《杜鹃山》《沙家浜》等剧目，还有歌剧《洪湖赤卫队》《江姐》《平原游击队》等。

1976 年 7 月，全省专业剧团汇演，县文工团创作编排的小歌剧《校外一课》崭露头角，一举夺魁，呈现了很强的实力。

3. 复改后的余干戏曲

1977 年，以文工团演职员为基础，文工团复改为赣剧团。为能成功上演古装剧，逐渐将一些原赣剧团的老演员、老琴师调回了剧团。赣剧团的体制改为全民所有制，经费实行差额补贴。据《余干县志》载，1981 年，赣剧团供职人员 68 人，"剧场设在铁井街的原职工俱乐部，可容观众 1200 人，有服装道具 148 件，价值 4 万余元"。

1978 年后，坚持现代戏、传统戏、新编历史戏三并举的演出方针，共演出传统戏、新编历史戏达 60 余部，其中《满堂福》《彩楼配》《回龙阁》《秦香莲》《打金枝》《三请樊梨花》《呼家将》（连台本）等 30 余部剧到各县、市、乡村巡回演出，收入颇丰，演出水平在上饶地区位居前列，获省、地嘉奖的剧目有 10 个。其中传统戏《彩楼配》《回龙阁》《唐太宗》选段与创作的现代小戏《亲友面前》全剧，被江西省广播电视台选中录音向全省播放。《亲友面前》的唱腔取材于赣剧饶河皮黄腔，荣获了江西省文化厅、省文联、省广播电视台联合颁发的优秀戏曲音乐奖。余干县赣剧团声誉远扬，前来订戏者络绎不绝。

1985 年年底，在经济体制改革中，演员一部分转入外地，一部分改行，致使剧团无法正常演出，留团者坐领工资，至 20 世纪 90 年代，剧团正式解散。

4. 解散后的余干戏曲

余干人和赣剧有着不解之缘。虽然专业剧团已解散，业余剧团还留存，县文化主管部门对赣剧仍十分重视。县文化局、县文化馆于 20 世纪 90 年代举办过多次业余赣剧团调演，参加演出的团体有大塘、乌泥、新桥、莲塘、塘西等村。这些业余剧团唱的都是饶河调，而且唱得是有板有眼，韵味十足，让喜欢赣剧的余干人又过了把瘾。通过调演，也使余干的赣剧得到了进一步的普及与发展。

改革开放后，人们的生活富起来了，人居环境也越来越好。在县城的沿河公园，每天下午人山人海，会演奏、会演唱赣剧的人，聚在一起，唱上几段，听唱者甚广，老人居多，年轻人和小孩也不少。群众自带凳子观看，时而摇头晃脑地跟着哼曲，时而报以热烈的掌声。还有更热心的人，自掏资金到鄱

沿河公园群众自发唱戏

阳县雇请几位更善唱赣剧的人来公园"客串"演唱。每逢此时，沿河公园更是人头攒动，热闹非凡。

在余干农村，凡老人寿诞之日、年轻人的婚庆之时，都时兴请一伙串堂班在宴会上唱几段赣剧，富足一点的人家，还会请一伙业余剧团演出几场赣剧。

三、风格独特的余干戏曲音乐

余干人之所以这么喜爱赣剧，与其优美独特的音乐曲调有极大关系。众所周知，中国戏曲剧种种类繁多，约有360多种，每个剧种都有其独特的表演风格、音乐曲调、服装特点等，而音乐曲调则是构成戏曲艺术的重要组成部分。不同的剧种有着不同的音乐曲调，使之成为区别于其他剧种的重要标志之一。余干戏曲中的饶河调，好听还好学，因为赣剧各行当都有固定的唱腔、唱法和板式结构。

（一）唱腔音乐

余干赣剧唱腔主要有皮黄腔和水路腔。皮黄腔指的是西皮和二黄。而戏曲中的老拨子、秦腔、浙调、上江调、南北词等腔调，主要用吹奏乐器伴奏，笼统称之为"水路腔"。

1. 四皮：伴奏由赣胡主奏，定弦为６３，唱词用七字句或十字句。唱腔的基本结构为上下句，有倒板、正板、垛子、快板、流水、摇板等较完整的板式，并分男女腔。倒板，系一句上句唱腔，多用于演员出场前于幕内演唱，为节奏自由的散唱，曲调较为高昂，继而在锣鼓声中出场，转唱正板。正板，又称原板，一板三眼（4/4）或一板一眼（2/4）。垛子，一眼一板（2/4），男女腔上下句落音与正板相同。快板，为无眼板（1/4）；流水板，又称紧中缓，为一种紧打（拉）慢唱的板式；摇板则为节奏自由的散唱，这三种板式的唱腔曲调基本相同，上下句的落音和垛子相同。

2. 二黄：在饶河调中则称"二凡"，亦由赣胡主奏，定弦为５２，其唱词唱腔的基本结构、板式结构和西皮相同，曲调比较舒缓，每句一般分为2~3个腔节，腔节间和句间均插有过门。二黄的上下句中间常穿插有哭头，即哭腔，是一种模仿哭泣声的下行低回的长拖腔，多落5音。二黄唱腔还有四平调，则不分男女腔，上句一般落2，下句落1，还有反字，又称凡字或反二黄、系二黄的反弦调，赣胡定弦为15，亦有倒板、正板、连板和流水等较完整板式，但它不分男女腔。

3. 水路腔：唱腔除南北词外多属吹腔，主要用吹奏乐器伴奏，如秦腔、浙调以笛子为主伴奏；老拨子、上江调用小唢呐为主伴奏，这些唱腔也多有较为完整的板式。如老拨子，就有倒板、十八板、正板、快板、流水等成套的板式，其中的十八板，常用叠词，曲调也常用音型反复，是紧接在倒板之后用的板式，之后接正板，相当于京剧的回龙。

余干戏曲饶河调中的各种板式唱腔，在演唱时除一部分（如正板、快板、流水）可单独使用外，大部分是有规律地组合在一起的，均根据剧情的需要和唱词的感情表达而定，在古装戏中如此，现代戏中亦如此。

（二）串堂音乐

串堂音乐，是戏曲中的纯音乐，因为它无唱词，所以它不需要演员演唱，只配合演员的演出。乐队奏出的音乐都是有曲牌的，余干戏曲的串堂音乐共收录了200余首，戏剧中场面的串场均可用之。它用多种不同的曲牌烘托出不同的情感，营造不同的氛围。

串堂音乐可分为六大类：军乐、喜乐、宴乐、舞乐、神乐、哀乐。常用的串堂音乐曲牌有20余个，分别用于古装戏和折子戏，如：万年欢、傍妆台、朝天子、哭皇天、夜深沉、将军令、大开门、小开门、柳摇金、中和乐、点将等，演奏这些乐曲的在戏曲中统称为"坐场"。

坐场又分为文场和武场，文场的演奏乐器为赣胡、赣二胡、琵琶或月琴（俗称三大件），司赣胡者属乐队主琴（即上手师传）还得兼吹大、小唢呐，武场即为打击乐，有板鼓、堂鼓、大锣、小锣、铙钹之分，司鼓者可充当整个乐队的指挥，其通过鼓点，告知唱腔的节奏、板式的变化。武场在戏曲中尤为重要，它的演奏从开戏前（俗称打闹台）开始，贯穿全剧至剧终。开戏后，根据剧情的发展，人物表演，奏出不同的锣鼓经。"打击乐"对武戏的演出有特别重要的意义，训练有素的武场乐手，不仅节奏明朗、干净利索，能激起演员的战斗力，还可吊起观众胃口，使武打场面真实感人。这也是余干赣剧团的武打戏格外受各地观众青睐的很重要的原因。

余干戏曲的文武场一般为 8 人，但根据剧情需要多则十几人不等。长期以来，历代艺人在本戏曲的器乐（拉弦乐器、弹拨乐器、吹管乐器、打击乐器）演奏方面，均形成了自己的独特风格，并和本剧种的语言唱腔融为一体，别有风味，为人民群众所喜爱。

懂得了余干戏曲中的音乐曲调，你才真正了解了余干戏曲，因为它是感情形象的主要表现手段。

纵观余干戏曲，也同全国各地的戏曲一样，在漫长的历史长河中，几经风雨，数度浮沉。尽管如此，余干人民对文化生活的需求和那永固在心头的情愫，使余干戏曲闪烁着独特的光辉。

古竹武打狮

◎ 宋铁雄

在鄱阳湖东南岸有个遐迩闻名的武术之乡，它就是余干县石口镇古竹山朱家村。从朱熹四世孙朱澹从婺源迁来定居后，村民秉承崇文尚义的传统，过着靠水吃水、半渔半农、衣食无忧的生活。

可是，到明末清初时，由于人口激增，邻村之间争夺渔业资源的纠纷时有发生，甚至一度出现"湖盗水霸"横行，严重威胁渔民出船安全。因此，村民都希望年轻子弟，通过练武，强身健体，抗击水霸，保卫家园。

这时，正好有位湖北来的李姓拳师流寓村里。此人武功高强，行侠仗义，为报答村民收留之恩，主动提出向年轻人传授拳艺。几年下来，培养出了一批弟子，武术大师朱柏生就是其中的翘楚。

提起朱柏生，在饶州府，那是无人不知，无人不晓。当年在鄱阳打码头的英雄故事，人们至今仍津津乐道。

那时，余干县石口乡每天都有客船往返鄱阳，可是在鄱阳港口却没有停泊码头，余干船要在张王庙一带靠岸，必须向当地胡姓"水霸"缴交停泊费。

有一次，朱柏生乘船去鄱阳，船到张王庙港口，姓胡的把头气势汹汹叫嚷："慢点靠岸，先交码头钱！"朱柏生见此情状，走上前同他理论。没想到对方竟然二话不说，对朱柏生大打出手。朱柏生学过拳艺，眼明手快，一侧身，乘势来了个"双手后挎"，将对方轻松抛入湖中。顿时，一大群帮凶蜂拥而上，将朱柏生团团围住。只见朱柏生左一个连环掌，右一个霹雳拳，上一个飞腿燕，下一个扫堂腿，疾如风，快如电，直打得那些个地头蛇屁滚尿流。

接着，他高声喝道："你们这帮人，欺人太甚！余鄱两县人民本是友好兄弟，没有靠岸码头，怎么友好往来？从今天起，只要航船有停泊的地方，双方还是好朋友；如果你们再欺侮航船，就莫怪我朱柏生拳头不认人！"

这帮小混混，见他身手不凡，说话在理，又得知他就是闻名饶州七县的武术大师朱柏生，知道惹不起，就灰溜溜地跑了。从此以后，余干的航船便有了正常靠岸的码头了。

朱柏生在鄱阳打码头的故事，传回家乡，大快人心，村里年轻人都缠住他，要他教授武功，连外村人也慕名而来拜师学武。他来者不拒，一一悉心传教。就这样，古竹村很快成了远近闻名的武术之乡。

有一天，族长找柏生师傅商量：我们朱家建村800多年了，人丁兴旺，练武者众，能不能组建一支舞狮队，加紧训练，赶在明春元宵节时举行开谱庆典，打一台狮子灯，两套锣鼓一起打：既闹元宵，又贺开谱。柏生师傅欣然应允，立即请来石口乡江头嘴村的一位师傅传教。这位师傅早年在老家湖北耍过狮子灯，既会耍狮头，也会耍狮尾。这样，古竹山的狮子灯训练顺利开张，一种全新的乡土艺术形式——"武打狮"也便应运而生了。

"武打狮"又叫狮子灯、舞狮子。据《余干县志》记载，早在宋代，余干就有舞狮子的习俗。中途曾沉寂了一段时间，至清末，特别是军阀混战、社会动荡时期，余干狮子灯又在少数大村庄活跃起来了。当时狮子灯打得比较好的有三个村庄：黄金埠塘背徐家、五雷虎头叶家和古竹山朱家。其中，古竹山朱家的"武打狮"在武功和艺术两方面都略胜一筹，代表着余干武打狮的最高水平。

古竹山朱家的狮子灯，属于武术和狮舞完美结合的艺术形

室内舞狮表演

式，它演绎的是武士与狮子嬉戏的故事，中间穿插了许多武术表演动作，所以人们习惯上称它为"武打狮"，这也是它与一般的狮子灯不同的地方。

古竹武打狮的基本动作如抖毛、挠痒、戏球、扑地滚、摇头摆尾等与其他狮舞的动作大致相同，但它穿插的武术动作更多，表演难度更大，更具观赏性，所以别具一格。

整个武打狮的动作动静结合，急缓相间，有合有散，变化多端；狮子形象生动，神态逼真，引人入胜。

其武功动作刚中带柔，健中见秀。其中狮子在梅花桩上行走，如履平地；在方桌垒起的高台上攀缘跳跃，灵活如猴；绝非等闲之辈可及。擎宝球者武功更是精湛，翻、滚、扑、打，样样皆能，动作优美，多姿多彩。特别是表演达到高潮时，狮子跃上由大餐桌垒起的四层高台，像演杂技似的做出"盘腿""献爪"等各种惊险动作；擎宝球者则从高台上连翻跟斗落地，往往迸发出撼人心魄的艺术魅力。每当表演至此，观众掌声、欢呼声，响成一片，势如雷鸣；与此同时，鼓乐喧天，

室外舞狮表演

鞭炮齐鸣，震耳欲聋，非常振奋人心。

　　古竹武打狮起初并无音乐伴奏，只是单纯的动作表演，靠观众的喝彩声来助威。后来，逐渐掺入民间传统锣鼓和吹奏乐器伴奏，发展成一整套较为完善的音乐伴奏体系，构成了古竹武打狮的另一大特点。

　　古竹武打狮的前奏音乐很有特色。首先用小唢呐以自由版式的五声音阶吹奏引子，乐音清脆、高亢、嘹亮，提示观众：演出马上开始。紧接着用锣鼓敲打"急急风"，由慢到快，使气氛逐渐热烈起来，俗称"打闹台"。锣鼓一停，乐队便演奏欢快的民间乐曲"锦毛狮子"，演奏方法是：用一支小唢呐（全闭"5"）加二支大唢呐（全闭"1"）合奏，以增强其欢快感。同时，用小鼓、小钹、小云锣分别随旋律击节伴奏，给乐曲增添动感。这种曲牌及其特殊演奏方式作为武打狮的前奏，可有效激发观众情绪，为狮子上场表演起到很好的铺垫作用。

　　古竹武打狮还有一种"绿球戏狮"的伴奏音乐，采用赣东北地区流行的民间乐曲"长流水"来演奏，曲调欢快流畅，犹如高山流水连绵不断；在乐曲中再配上"长流水"的锣声鼓点，更好地烘托出狮子戏宝时那种悠然自得的喜悦之情。狮子上楼梯时，音乐节奏随着狮子的动作快慢和气氛缓急而变化，不断叩击观众心灵，使观众情绪始终随剧情变化而跌宕起伏。

狮子连续跃上四级高台，是难度最大的动作。这时，乐队采用赣剧鼓点的打法，根据舞狮者的动作恰到好处地适配鼓点，以产生助威壮胆、扣人心弦的艺术效果。

古竹"武打狮"的武士服饰是：上身穿彩色镶边武功衣，下身穿彩色练功裤，要求色彩鲜艳、美观大方，同时腰扎红绸带，表现武士干练、英武、勇猛的风采。

狮子在中华民族中被视为瑞兽，象征着吉祥如意。舞狮活动通常在春节和元宵之际举行，分别称为"闹新春"和"闹元宵"。它象征着民族的威武雄壮、兴旺发达；寄寓着民众消灾除害、求吉纳福的美好愿望以及对美好生活的憧憬与向往。

在余干县 1989 年 8 月举办的《鄱湖金秋》大型文艺汇演中，古竹武打狮和五雷罗汉灯等节目精彩亮相，博得观众一致好评和赞誉。1990 年上饶市第五届运动会开幕式上，这两个节目又被荣幸入选重要展演节目，其高超的表演技艺赢得了现场观众和运动员们的阵阵掌声和喝彩，为余干争得了荣誉。

古竹武打狮频频登上大雅之堂，影响力不断扩大，美誉度不断提高，很快成为余干人民喜闻乐见的大型艺术形式。可是，近 20 年来，由于年轻人大都外出务工，难以聚集训练，传承与表演就越来越少。

今天，古竹武打狮只是留存在中老年人美好的记忆里，年轻人普遍对它缺乏感性认识。但武打狮的技艺尚存，那威武的雄狮道具仍然尘封在朱氏祠堂里。真诚希望古竹人民能找到合适的方式，将这种文化艺术瑰宝，继续传承下去，并使之不断发扬光大！

白马木偶戏

◎江锦灵

中国木偶戏起源于遥远的商周，盛行于繁荣的唐宋，是古老的民间艺术之一，主要有四种形式，即布袋木偶戏、提线木偶戏、杖头木偶戏、铁丝木偶戏。

据《余干县志》载，余干有杖头木偶，俗称"顶戏"。唱饶河调。2 至 3 人操作，会唱、会念、会吹、会打、会拉。全部设备，包括木偶、乐器、木条支架等，一肩可挑。演出时，用木条支撑在两张并连的方桌之上即成舞台。

中华人民共和国成立前，一般用以做神戏。富家办喜事或土豪放赌也做顶戏，以凑热闹。民国时期，县城徐蕃昌顶戏最为闻名。1956 年，余干县文化馆组织木偶戏老艺人成立木偶戏团，私办公助。1958 年，有木偶戏团 2 个。1963 年，由文化馆辅导，将古装戏如《双刀会》等进行改编，并排练现代戏《地头情》等。木偶戏经常在本县农村流动演出。1965 年，曾到上饶地区各县演出。1966 年"文化大革命"开始后解散。

余干传统木偶戏，其典型代表当是白马木偶戏。它是小杖头木偶和小布袋木偶的融合，滥觞于余干县白马桥乡境内磨俚山上的抬山寺。

约在清朝咸丰年间，抬山寺有个专司法事的和尚，在长期实践中，他发现在寺内利用木偶戏做法事演出，更受百姓的欢迎。于是，在观音娘娘过生日、朝拜日、庙会等时间节点，他都会演出木偶戏，并逐渐发展成为抬山寺的一个固定节目。

遗憾的是，这位和尚没留下姓氏、生卒、籍贯等信息；所

旱涝行桥

幸的是，留下了一座造福一方的拱桥，连接磨俚山和潼湖林场，叫旱涝行桥，堪称当地的水利工程。流经余干境内的信江分为两条支流，一条为西大河，另一条是东大河。东大河每当水丰时，自然逐年外溢，蓄积到一定程度时，分别从南北两个方向流至磨俚山和潼湖林场之间的丘坝，形成"对抗"之势。为了避免更大水患，这位和尚灵机一动，索性打开磨俚山和潼湖林场之间的壁垒，瓦解"对抗"，让南北而来的溢水相通，便缓解了丘坝的压力，又可调节周边村庄的生产生活用水。为了方便寺内外演出木偶戏和当地百姓出行，这个和尚又在磨俚山和潼湖林场之间建起拱桥，即为旱涝行桥，寄意旱涝保收。现在看到的桥，是后来重建并陆续加固的。

寺内木偶戏表演深受百姓喜欢，这年岁渐高的和尚便把木偶戏的操作技艺教授给身边较年轻的和尚，自然而然完成了代际相传，年轻和尚可算成白马木偶戏的第二代传人。后来，白马木偶戏走出寺庙，为普通百姓家小孩周岁、老人寿诞、嫁娶等宴戏演出，甚至还为老人寿终超度等灵戏演出。当时并无器乐伴奏，只是单纯以操控木偶的形式，来表达百姓喜闻乐见的情节。

遭遇饥荒时，迫于形势，抬山寺的和尚（可以看作第三代传人），也会带领百姓去外地演出，卖艺乞食谋生。

后来，发生火灾，抬山寺被烧毁，所幸主体框架犹存，和尚们就在山顶原基础上重建抬山寺。

若干年后，抬山寺又被龙卷风掀翻瓦砾、损坏墙柱，遂不得不迁建于山坳。

1941年，日寇侵入余干，抬山寺被日寇占领并损毁，和尚被赶出，辗转流落到白马桥乡凤凰山，白马木偶戏队伍遭受重创。

恰在此时，附近一位姓张的百姓迷上了木偶戏，执意要跟流落市井乡里的抬山寺和尚学习操作技艺，并最终深得真传，可看成白马木偶戏的第四代传人。就此，白马木偶戏开始从宗教场所转移到民间。

21世纪初以来，白马木偶戏的常规演出地点一般在凤凰山，当地人叫马鞍岭，也有喊马鞍山的。

每年8月19日，夜晚前后，凤凰山人山人海，热闹非凡，直到翌日下午参与者才陆续离去。其间，白马木偶戏演出作为一个重要的环节，后成为保留节日。

后来，那位姓张的百姓把白马木偶戏技艺传给了张金科，他们同村，有无血缘关系，已无从考证。算成第五代传人的张金科又把技艺传给了儿子张松山，这已是中华人民共和国成立之后的事了。

第六代传人张松山不断改进白马木偶戏技艺，演出越来越规范，形成较为固定的团队，还在相关部门办了演出证，每次演出都严格算工分。

改革开放以后，爱好文艺的舒胜华跟张松山合作，并在合作过程中积极向张松山学习，不经意间接过了棒，成为白马木偶戏的第七代传人。

21世纪初，舒胜华聚集一批演职人员，组建了演出班底，拥有了相对稳定的合作者，如司鼓的吴振河，操琴的周金才，演唱的李和庆、章菊仂，操持三弦与双道锣鼓的许杏秀，负责剧务的田木生，配胡琴的吴木胜等。有活儿就聚在一起吹拉弹唱，无活儿就回到柴米油盐的平常日子。

余干的木偶戏，文化上是以赣剧为背景，地理上以信江为纽带。偏南片区，大概以鹰潭市余江区的锦江为界；偏北片区，大概以乐平东南隅为界。赣剧从唱调上可分为广信调（主要盛行于广丰、信州、玉山、横峰、弋阳等地）和饶河调（主要盛行于鄱阳、余干、万年、乐平、浮梁、景德镇等地）。

余干的木偶戏主要活跃于白马桥和五雷两地，以白马木偶戏为主。白马木偶戏，可表演袍带戏、神鬼戏、武打戏等。

白马木偶戏因以手套木偶操作为主，又称掌中木偶、布袋戏。木偶人多是身高不到半米，头部中空，颈下缝合布内袋连缀四肢，外着缤纷斑斓的服装，如同盛装的演

木偶戏道具

木偶戏台

员。操控人的手掌伸入布内袋作为木偶人躯干，五指撑起头部及双臂，相互协调，仿佛给木偶人注入了灵魂，引导木偶人表演出各种动作，表现相关情节等。木偶人的双脚可以用另一只手拨动，或任其自然摆动。操作技艺娴熟了，自然而然就能掌握其中的奥妙。

木偶人的制作，余干县城有相关作坊与商家，需要给定模型和具体数据，可谓按需订制。

正式表演，除操控木偶之外，还有吹拉弹唱念。伴奏者在后台吹喇叭、拉赣胡、打杂鼓、演唱、念白，有时三五人一小团，有时十多人一大团，以赣剧饶河调为主。台下观众少时十余人，多则全村百余人观看，邻村邻乡的人也会闻风而来。

演出的戏台，即木偶的舞台，约一米半见方，主体木质，可撑可收，整体看上去相当于微缩了的大戏台。后不断改进，承袭了常规戏曲舞美特征，舞台上层有悬空的雕梁画栋，正上方悬挂着写有"表扬忠孝"字样的匾额，左右两边分别标有"出将""入相"，是木偶角色上场离场的出入口。幕后可容纳一两人操控木偶，操控附近有摆架、挂杖等辅助部件。台上两旁各一根大支柱，支柱外边分别撰有"尧舜生 汤武净 五雄七霸丑角耳 汉祖唐宗 也算行当名角 其余拜将封侯 不过掮旗打伞跑龙套""四书白 五经引 诸子百家杂曲也 商女丝弦 能唱梨园京韵 此外客串江湖 均乃行走四海杂耍班"之类的说辞，像是楹联，但又不拘泥于格律，语势多是纵横捭阖，内容不乏诙谐幽默。

台上有形似帘帷的遮挡幕布，演出时，观众是看不见木偶操控人的，木偶操控人却能透过戏台上方装饰匾额的镂空处，察看观众的反应，以便随时调整自身演出。

按演出形式大致分文戏和武戏。文戏操作相对简单，武戏动作要繁复些，一般要双手操控木偶，对手指的灵活度要求极高。演出的一般流程是打板鼓（鼓面蒙一层猪皮，是众乐器的总协调，相当于节目主持人，也似交响乐团的指挥），打双道锣鼓，打小锣（配合双道锣鼓），拉赣胡（也叫京胡），拉二胡（配合赣胡），拉三弦（配合赣胡），边唱（也可说）边演，有先后顺序，也有交叉融合。演出结束后，演职人员会与观众互动，甚至打成一片，尤其木偶操控者，总会被村民尤其是孩童围住，问东问西，讨要木偶耍玩一二。

木偶，其造型既是由人雕绘的戏剧角色，又是被人操控的戏具。木偶戏的"演员"是双重的，幕后操控的是人，当众演出的是木偶。以物象人的表演特性，决定了白马木偶戏的舞台也像其他木偶戏一样，具备遮蔽操控者，分隔观众区、表演区，凸显木偶和吸引观众等功能。

白马木偶戏按表演内容一般分为忠戏、孝戏、节戏、义戏，以忠孝题材为主。

如，赣剧饶河调唱词《周公瑾为荆州心血难怀》："恨刘备和关张做事不该，我的主待他们恩如山海／将荆州取不回该而不该，荆襄王崩了驾龙归沧海／有蔡瑁和张允执掌将才，曹孟德与我主争夺边界／兴人马八十三万打下江来，兵扎在三江

木偶戏表演现场

口呀，如同山海／吓坏了我国中文武将才，有本督掌东吴水军
元帅／曹孟德把本督当作婴孩，苦肉计解粮草多亏黄盖……"

《诸葛亮祭东风果有大才》："在赤壁用火攻神鬼难解，烧
曹兵八十三万无处葬埋／我的主坐东吴名扬四海，每日里为荆
州愁眉不开／鲁大夫过江去为知好歹，但愿将荆州一笔取来／
周公瑾为荆州三思忍耐，鲁大夫过江来细问开怀。"

唱词中，虽有些称谓不甚规范，但这些大都是民众普遍熟
知的历史情节。

木偶戏借助小舞台，揭示大情理。可以推断，白马木偶戏
这种形制相对简单、舞台机动、操作相对即兴、情节为人熟知
的文艺形式，应运而生，适应了当时农村地区民众精神生活的
需求，在一段时期内曾广受欢迎。

2003 年年初，文化部与财政部联合国家民委和中国文联等
单位，启动实施"中国民族民间文化保护工程"，挖掘保护民
间非物质文化遗产工作得到全面重视。

2007 年，上饶地区老年协会举办全市老年人才艺表演，白
马木偶戏荣获全市老年人才艺表演二等奖。因白马木偶戏在余

传承人舒胜华

干县各乡镇场以及龙虎山等风景区进行义演，广受好评，故南昌电视台特地来余干对白马桥木偶戏团进行专访，《南昌晚报》记者也曾前来采访。白马木偶戏的发展，似乎又迎来了一个春天。

为了家乡戏，身为白马桥乡人的舒胜华于2008年资助6万元，为白马桥木偶戏剧团购来一面直径2.4米的大鼓（现捐赠给龙虎山天师府），还请师傅雕刻了不少木偶，添置了服装、道具等，从而使白马桥木偶戏剧团的发展如虎添翼。

2012年，在余干县文化局（现余干县文化广电旅游局）的重视挖掘下，一度沉寂的白马木偶戏重现民间，常参与乡镇文化演出。现存赣剧饶河调代表性的整本曲目有《李三宝下山》《苏三起解》《满堂福》等，代表性的折子戏曲目有《打鸾驾》《大解宝》《白牡丹对药》《尼姑思凡》等，是白马木偶戏创作和演出的源泉。

为了紧跟时代，更好地联系群众，本地创作人也写出新编剧目，如《统一大业》，剧情的时空背景为1895—1945年（日占时期）的台湾，当然也是赣剧饶河调，西皮唱腔和念白，包括开场乐、打斗乐都是传统赣剧音乐。"华夏广袤富饶疆，东南台湾肥沃土，自古同胞营居此，世代耕织和渔猎……"等唱词，主题无疑是爱国。

2022 年，新编木偶戏《统一大业》在余干县琵琶湖公园演出，并积极参加非遗进校园活动，得到江西省非物质文化遗产处主要领导的肯定和赞扬。同年 5 月，为策应全省文化强省大会的召开和琵琶湖公园 4A 景区创评验收，由余干县文化广电旅游局主办、余干县文化馆承办的"趣游一夏，畅游琵琶湖"非遗进景区活动在琵琶湖公园成功举办，现场用展板等图文并茂的形式展示了余干县拥有的省、市、县级几十个非物质文化遗产项目，其中白马木偶戏、石口蚌舞两个展演项目特色凸显，精彩纷呈，让县内外游客驻足欣赏并惊叹不已！

如今舒胜华一边经营眼镜店，一边维系白马木偶戏的生存与发展。舒胜华给人印象乃书生气质、演员神韵。他阅历丰富，还是多面手，既能做生意，又能搞文艺，既处事稳重，又不安于现状，喜欢"折腾"。他认为只有热爱生活，深耕于生活的沃土，才能把戏"演"得更好。

当然，也毋庸讳言，随着历史车轮的不断向前，白马木偶戏能否发扬光大，是一个严肃的问题，甚至它终将走进时光的博物馆，只愿它能化成时光星空里的一颗星星，散发着微亮，足矣，与诸多光亮一起，照着人们和时代前行。作为一个非遗基因努力传承下去，留驻一份属于家乡的记忆，让后人通过这扇窗口，窥探并感受到祖辈们对精神生活的追求与渴盼。

石口蚌壳舞

◎洪锋庆　陆小锋

一只小船、十二个蚌壳，踏着音乐的节拍，时张时合、一上一下，两名渔夫用道具渔网模仿着撒网的动作，身着粉衣的女子背着两扇巨大的蚌壳，莲步轻移，碎步如花，她的双臂不断翕张带着绿色的蚌壳扇动起来。头戴草帽身披蓑衣的老渔夫在前面逗引着，蚌壳往前一夹，渔夫往后一退，还不忘撒开手中的网，试图捕捉蚌壳精，反复来回，累得满头大汗，却被蚌壳精戏弄得窘相百出：一会儿胳膊被夹住，好不容易挣脱后，转眼屁股又被夹住了，最后连脑袋都差点儿不保。

台下观众掌声雷动，笑声不断。眼前这一幕，正是"石口蚌壳舞"。

何为蚌壳舞？蚌壳舞，又名蚌壳灯、蚌壳精，是由渔民们祈求丰收及节庆日子里表演的一种舞蹈艺术形式。一般由两人配合表演，男的扮渔翁，女的身背由竹篾扎成的大蚌壳，扮蚌壳精，表演渔翁捉蚌的故事。或再加一人扮鹬，三人表演。"鹬蚌相争，渔翁得利。"鹬蚌相争，渔翁捉蚌，蚌精躲闪、逃避等引出的一系列滑稽的舞台动态表演。

蚌壳道具是此舞与其他艺术形式的最大不同之处。蚌壳多由竹篾、布扎成。表演者将蚌壳系在背上，双手握住壳内的扶手，控制壳的开合，以表达角色情感。蚌壳表演者多为少女，动作以碎步、盘腿足、半转以及优美的身段为主。

《余干县志》序曰："吾邑天赋，素以种植、养殖与编制为生息所赖。"余干地处鄱阳湖区的地理环境，催生了与之密切

蚌壳舞表演（一）

相关的传统民间文化的繁盛，"蚌壳舞"就是其中的典型代表之一。

作为上饶市第七批非物质文化遗产代表性项目中唯一的传统舞蹈类项目，余干蚌壳舞承载了余干人喜剧色彩独特的一面，是余干县独具地方民俗特色的文化载体。据史载，明清时期蚌壳舞就开始流传，以元宵佳节演出为多。

石口蚌壳舞，来源于湖区渔夫与蚌壳姑娘的爱情故事——渔翁戏蚌。鄱阳湖湖区石口永安村住着许多渔民。一天，有两个渔民相约出船去捕鱼。这一天运气不好，接连打了十几网下去，不见一条鱼。眼看天色不早，夕阳铺照在鄱阳湖水面上，漂亮极了，他们却无心观看美景，撒下最后一网准备回家。攥紧网绳，他们慢慢往船上拉，这一网有点沉，估计有鱼，他们暗自高兴。等把网拽上船，拨开网兜，一条鱼都没有，网里仅躺着大大小小的珍珠蚌壳。他们叹了口气，抓住蚌壳就要往湖里扔。同伴说，蚌壳就蚌壳吧，带回去也是收获。

他们没有因没网到鱼而闷闷不乐，仍旧唱着渔歌伴着夕阳

蚌壳舞表演（二）

余晖划着船回家。一路上他们背着鱼篓唱着歌，还把打鱼打着蚌壳的情形编成唱曲，即兴唱了起来，表达了渔民乐观的精神。

回到家，他们以竹筷敲击碗舷的方式唱给家人听，边唱还边舞蹈。随着时间的推移，这个舞蹈就演变成如今的形式。石口与其他地方的蚌壳舞不同，曲调中不但有唱词，也有肢体动作。

石口蚌壳舞传承人是蚌壳的扮演者，今年78岁的王木兰。她说，新中国成立前，鄱阳湖区石口永安村就有蚌壳舞在表演，经过几代人的传承与创新，石口蚌壳舞有模仿河蚌"开、合、走、跑"的特点，同时根据育珠等动作编成的舞曲又有江南小调的韵味，虽然风格几经转换，但喜剧色彩的风格一直未变。

如今湖区石口蚌壳舞队发展壮大，成为当地老百姓喜闻乐见的一种表演形式。每一次演出，老百姓都夹道欢迎，观看时笑得前俯后仰。

石口蚌壳舞的蚌壳道具用竹篾扎制，外糊彩纸或蒙彩布，四周镶以红色布边。用两长两短的竹篾扎成"井"字形。长的竹篾约 5 尺，短的 2 尺，再用更长的竹篾把它们两端围成椭圆形状，蚌壳一边的骨架成型。用同样的方法和材料制作蚌壳另一边。再把两片蚌壳相连，在"井"字形骨架里用竹篾连成一个手柄，方便表演者用两手操控蚌壳，使两壳随意开合。同时，两片蚌壳外面糊上有条纹形状的彩布。

现石口镇永安社区老年活动中心目前还保留旱船、蚌壳等舞美道具，这些道具都是出自王木兰之手。石口蚌壳舞队就是用她亲手制作的道具表演的。如今，她将制作技艺传给了同村人。

王木兰有 50 多年蚌壳表演经验，现在虽然年龄大了，舞不动了，但她指导排练、出谋划策、担当起导演角色，指导出蚌壳舞队一次又一次的外出表演，赢得一次又一次掌声，赢得一个又一个荣誉。

石口蚌壳舞以民间吹打乐伴奏（唢呐、鼓和铙钹间奏），曲牌常为民间广为流传的"八板"。石口等地在表演此舞时，常常有四人或八人联合表演，另加一名渔翁。渔翁与"蚌壳精"嬉戏，表演诙谐幽默，情趣盎然，加上唢呐、铙钹、锣鼓等打击乐伴奏，有舞也有歌。

歌词唱道：

> 东公起来暖洋洋，我和王哥划船来
>
> 打了一网来哟，不见一只鱼哦
>
> 妹妹在家哦，等得好心急哦
>
> …………

近年来编配了节奏欢快的吹打乐，舞蹈动作也更加多样化，显得起伏明显、分合有致、急缓相间。

两人表演时，一少女饰"蚌壳精"藏身于蚌壳中，双手抓住蚌壳作翕张动作，另一人扮渔翁作观蚌、理网、撒网、涉水、摸捞等动作，欲擒捉蚌壳，但网打手抱均得不着。蚌壳精扇动蚌壳，时而夹住渔翁的头，时而夹住渔翁的手脚戏耍，直至最后蚌精就擒。

多人表演时，以唱词和音乐节奏伴舞为主，形成多个队列形式，在碧波荡漾的湖边翩翩起舞，场面很是美观。

在王木兰的精心指导和带领下，石口永安社区的蚌壳舞队发展到 30 多人，个个能舞能跳能唱，她们合着节拍，一展一合表演精彩绝伦。万海芳、彭少荣、吴花娇、李小女、李香娇、任小红等逐渐能独当一面，成为新一代的传承人。镇老年活动中心和社区每年都会提供一定经费给以支持。

进入新时代，历史悠久、流传至今，为当地百姓喜闻乐见的民间舞蹈蚌壳舞，正在余干湖区的土地上重新焕发新的生命力。

传统技艺

勤劳睿智的余干人民凭借自己的双手，创造了美好家园，也发明创造了许多传统技艺。黄金埠古窑陶瓷，彰显了古人朴素的审美情趣；余干龙舟制作，显示出工匠技艺的炉火纯青；古埠盆栽烟花，昭示着艺人奇特的想象力；徐大顺的铁剪，做工精良，畅销全国；傅福安的铜剪，精妙绝伦，曾夺得巴拿马国际博览会金奖。

余干古窑兴衰

◎徐宏志　江锦灵

陶瓷遗产具有重要的历史文化、科学技术、艺术审美等价值，是人类历史发展和文明进步的有力见证。早在公元前8000年至公元前2000年（新石器时代），我们的祖先就发明了陶器。

一直以鄱阳湖滨"鱼米之乡"著称的余干，也曾涌现出值得称道的陶瓷文化，尤其是余干古窑，为中国陶瓷发展史书写出应有的笔墨，展现干越儿女不俗的创造能力和审美情趣。很多人甚至余干人自身都没想到，我们余干也在一定程度上承载着中国陶瓷的历史记忆和文化传承。

一、发轫于唐初

余干古窑的第一把火，早在唐初就开始点燃。能诞生古窑的地方，必有陶土给予支撑，以及由此衍生的一系列工种和产品。清代同治《余干县志》载："陶土之类的有白土，出二十一都（辖今梅港乡坪上、梅港街、杨坊、益南、缪坊、碳埠、岱山、倪牛、蒋坊一带）运景德镇制烧瓷器，黄土制烧瓦器。""陶工有窑烧砖瓦之属，范以土模。"

康熙《余干县志》记载：二十一都土鬶景德镇烧瓷器，出梅港诸山。梅港瓷上开采历史较长。唐宋时期，就开始有人在此开采矿石，烧制瓷器。加工成坯的的瓷土，质量居全省首位。

梅港瓷土，化学成分天然配成，按其比例分为工业用瓷土和日用瓷土两类。工业用瓷土：色白，三氧化铝含量少，铁、铜及其他化学物质多，强度大，黏性少，耐高温，可用作高压电缆上所需的瓷横担及其他电气设备上的电瓷瓶；日用瓷土：水白色，三氧化铝含量多，其他化学元素含量少、强度小，黏性大，耐高温力差，可用烧制日用瓷器和观赏瓷器。用梅港瓷土，再经陶瓷工人精心烧制出来的瓷器，晶莹细腻、薄如蝉翼，敲击可发出清脆悦耳的钟磬之声。

梅港地区当时有省、县、乡三级厂矿在此开采，年产瓷土1.5万吨，除满足景德镇和余干电瓷厂生产所需外，还销往九江、余江等地。由此可见，余干在清代以前就发现拥有制陶的优质瓷土，并源源不断地运往景德镇。明代，景德镇瓷器已相当发达，与浮梁同属饶州府的余干，水路交通很方便，于是专产瓷土而不烧窑了。中华人民共和国成立后，梅港瓷土矿依然向景德镇供应优质的瓷土，是瓷都重要的原料基地之一。

清代蓝浦在《景德镇陶录》载："坪里土、葛口土皆祁门县所产。自余干出，而坪里、葛口用者少矣。近邑南有小土里，亦可用，春户多合用之，然不及余干土也。"这些记载真实细致地反映了余干先民开采瓷土、烧制土瓷的情形，以及余干瓷土的相对优势。

二、鼎盛于唐宋

唐宋时期，余干古窑的发展就攀升到了鼎盛阶段，这从窑址的分布就可以看出来。那时的窑址遗存主要分布于信江（余水）流域，集中于梅港乡、黄金埠镇、大溪乡、瑞洪镇。目前发现保存较好的有黄金埠窑址、老虎口窑址、曹家庄窑址、楼埠窑址等，这些窑址印证了史志所记载的余干在唐宋时便有烧窑制瓷的历史，体现了余干陶瓷文化在华夏文明中的连续性、完整性和先进性。

余干古窑也具备多种结构。唐代时期的黄金埠窑址是龙窑结构，主要烧制青釉瓷、白釉瓷和釉下彩瓷；清代时期的楼埠窑址也是，主要烧造琉璃砖和瓦。宋代的老虎口窑址是馒头窑

梅港瓷土矿遗址

瓷土矿矿井入口处

瓷土矿职工生活区

结构，主要烧制绿釉、白釉等单色釉瓷；还有明代的曹家庄窑址，主要烧制砖块，洪武时曾烧官派南京皇城用的城墙砖。

这些窑址，涵盖了唐、宋、元、明、清各个朝代的文化积淀，极具时代特色和历史气息。尤其是黄金埠窑址，位于黄金埠镇，含刘家山、九妹山、细桥山"三窑址"，是江西省文物保护单位，据考证该窑址活跃的年月为唐至五代十国。

余干古窑主要烧青瓷。出土器物中以褐色梅花纹碗、圆形瓷砚、青瓷腰鼓最具特色，还有"贞元"纪年款的青瓷罐残

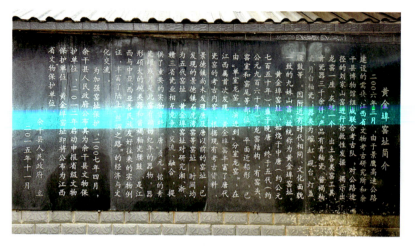

黄金埠古窑遗址

片，其"阶梯窑"类型，乃复式龙窑的雏形，也是迄今我国发现的最早一座阶梯式龙窑；其烧造出成熟的青瓷诸多品种，均为江西首次发现，全国亦属罕见，这座窑址成为探索江西乃至南方地区烧瓷窑炉发展史的重要遗址之一。在发掘的诸多青瓷中，褐色梅花纹碗、圆形瓷砚等器具系在江西青瓷窑址首次见到，其中"贞元"纪年款的青瓷罐残片为江西各大青瓷场的首次发现，是唐代青瓷器断代可靠的实物依据，十分珍贵。

黄金埠窑址的出土，被评为 2006 年全国重大考古发现。窑址附近还存在一处面积至少 10 平方千米的古代青瓷系窑群，足以证明黄金埠窑在中晚唐时期已相当发达。

盛唐时期，景德镇的陶瓷产品通过丝绸之路，远销世界各地。当时的余干凭借独特的水域位置，是鄱阳湖滨的黄金水岸，成了东山岭脚下方圆几千米的黄金水域码头。江南一带窑口众多，福建建窑、浙江龙泉窑、江西吉州窑、南城白舍窑、景德镇窑等著名窑口的产品，经陆运到鄱阳湖南岸的余干县，改为水运，汇集于县城北面的水域码头，通过以物换物的方式移货。来来往往的商船停靠在余干县移货，让余干成为重要的集散地和中转站，对本地人来说，既丰富了市场货源，又节约了运输成本，更重要的是彰显了余干窑口的地利优势。

余干的青瓷产品从信江上船，进入鄱阳湖汇入长江，然后一路北上，走丝绸之路抵达西域。特别是在刘家山窑址出土的青釉瓷腰鼓，极为珍稀，出土的唐代青釉瓷腰鼓目前在全国只有一件，收藏于北京故宫博物院，其外形为中空哑铃状，两面可蒙皮，长约40厘米，是当时中国西部、中亚以及西亚一带流行的打击乐器。西域定制的刘家山青瓷腰鼓，有力说明当时刘家山窑场的产品质量上乘，深受哪怕远在西域的贵族青睐，也是唐代时余干与西域进行商业和文化交流的实物见证。

2006年，在黄金埠窑出土的瓷片上，专家发现了类似于古代阿拉伯国家的文字符号，说明这里生产的腰鼓等瓷器，是中国专供外销的产品。它的出土，印证了早在1200年前，江西就与中亚、西亚各地开始了频繁的经济与文化交流。

三、繁荣于元明清

元明清时期，余干古窑依然繁荣。清道光《余干县志》卷六载："货之属：有烟叶，有棉花，有花麻，有棉布、苎布、麻布，有肥皂，有茗（名稍著，外郡多市者），有酒酿造者，佳有白土、白石，俱出二十一都，土罋甲景德镇烧造瓷器。"其中白土白石，即制瓷原料瓷土瓷石。

清代，景德镇除了袭明代瓷用原料产地外，又有茶塘、中坑"不子""箭滩不子"，以及利用"滑石""石末"制作特殊器物的瓷用原料。景德镇之外还有"星子高岭""枫源高岭""贵溪高岭""临川高岭""石头口高岭"，其中的"石头口高岭"就产于余干城北20千米处，距景德镇城区约140千米，品质虽不纯，耐火度很高，可用来制粗瓷。

用于瓷器成形的石质胎骨原料，被称为"瓷石"。景德镇境内有"东港瓷石""三宝篷瓷石""寿溪坞瓷石"，境外瓷石，有距景德镇城区5千米的邻县祁门边界地所产的，以平里为佳，次则郭口，《南窑笔记》中有记载，到了清代中叶，被余干瓷石所代替，《景德镇陶录》也记载："坪里（即平里）土、葛口土，皆祁门所产，自余干出，而坪里、葛口用者少矣。"

余干瓷石，产于余干县梅港附近各村落。其中梅港、阳坊、缪坊、寨里和黄金埠之马岭等处，距景德镇城区，都在140千米左右，品质以黄金埠马岭所产为最优。

清乾隆初年，刘典照利用溪水建了六车鼓儿碓粉碎矿石，制作"不子"，销往浮梁、景德镇。从那时起，这里产的"不子"，称为"金埠余干瓷土"。金埠刘家村家谱记载，同治年间，王化墩西边周家，牌号为周记洪三堂在杨坊刘家村的严家岭屋背山腰开矿井一口，在大坞里和三义各装水碓一车，制出的"不子"，称为"杨坊余干瓷土"。

从乾隆到同治年间，勘探出两条矿脉，一条是金埠矿脉，另一条是杨坊矿脉，各自蜿蜒10余千米，开采100余处矿点。金埠矿脉开采点有朱古嘴、老虎口、茶园里、打鼓岭、鸡公岭、南源里、狮子爬、鱼公山、大岭背等处。杨坊矿脉开采点有马岭、刺膨坞、狮子包、祈雨岭、九谷塘、严家岭、十二股里、象皮嘴、蛇形里、后高、店上吴家、河东寨里等处。

元明清时期的窑址分布较为广泛、数量众多，从中也可看出余干古窑在这段历史时期的持续繁荣景象。陶器工艺也比较精湛。马鞍形陶刀、柱形鼎足等陶器的发现，说明当时的姚家岭人已经掌握比较成熟的陶器制作和烧造工艺。通过陶片上的叶脉纹、云雷纹、弦纹、弦珠组合纹等，可窥探到远在商代的姚家岭人就具有一定的审美情趣。

四、衰败于现当代

到了1930年，金埠、杨坊两地排水均是用水车、筒车，爆破用土硝。采矿时间为割禾以后。有专业户开采，也有合伙开采，多是小型的作业，五六人到二十几人不等。用于粉碎的水碓，根据溪水的冲击力，有大有小。

1938 年，这里掀起了一场反关卡的斗争。抗日战争期间，黄金埠沦陷，所有矿井、水碓全部停产。

日本投降后，瓷土生产的发展出现了一个飞跃，水碓设施星罗棋布，日夜能闻嘎嘎碓声。最盛期有水碓 171 车，碓支 784 支，产量 250 万块，每块 1.2 公斤，计 3000 吨。

1981 年，余干县进行了一次全县文物普查，发现商周时期的古文化遗址 15 处，每处遗址文化堆积层的陶片和石器都非常丰富。经考古专家鉴定，其中商代 8 处，商代至西周 2 处，西周 3 处，西周至春秋战国 2 处，属典型的吴越文化，打破了"商文化不过长江"的史学界结论。这些文化堆积层中，占老的陶片显得特别丰富和抢眼。其中在九龙乡大田板桥何家北面 200 米的低丘地姚家岭商代文化遗址发现了一只陶支垫，说明了商代姚家岭文化时期就能够在本土烧制原始陶器，把余干制陶历史推至 3000 年前。

另外，杨埠镇有一个北窑村，它在余黄公路西侧山坡上，因居杨家埠之北得名。据《余干县地名志》记载，清末时期，北窑村民迁居于此地建窑，烧制陶器，主要有碗、盒、盏、灯、炉、杯、壶、盂、釜等日用器皿。原窑址鳞次栉比，相传有 99 条窑之多，号称百窑村。

2014 年余干县城东街开发，东街片区出土了大量宋元明清时期精美的陶瓷片，其中包括只有景德镇、北京等窑口和皇亲国戚才能拥有的瓷片，有力证明了历史各时期余干码头的重要性，充分见证了当时航运的繁荣景象。

中华人民共和国成立前后，大溪、杨埠、枫港等地烧制一些日用陶器制品，烧制青砖黛瓦的作坊几乎遍布全县。20 世纪 80 年代，由国家建工总局西北建筑设计院设计，余干在县城南郊的马背嘴创办了余干县建筑陶瓷厂，1985 年建成投产，90 年代有职工 887 人，技术人员中工程师占 19%，并注重派员外出学习培训，使全厂职工都较为系统地学会了陶瓷生产技术，提高了职工的整体素质，后逐渐发展成为陶瓷釉面砖生产的专业厂家，又凭借水陆交通的极为方便，一度和黄埠电瓷厂的产品销往全国各地。

由于千年瓷都的景德镇对周边各类陶瓷人才产生"虹吸效应"，余干的陶瓷人才不断流失，同时广东等地日用陶瓷发展迅速，形成规模，对我县陶瓷行业冲击很大。随着当今科技的日新月异、陆路交通的便捷以及其他材料的不断研发使用，以余干县建筑陶瓷厂为代表的陶瓷行业逐渐式微，余干古窑的优势在当下日益消解，发展迷失了方向，难以找到新的契机和出路，所幸记忆中依然泛着清丽的瓷光。

古埠盆栽烟花

◎史　俊　江锦灵

烟花，自古以来就蕴意喜庆和浪漫。与烟花有关的诗文等，也俯拾皆是。随着人们对美好生活的追求以及生态理念的不断深入，盆栽花卉已然进入寻常百姓家，从户外绽放到了室内，从大地扎根到了盆中。至于盆栽烟花，不无新奇，广大民众的口耳相传，令人不可思议，但仍有人从未听闻。

在余干县古埠镇的村民黄巨华家里，我们真真切切地发现了盆栽烟花，准确地说，是看到盆栽烟花的器具、材料等零散的物件，以及主人的慨叹与希冀。

从县城去黄巨华的住处和工作室，要经过一座宋朝时的古桥——中桥，仿佛有意无意让我们穿越时光隧道，去探寻那古埠盆栽烟花的故事。曾多

古埠中桥

次来到古埠，基本属于呼啸往来，或浅尝辄止，这一回可谓脚踏实地。徜徉在古埠的新旧街道上，分明能感受到岁月的层次，也才注意到店铺林立，市井生活的蓬勃盎然，不禁联想，这样一个地方，孕育盆栽烟花制作技艺及其传承人是颇为合理的，因为具备这个气质和底蕴。

烟花的璀璨，不只属于夜空，居然也可以盆栽！诸如孙悟空三打白骨精、西厢记、八仙过海等一幕幕戏剧主题可以随着烟花层层展现并落幕。余干古埠盆栽烟花制作技艺因融入了中国古典戏剧的元素，以及展现动感绚丽的色彩变化，曾经轰动省内外，并于2013年列入江西省第四批非物质文化遗产名录。当然，这与第四代传人黄巨华以及他的祖父、父亲几代人的传承和发展息息相关。

1970年出生的黄巨华，个头敦实，身材略微发福，鼻梁上架一副眼镜，谈吐较为斯文，虽只有大专学历，却不无大学教授的气质。作为第三批市级、第四批省级非物质文化遗产余干古埠盆栽烟花制作技艺的传承人，目前担任了余干县古埠镇古楼埠社区主任，原本"从艺"的他，干着"从政"的活儿，还

余干古埠盆栽烟花制作技艺第四代传人黄巨华

要帮衬子女带孙辈，操持家务，几乎没有闲暇去经营盆栽烟花的浪漫。他眼神坚毅，坦然地透露，等卸任这个社区主任的担子，还是想静下心来，好好钻研盆栽烟花的制作技艺，让古埠盆栽烟花重焕芳华。

据《余干县志》（新华出版社，1991年版，第559页）载："1930年，国民政府公布：改阳历元月十五为上元，但民间仍以正月十五为月半。正月十五晚上，到处张灯结彩，各种灯彩全部出游，锣鼓喧天，观者塞市。"

这一记载是对盆栽烟花的隐约记忆。20世纪初，古埠盆栽烟花由第一代传人黄启明发掘。黄启明在湖北学艺时，看见一起学徒的人时不时地用小盒子鼓捣硝磺，再糊起小盒子，然后在晚上把小盒子悬挂于小树上点燃、旋转。见到有一层一层的什么东西掉落，他觉得十分好奇，便想方设法请教这位同学。最后，被诚心打动的同学将这等玩意儿的制作技艺教给了黄启明。做工之余，黄启明学着做成第一个烟花模子，并正式开启了盆栽烟花的实验。

后来，经第二代传人黄科喜从中加以改进，不再是单纯地炫烟火，而是融入戏剧故事等内容，让烟花越来越有看头，古埠盆栽烟花才得以名动四方。

到了20世纪80年代，第三代传人黄深泉注重在情节构思、选材下料、力学原理转化等方面进行大胆实践，不断丰富盆栽烟花的承载内容与表现形式，把教化价值与娱乐功能结合得相得益彰。另外黄深泉也与时俱进，不断拓展盆栽烟花的表现内容，比如当初有实现"四个现代化"等时代主题，又有"开埠庆典"等地方特色的项目，因此，那个年代每当开始燃放盆栽烟花，就像大多数电影放映一样，首先得亮明片名，于是观众就看到盆栽烟花的第一层"火烧字"的情景，其实就是燃亮了字的轮廓，让主题开门见山于观众眼前。字的框架是用金属绞制而成的，不容易烧坏，可循环利用。

随着黄深泉的年岁增加，截至2013年，由于多种原因，盆栽烟花在古埠这个地方有近30年再也没被点燃过。除了黄深泉本身工作繁忙之外，还有更重要的经济原因，毕竟制作一个盆栽烟花需要花费很长时间和诸多心力，而且随着其他烟花制作技艺的日益改进与多样化，多数人更喜欢图方便，购买常规的烟花，愿意花费数千元来定制一个盆栽烟花的个人和集体越来越少。

虽然30余年过去了，那时还是年华正盛的黄巨华内心泛起了涟漪，想要重新拾起从高祖父那里传承下来的盆栽烟花技艺，重燃烟花。他的儿子在深圳工作，女儿在鹰潭教书，谁能成为第五代的传人，还远远是个未知数，倘若黄巨华这第四代还不能让余干古埠盆栽烟花制作技艺更好地传承并发扬，那所谓下一代传人就更无从说起。

为了挖掘这个在全省乃至全国都难得一见的非物质文化遗产传统技艺，在余干县文广新旅局、余干县民俗文化协会、余干县古埠镇人民政府、余干县古埠镇古楼埠社区的合力支持下，黄巨华带领家人等团队进行了精心的准备和认真的制作。他从父亲手把手的传授中，学会协调好塔架的结构布局、线路安排、火信设计等"核心技术"，也不断完善戏剧情节设置、人物形象塑造、文化色彩渲染等"软实力"。

既为盆栽，首先得做好一个盆。以既有硬度又不乏韧劲的纸壳附着，作为盆的肌肉；以粗些的竹片做骨架，框定出盆的圆柱体轮廓；细薄些的篾片用来编织盆身、盆底、盆盖，然后再从内外镀一层保护膜；外层还会打上"余干古埠盆栽烟花""非物质文化遗产"之类的标识或广告字样，以增强辨识度，以便"行走江湖"。

内架也全部使用竹篾扎成，这无疑需要很高的扎架技巧，因为每一盆塔架内的"烟花层"，都设计了不同节目内容和人物造型，绘就在或方或圆的纸上，再用竹篾等材料框定。上下必须能活动折叠，以便到时压扁放入盆中；左右前后等四周不用折放，需要相对固定为圆形。这些内容和造型全是依靠引线设置的机关牵引着。一个盆内往往有好几层，一层一个戏剧章节，多层才可"讲述"完一个完整的戏剧故事，这也是比常规烟花更饱满感更情节化的主要缘故。这些层依次叠放在盆内，是扁平状的，只有燃放时才立体鲜活起来。黄巨华的工作室里，展示了不少已经燃放过的"烟花层"，这些也是可以循环使用的，戏剧内容以及人物画面依然可观可触，借助它们，仿佛能把我们带入昔日燃放的盛况之中。

盆栽烟花燃放场景

正式燃放时，就把很多组装好了的烟花原片一层一层地安放在直径一米半左右的盆里，再把这盒盆栽烟花倒挂在一根七八米高的竖杆上（挂得越高越好），从最底层的烟花中牵出一根引火线到坚固的竖杆底下，随着引线的逐步燃烧，塔架内的故事场景和人物画面就会一层一层地脱落并展现。塔架内的每一层还在适当的位置安放了蜡烛，随着场景的转换，燃放表演时，一个一个戏剧故事画面脱颖而出，散发出绚丽夺目的光华，唤醒了沉睡在民众心中的各种念想，也增进了家乡荣誉感。

黄巨华注重根据盆栽烟花燃放的特点，实现了人文戏剧、当地民俗等各种内容的有机融合。为了增强内容的饱满度，也会相应地促进制作工艺更加惟妙惟肖，最终达到技术含量与美观程度相辅相成的效果。

黄巨华经过几个月的努力，终于让这一濒临失传的民间非遗文化项目重新复原并发扬光大，给普通民众带来惊喜，引发怀旧。余干古埠盆栽烟花以盆栽的形式，把纸扎工艺、泥塑工艺、烟花爆竹制作技术甚至绘画技术等科学地融合在一起，可称得上是独

传统技艺

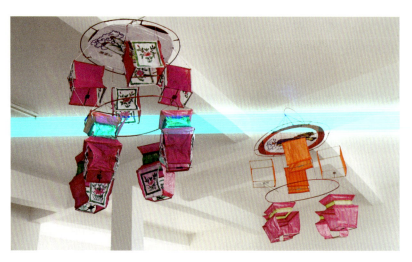
余干古埠盆栽烟花燃放的烟花层效果图

树一帜的烟花。发展至今，烟花图案内容已有三英战吕布、猪八戒背媳妇、孙悟空三打白骨精、地老鼠、混世魔王、仙女散花等主题，这些主题所需的图画也多是黄巨华亲自绘制的。

　　为了使余干古埠盆栽烟花实现安全燃放、成功绽放，有保障地给广大观众带来美的享受，余干县文广新旅局、余干县古埠镇人民政府、余干县古埠镇派出所密切配合，加强了安全监督工作，确保了燃放工作安全有序地进行。2017年10月27日晚上，在余干县古埠镇人民政府附近的广场，观看余干古埠盆栽烟花表演的观众除了本县的，还有从万年、鄱阳、东乡、鹰潭等地远道赶来的民众。

　　"太精彩了""33年了，又看到了昔日的辉煌""不亚于天女下凡"……这是当晚7时，目睹了盆栽烟花燃放的壮观情景之后，广大观众发出的各种心声。特别值得一提的是，古埠村的张姓村民感慨万千："已是30多年没见过这样的场面，看到盆栽烟花，仿佛又回到了金色的童年。"从鹰潭赶来观看的彭姓市民不无动情地说，"这种手工制作、包装和燃放的烟花，重塑了昔日余干民间工艺的辉煌，让我的心回到了当年难忘的岁月。"

黄巨华总不免陷入回忆，盆栽烟花在他的祖父那一辈应该最为受欢迎，每次燃放都能引发轰动效应，祖父他们曾到鄱阳、万年乃至上饶地区以外的县市燃放盆栽烟花，不亚于当下明星参加各种综艺活动受粉丝追捧的程度。

对于黄巨华而言，烟花如梦，梦亦如烟花。余干古埠盆栽烟花作为大型的传统烟花组合，综合了爆竹与烟花、编织与绘画的多种技术，堪称中国烟花爆竹中的奇葩。每到逢年过节，人们无不燃放鞭炮烟花以示热闹喜庆。正是在黄巨华这一代的努力下，余干古埠盆栽烟花制作技艺相继入选上饶市、江西省的非遗保护项目名录，已然成为余干县文化旅游产业新的品种，充实了余干文化内容。

只是盆栽烟花的造价不菲，普通民众难以消费，绝大多数是一个村子的订购或政府部门的赞助。在 20 世纪 90 年代，盆栽烟花的单价就一千多；到了 2013 年，就要四万左右；2023年，倘若要制作一个完整层级的盆栽烟花，估计得十万。如果一个人潜心制作，一盒盆栽烟花的完成周期需要半年有余；如果批量生产，可请若干小工配合完成，周期也得十天一盒。但很少有批量生产的时候：一是同时订购的客户极少；二是盆栽烟花燃放后，框架还可循环利用，只要更换里面用来燃火的硫磺等材料。

黄巨华内心明白这项技艺的传承与发扬着实不容易，可又令人感觉到他目光中的喜爱之情以及想让盆栽烟花散发光华的信念。

在悬挂"上饶市黄巨华盆栽烟花技能大师工作室"牌匾的大房间，好几盒的盆栽烟花静默在角落里，上面不无岁月的尘埃。显眼的空间吊挂了"八仙过海"等内容的被打开的"烟花层"。门口不远的大案台上除了黄巨华绘制的水墨画、水彩画以及笔、砚等文具，还有"余""干""最""美""县"等铁丝绞成的字零零散散在那里，好像在无声地召唤主人来组合成完整响亮的主题，然后绚丽于夜空，赢来广大民众爽朗的喝彩。

余干李氏龙舟

◎江锦灵

我国河流多，海岸线又长，是世界上最先掌握造船技术的国家之一。7000年前，就出现了独木舟。正如《周易·系辞下》所说："刳木为舟，剡木为楫……"《周易》六十四卦之一涣卦的卦象显示，我们的祖先很早就学会了造船。我国造船技术和航海技术在明朝已处于世界领先水平。

从实用的漕舫、海舟、杂舟等解放出来，龙舟主要彰显它非实用的精神层面。

江西省唯一一家经国家批准的正规大型传统龙舟专业制造厂——余干县古埠沙港洋溢头传统龙舟制造厂，坐落于距县城不到10千米的白马桥乡安居村，周边环境山清水秀，地势较

李氏龙舟制造厂外景

为开阔，现有企业员工 70 余人，其中技术人员 10 人，资产充足，实力雄厚。

余干李氏龙舟的制作始于明朝中后期，制作技艺拥有几百年的传承历史。由于年代久远，很遗憾，前七代没留下姓名，第八、九、十代传人分别是李科发、李洪生、李畅茂。李氏龙舟制造世家的当代传人，也是第十一代传人李金良，于 1997 年创建余干县古埠沙港洋溢头传统龙舟制造厂，并任厂长。李金良守正创新，既继承了祖传技艺，又融入现代加工技巧，让传统手工制作和现代机械制造相结合，以"造型美观、坚固耐用、划行快速"著称业界。据统计，所制造的龙舟每年好划率达 96% 以上，深受县内外广大客户的欢迎。

李金良及其船厂曾为上饶地区划船中专班，现余干县全国皮划艇高水平后备人才培训基地提供过比赛龙舟，多次受到中央、省、市、县各级各类媒体的关注和跟踪报道。2022 年，作为省内唯一一家龙舟制造业代表参加江西省首届非物质文化遗产博览会。李金良本人虽鲜有金杯银杯，却收获县内外很多老百姓的好口碑，在他的办公室墙上挂满了锦旗，如外县某村赠送的"技术精湛 造船一流"，本县某村赠送的"造船大师 永保

李氏龙舟制造厂内景

过江"等 20 余幅。

龙舟制作，属于传统手工业，不仅要吃苦耐劳，还要耐得住寂寞，年轻人愿从事这一行的不多。目前，在余干仅剩李氏一家从事龙舟制作，但参加龙舟赛的多达 18000 人，观看比赛的达 80 多万人，受众人口分布余干县各大乡镇。

李金良的龙舟制造厂，供应本县民众之外，更是长年远销全国各地。除龙舟外，还出售划桨、船舵、龙头、桐油、葛筋、船钉、油石灰等配件，并提供传统龙舟制作的技术支持等相关服务。李金良介绍，根据客户要求，可提供各种款式的订单生产、来料加工，以及上门制造与维修，长期举办龙舟制作工艺和龙舟文化培训，尤其对有志于龙舟文化传承和龙舟制作工艺的年轻人言传身教，形成了立体而系统的龙舟制作产业。

龙舟制造，首先要在选材上下功夫、投成本，必须选生长期 40 年以上的杉木或 70 年以上的樟木。尤其是船体的龙头、龙筋和龙尾，必须选择生长期 40 年以上的有韧性的杉木、樟木、柚木、红木等木材，否则再娴熟的技艺也无用武之地。杉木等用来制作龙筋、底板等，犹如龙舟的经线；樟木等用来制作舱板，好比龙舟的纬线。经纬互织互嵌，龙舟的大致框架便打造好了。

188

杉木多从安徽黄山、江西吉安等地选购，含运费在内，成本不低。樟树是江西的省树，樟木来源更加广泛。制造龙舟的原材料，李金良的厂通常每年上半年、下半年各订购一次，但每年的五月至八月不购买，因为这几个月天气炎热，温度太高，运输途中木材容易开裂。

李金良在钻研技艺、自我发挥的同时，还会通过电话、网络、熟人广告等方式全方位地接受订购，根据顾客对龙舟大小、外形等参数需要实行私人订制。经过长年累月的龙舟产销，他十分了解本地人的基本诉求，余干人对龙舟的文化意蕴一般没有特别要求，正如他所言的"能娶到老婆就好，管她是否歪瓜裂枣"，这当然是戏言，恰恰说明余干人相信李师傅的手艺以及到时只单纯地享受划龙舟的心情。而县外特别省外的客户多要求个性化定制，除了参数上的具体要求，还希望龙舟制造厂结合他们的地域文化进行设计与制造。外地人一般从网上下订单，发来各种参数和文化特色，李师傅要与他们进行多个回合的沟通，才能真正投入制造。有时担心把握不准，或想亲眼见识更加丰富的型号和特色，李金良也会率队到外地进行参观考察，了解并分析当地的风土人情，尤其划龙舟人的心理期待等。

龙舟类型大体两种：一是鸡公头龙舟；二是龙头龙舟，这是普遍使用的。龙舟的结构有固定的和活动的：固定的有龙头、龙尾、龙骨、龙肠、舢板等部位；活动的有划桨、尾舵、双铜锣、龙船鼓、龙旗、龙棍等。龙舟大小，一般有 18 舱、26 舱不等。比如 26 舱的，可坐 55 人，约 30 米长，造价不菲。

近些年，龙舟制造完毕之后，需要运往客户要求的地址，无需专门叫长途车，那样成本太高，李金良总事先在网上发布运送信息，各地来回跑车的司机一般会主动找上门，以比较优惠的运费，替你顺带，既做生意，也为人情。

除了选材，龙舟制造的工艺过程主要有设计、制模、切割、拼接、黏缝、打磨、涂漆、安装配件、测试等。设计，就是设计图纸，船身呈流线型设计，多为龙头燕尾。

制模，是根据设计图纸制作船体的模板。关键要制作好龙筋，相当于给人塑造脊柱，一定要有四五十年专业制造经验的老师傅在场把关，甚至亲手操刀。哪怕老师傅有时不说一句话，就端坐在制造现场，或在现场看似无所事事地转悠，也是一种气场的加持和无声的激励。值得注意的是，龙筋制作之前为确保形体起翘，需用开水将材质泡软，再根据设计图纸制作龙筋，达到前昂后翘的既定效果，也基本确定船体的形状和大小。

切割，是根据模板将木材进行切割，制作船体的各个部分。这个过程，需要诸多小工配合完成。做底板，相当于给房

李氏龙舟制作的部分环节

子打基脚，往往几个师傅同时作业，电刨、手工刨配合操作。我在生产厂房看到一朵朵刨出的木花，从板纹中绽放，继而飘落，地上堆积了一层又一层，踩上去松软软的。不经意抬眸，发现底板被刨得平整坦荡。还有舱板、圈板等制作，也有条不紊地进行，师傅们配合默契，制作过程中基本无需多少言语交流。

拼接，是将切割好的木材进行拼凑和镶嵌，比如上舱板、围圈板，组成船体起翘的骨架。也是一门技术活，需要有经验的师傅带领多人配合完成，不但要注意局部，还要关照整体，否则龙舟的造型就扭曲甚至塌了。

黏缝，一般使用油石灰和桐油将船体的各个部分固定在一起，以便形成一个有机整体，必须做到"严丝合缝"，若投入使用时，漏水什么的，不仅贻笑大方，更是洇了自己的牌子。打磨，是对船体进行刨光，使其表面光滑，既能让龙舟在行驶中把阻力减至最低，又具有更好的观感。

涂漆，是对船体进行喷漆涂抹和龙的形象描绘，增加船体的美观度，让龙舟真正成为龙舟，到时舟行水上，"龙"也翻腾在水中，更具飞扬的神采，强化文化意蕴以及象征意味。涂漆，一般要进行两次：第一次是底漆、打磨；第二次是光漆，加强光滑度与光泽感，瞧着更顺眼舒心。

黏缝、打磨、涂漆，如同给毛坯房装修。当龙舟的主体基本完成后，就是安装船体所需的配件，比如舵、桨，为了不影响视线，也为安全起见，锣、鼓一般放在中间。还有小配件，但数量不少，如船钉，不像我们日常生活中用到的铁钉钢钉，而是相对细长的棱锥形钉子，一般有专业的铁匠师傅铸造，李金良用得较多的，是余干县梅港乡的一名铁匠打造的船钉，费用约 100 元一公斤，由于特殊用途，需提前预订。

随后便是测试环节，主要是对船体进行安全测试，通过测试后，就可以交付使用了。龙舟采用多层木板拼接而成，平底设计，船体长而窄，多桨划行。李氏龙舟制作有独特的技艺作保障，成品龙舟，弧线优美，制作精良，体积恰当，轻盈流畅，船体水截面设计科学，受水阻力小，龙骨坚固，行进稳定，比赛时具备很好的速度优势。

一条龙舟的制造团队，前前后后多达 50 人，固定人员一般 10 余人。李金良目前拥有一个总厂和两个分厂，总厂就自己经营，分厂分别由两个堂弟打理。总厂平均每年生产 60 余条龙舟，分厂平均各生产 20 条左右，一年到头三个厂共制造 100 余条。加之其他船类的生产，总销售额可观。

每条龙舟的制造周期约半个月。不快，也不慢，李金良会算好时间节点，几乎不会误工，更不会偷工。

以前李金良的家族没有办厂，即使当时有能力办厂，制造好了龙舟，由于这般大块头，也没有特定的交通工具运输。因此，哪个村子需要龙舟，李金良的祖辈就带好家伙去哪个村子制造，颇具赤脚龙舟制造师傅的形象。每当端午节前的时段最

琵琶湖划龙舟

忙，必须带几个小工或助手加班加点。不知祖辈感受如何，李金良越发觉得，哪怕再辛苦，内心终究也倍感充实与快乐，因为看到一条条龙舟在自己的手里完成，又像一条条大鱼一样游进水里，在锣鼓喧天中，给乡亲们带来关注和欢笑，给节日营造了气氛，仿佛就是自己带给他们的。

当然，李金良也有苦恼的时候，毕竟划龙舟要进行比赛的，有比赛就有输赢。赢了的无疑兴高采烈；可一旦输了，有些队伍就不管三七二十一，只怨怪你这位制造师傅，为什么给他们造一条划输了的龙舟。输了的队伍不会从自身找不足，而只会怪罪在客观原因上，误以为龙舟不好、师傅不地道等。

在制造龙舟之余，李金良的厂里也会制造各种水产养殖的小型木船，甚至旅游用船，平均一年也能有一两百条的产量。也是为了扩展制造厂的业务范围以及不断温习制造船只的手艺。李金良师傅算是采取了"龙舟＋"的生产模式，既为了自身的发展需要，也顺便给当地乡亲创造了就业机会，安置了本地农民50余人就业，提高了他们的收入。

据《余干县志》记载："余干水运较发达，内河支流较多，船只往来方便，全县进出物资主要靠水运。""建国前，余干均靠木帆船从信江运进输出。建国后，水上交通工具不断进行革新，代之而起的为小机挂桨船、机帆船、趸船和轮船等。"因为余干的地理环境和生产生活，尤其在当时主要依靠水运的年月，舟船便有大量的需求，像李氏龙舟制作技艺也就有可观的市场。

还不到旺季的厂房，四五名师傅会配合着造一条船，作为明年的用船。忙时的工人用餐，李师傅会带他们到附近的饭店加餐，打打牙祭；平日的餐点，大家各回各家解决。厂房并非经过精心设计与装修，一切就简，实用为上，占地约一万平方米，每年租金达15万元。

距离船厂不远的余黄公路旁，有"全面推进乡村振兴战略建设宜居宜业和美乡村"字样的大幅宣传牌。乡村面临振兴与和美的课题，余干李氏龙舟制作等具有厚重历史和文化价值的传统技艺，是否可以促进当地经济的发展和文化的充实，尤其为乡村振兴助力？李氏龙舟使用的是天然材料，是可再生的木材及竹子等，符合生态发展理念。在促进余干与其他县市区的文化交流和情感沟通上，也可作为纽带，比如给端午节的民间活动提供了强有力的物质支持。赛龙舟具有娱乐生活、强健体质、交流情谊的社会功能，又能促进地方经济发展，培养民众的集体荣誉感乃至增强民族自信心，从这一层面来论，余干李氏龙舟不仅具有经济以及社会意义，还有文化意义。

傅福安铜剪

◎卢新民

傅福安画像

　　历史上，余干周边地区有丰富的铜铁矿资源，如德兴自古是铜矿开采地，现在还是亚洲最大的铜矿；还有永平、东乡铜铁矿都在古余干境内，也盛产铜铁。《庄子·刻意》载："夫有干越之剑者，柙而藏之，不敢用也，宝之至也。"余干为古干越之地，干越人中有很多制造铜铁的工匠，著名的干将就是干越工匠，技艺高超。

　　越王剑之所以成为天下名剑，就是因为铸造时使用了铜锡合金。这种铜锡复合铸剑术早已失传，但在余干却以另一种形式传承了下来，傅福安的铜铁复合剪就是这种技术传承的产物。

　　1916年春，从遥远的美洲巴拿马传来喜讯，余干的傅福安铜把剪刀在巴拿马国际博览会荣获特等金质奖章，让国人争光，更令余干人扬眉吐气。

在巴拿马国际博览会上荣获特等金奖、精湛工艺铜把剪刀的制作者傅福安是余干县城中街人，1866年出生在一个小商人家庭。据程炜先生所撰，傅福安从小活泼可爱，聪慧好学，在进入私塾接受启蒙教育时，勤奋读书，先生十分喜欢。可是家道中落，无法让他再读。在15岁时，他被迫离家去抚州铜匠孔师傅店中当学徒。孔师傅当时带了3名学徒。其中傅福安是最小的一个。福安年龄虽小，但专心学技术，肯下苦功，跟师傅学了一年多铜匠手艺，就学会了制造各种日用铜器产品。

孔师傅的一手绝技，是能将铜柄铜枝剪刀焊接上钢。铜枝剪刀刀刃非常薄，要使掺入的钢与铜完全融合，达到最坚硬锋利，就要精确配对铜与钢的比例，掌握烧制的温度、火候。

可是，在古代，师傅对核心技艺十分保守，所谓"传内不传外""传形不传神"。傅福安也只有干着急。"世上无难事，只怕有心人"，傅福安暗暗下定决心要学会孔师傅的铜剪全部技术，学艺更加用心用力。他注意到孔师傅白天没有做过焊接，猜测可能是在晚上进行。

有一天夜半，两位师兄已睡熟，傅福安从床上起身，透过楼板裂缝，果然看到师傅在焊接剪刀柄。师傅这一手过硬技术被福安看得一清二楚。与此同时，他细心揣摩，认真思考，慢慢地就基本上掌握了这一焊接技术。傅福安"偷艺"，最终被师傅发现，师傅不但没有处罚他，反而为他好学精神所感动，所有技术倾囊传授，有意培养他传承制剪技艺。

光阴荏苒，三年时光一晃而过。傅福安学徒期满，拜别师傅回到家乡余干，在县城务前街开了一家"傅福安铜剪刀铺"。从此，傅福安潜心钻研，大胆实践，在原有技术的基础上，精益求精。他制作的铜柄剪刀，小巧美观，经久耐用，锋利无比，能剪白铁皮。与一般的铁剪刀相比，用十年也不用磨刀口。

傅福安把学到制造大、中、小三种规格的民用剪刀技术，

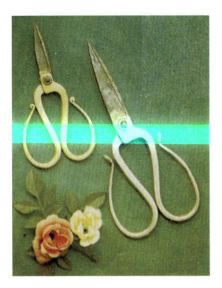

傅福安铜剪不同型号

创造性地改制为铜枝剪刀、铜柄剪刀两大套。所谓铜枝剪刀，是由全铜制造，只有剪刀口是钢的；铜柄剪刀是由半铜制造，它是铜与铁混合结构。上述两套铜剪刀均分为一、二、三、四、五，五个型号。各种规格、型号的铜剪刀功能各异，造型有别，但有其共同特点：加工精细，焊接无痕迹，产品美观，经久耐用。

1916 年春的某日，老傅家的铜剪在万国博览会上获得金奖的消息像是枚炸弹，打破了余干小城的宁静，街坊邻里顿时沸腾起来。不绝的鞭炮硝烟，白茫茫从务前街一直连绵到四牌楼，让务前街瞬时变成名副其实的"雾全街"。

当晚，在余干县最有名的聚贤德酒楼里举行宴会。厅上挤满前来祝贺的街坊和乡亲。席间觥筹交错，酒令激昂，热闹非凡。大家都觉得，老傅家剪刀老店获了奖，为小城长了脸，县里有不少头面人物，都齐来贺喜。

傅福安制作的铜剪刀，货真价实，质量上乘，加之这次在万国博览会获得金奖，生意日益兴隆，订货者越来越多，经常供不应求。其产品曾一度远销黎巴嫩、巴拿马、法、英、俄、日、加拿大等国家。光绪年间，工部曾授予他"能工巧匠"的称号，赏加七品官衔。

1916年，江西省巡按使戚杨巡视饶州府，路过马背嘴，特遣一名科长陈治（以前在余干当过刑民师爷）来县城专召傅福安上炮船接见。傅福安在拜见戚大人时敬上一套特制铜剪刀，戚给予加倍奖赏，并劝傅福安到省衙门任职，傅以文化低为借口，辞而未去。

此后，他在技术上更加精益求精。1935年，傅福安又以三等的铜剪刀参加赣浙五金产品展览，评比名列前茅，获得甲等奖状，从此巧匠之誉，更名噪一时。

中华人民共和国成立前，傅福安的三个儿子也是自幼跟随从事生产铜剪刀，但真正完全学到了傅福安的手艺是幼子傅梅发，可惜在那时不但得不到官方的扶助，反而苛捐杂税日甚一日，抓丁派丁，闹得傅福安提心吊胆，铜剪刀生意逐渐冷落，仅能勉强维持生计。

中华人民共和国成立后，在党和政府的领导下，手工业劳动者得到了翻身解放。傅福安的儿子继承和发展铜剪刀的传统工艺产品，使铜剪刀畅销全国各地。傅梅发、傅明发在农村合作化时参加了全省剪刀生产技术比武大会，荣获省轻工业厅、省手工联社颁发的铜剪刀优质奖状。

1962年，省厅、省联社还曾拨款2万元给余干县五金厂，恢复名牌传统产品傅福安铜剪刀的生产。傅梅发为继承发扬傅福安铜剪刀的生产技术，并培养张明发为徒弟，继续生产铜剪刀。可惜的是，由于多方面的原因，闻名中外的傅福安铜剪后来停产。当前，余干县政府计划在有条件的情况下再恢复傅福安铜剪刀的生产。

徐大顺铁剪

◎卢新民

余干有许多优良的民间工艺，历史上曾经大放异彩。晚清时期，我县精湛的剪刀制作工艺声名远播，是余干县历史上最具影响力的手工艺品之一，县城的傅福安打造的"铜柄剪刀"1916年参加巴拿马国际博览会获得金质奖章，闻名遐迩；大溪乡的"徐大顺"铁剪锋利精美，同样远近闻名，畅销四方。

"徐大顺"，原是一个老字号铁匠铺，由铁匠出身的徐大顺所创，大约有200年的历史。清代徐大顺从贵溪迁至余干大溪，由于他心灵手巧，所打制的铁剪刀刃锋利耐磨，比别人的剪刀工艺技高一筹，因而名气越来越大。后来，他在每一把剪刀柄上都打上"徐大顺"三个字，与其他剪刀加以区别。久而久之，剪刀上的"徐大顺"三个字，由当初的产品标记，逐步演变成为剪刀品牌，名气不胫而走。

"徐大顺"这个老品牌由徐大顺亲自打造，后经历了徐重明、徐志中、徐闻达，一代一代相传，到现在的徐建辉这里已是第五代了。在历代传承中，"徐大顺"铁剪的技艺，也得到了不断地丰富和发展，慢慢形成其独特风格，成为徐家的独门绝艺。

在选料、贴钢、锻打、淬火等工艺，"徐大顺"剪刀都有其家传

"徐大顺"标记

的严格性和独特性。炉上从选料到平活有多道工序，炉下从开刀到盘活也有多道工序。

"徐大顺"剪刀纯手工制作，靠经验选钢，凭眼力淬火，以技法锻打，需高超技巧控制水温和剪刀毛坯入水的深度、次数、时间。

其剪乌黑发亮，刀片有槽口，有扭曲度，剪口平直，轴粗、轴垫圈拱，剪体横实，头长口顺，刃薄锋利，剪尖灵活，小巧美观，质朴自然。其钢铁黏合牢固，均匀平整，内无夹灰和断裂，钢铁韧性强。刃钢贴铁，铁护钢，外柔内刚，不崩不卷，刃锋好磨，蘸火抹"药"，钢线分明，硬度高强，剪休发亮，经久耐用，两片刀刃咬合非常吻贴，锋利无比，既可剪纸、布匹等非常薄的东西，又能剪白铁皮，用十年不须磨刀口，非常适合家庭使用。

每一把"徐大顺"铁剪都经过了打坯、嵌钢、捏柄、打眼、淬火、打磨、装轴等工序，其中淬火和打磨还必须反复几次，可以说，每一把"徐大顺"剪刀都是经过精工制作的纯手工艺精品。

"徐大顺"剪刀是纯手工产品，劳动强度大，程序烦琐复

"徐大顺"剪刀产品样式

铁剪制作场景

杂，大大限制了该品牌剪刀的传承与发展。因为是纯手工生产，产品价格较低，利润小，使得年轻人继承愿望不强。加之"徐大顺"剪刀独特的钢口配方，有"传男不传女"的家规，传统技艺面临流失。另一方面，随着社会进步和经济发展，生产工具和生产手段也随之改变。现代机械化手段，让传统手工技艺的优势相形见绌。

据"徐大顺"剪刀传承人徐建辉介绍，每人每天顶多只能生产剪刀四五把，每年总共不过两千来把，而且生产经常处于半停顿状态。这些数量非常有限的剪刀，主要被外出打工的乡亲们带到外地少量销售。比如附近的万年、鄱阳、余江等县市，还有广东、福建等省，本地顾客找上门来，除非预订，有时买上一两把都困难。

百年品牌"徐大顺"铁剪有丰富的文化内涵，对徐大顺剪刀的抢救、挖掘、传承和保护，具有重要的历史价值和丰富的文化价值。2012年徐大顺剪刀锻制技艺被列入上饶市非物质文化遗产名录。

目前余干文化部门正对"徐大顺"剪刀锻制技艺进行整理挖掘，组织人员对传承人撰写、录制和拍摄他们的相关资料，奠定保护基础。同时，投入资金，将这些原始资料，进行系统整理。利用各种宣传媒体，宣传报道制作工艺师的事迹、技能，以引起社会关注。组织青年向老艺人学习技艺，以使这一优秀的非物质文化遗产能得以传承和弘扬，使"徐大顺"剪刀能够作为一个品牌产业做大做强，成为一个家喻户晓的名牌产品。

民俗风情

十里不同风，百里不同俗，一方水土养一方人。余干人民在长期生产与生活中自然积淀成节庆添喜乐、婚丧重仪式、造作喝吉彩、划拳助酒兴等独特的风俗习惯和传统，凝聚着人们对生活的热爱、对人生价值的尊重、对美好未来的期许；这些风俗，犹如陈酿老酒，风味醇厚，回味绵长。

元宵闹花灯

◎卢新民

正月十五元宵节，余干俗称"过月半"，是除夕之后最热闹的传统节日。余干民谚云："撕了门前纸，各讨各生活。"过完"月半"，春节才算过完，忙碌的一年又开始了，就要准备劳作，努力干活。

元宵节前后，余干各地历来有打灯、观灯的习俗。据同治《余干县志·风俗》载，"（正月）十二日各神庙结彩张灯，谓'灯上架'，有鳌山灯、有台灯，鳌山灯糊以纸，中周一轮薰以火，四周以丝系人物手足自动，台灯少异。城乡间鼓乐扬灯，花样不同，各有馈遗，谓'赏灯'。十三日为'头灯'，十六日

小朋友学习制作花灯

为'残灯'。农人每以头灯主早禾，以残灯主晚禾，验晴雨以卜岁之丰歉。"

过去，到了元宵晚上，城乡各种灯彩全部出游，锣鼓喧天，观者如堵。打灯者，谓之"闹花灯"，看灯者谓之"观花灯"。

小孩子在大人带领下，提着各式各样的灯笼走门串户，请户主"看灯"，户主必须赏钱，真是热闹非凡。儿童打花灯的种类很多，有六角走马灯、六角花钵灯、鼓子灯、鱼灯、马灯、兔子灯和各种形状的动物灯。过去主要是纸扎的灯笼，灯笼里插上点燃的小蜡烛。新世纪以来，各式塑料灯、电子音乐彩灯层出不穷，令人眼花缭乱，但较之以前少了许多烟火气。

大人主要打的是花灯、蚌灯、龙灯、狮子灯。据张正生老师在《余干民俗》书中记载，过去流行的花灯，一般是五盏或者七盏，每盏灯得一个人负责打。唱子两人或四人调换，乐队若干人，锣鼓一般是四人或六人。花灯的唱子两人，一个是丑，一个是旦。丑、旦对唱，并按小曲节奏扭动，很有趣。小曲调一般是民间小调，如《孟姜女》《十劝郎》《卖花线》《十杯酒》《照花台》《十劝婆媳》《瓜子仁》《打花鼓》《四季歌》《望郎歌》《小放牛》《彩金扇》《十绣》。

蚌灯是丑旦两人"斗法"逗趣。旦角在蚌灯内不停地打开和合拢；渔翁（丑角）头戴斗笠，身穿短衣，腰系围巾，撸起裤脚，撒网捕蚌。但多次扑空，正在收网，准备再撒之际，不料蚌迂回在后，却夹住渔翁的屁股，弄得满场观众哄堂大笑，十分有趣。

狮子灯比较难打，一只狮子要两个人打。一个人双手顶起狮子头，一个人弯着腰在后做狮身，两个人动作要密切配合。特别是走"梅花桩"，桩还不到一只脚掌大，还要一百八十度转身，稍不慎，就会掉下桩来。所以两个人动作要密切配合。还有更难的就是上四层桌。上去很难，下来就更难。一般来说，能打好狮子灯的，没有一点"功夫"还不行。

除了颇具观赏性、艺术性的花灯、蚌灯、狮子灯之外，余干城乡最常见的是"草龙灯"（俗称"秆把灯"）。

"草龙灯"由稻草扎成，红纸包裹，龙头部分昂起，龙嘴张开，龙头插上树枝做成的龙角，黏上红纸剪出的龙须；龙身部分则就是一段段的稻草棒，每节用一根竹竿插起来，由人举着，上面都插着燃烧的蜡烛，通常每支"草龙灯"在10节以上。

据孙占才老师撰文，秆龙灯制好后，就要坐下来筹划下参帖了。大家聚在一起，扳着指头数，确定看灯取彩重点，凡头一年嫁了女儿、盖了新房、喜生贵子的人家都可作为重点取彩对象。然后在正月初八这天，用红纸写好"龙灯参拜"的帖子，送到重点人家去，告知他们做好接灯准备，这叫"下参帖"。接到参贴后，他们就会提前准备好红包、鞭炮、香烛、

草龙灯表演

草龙灯制作

果品等接灯礼物。

余干元宵灯节习俗，正月十三为头灯日，十五元宵为正灯日。所以，一到正月十三日，吃过晚饭后就出灯。将龙头龙尾挂上点亮蜡烛的灯笼，龙身上遍插点燃的香烛，跟帖提着灯笼在前，大家举着秆龙灯，从头首家出发，伴随着鞭炮声，祈求风调雨顺，五谷丰登，人畜平安。

"参社"之后，先到新姐夫家（头一年嫁了女儿的人家），余干习俗，新女婿都要随新娘回娘家过元宵节，他们是闹元宵的主角；然后是盖了新房的、喜生贵子的人家，最后是普通农户家。打"龙头"的人一般都能唱善道，每到一家带头领唱或领白，后面众人附和。余干农村"草龙灯"唱词各地略有不同，常听的唱词有：

上灯上（嗬），进画堂（嗬），画堂里头贴对子（嗬），对子里头出状元（嗬）。状元撞一家（嗬），生个儿子中探花（嗬）。蜡烛打发对（嗬），金子银子满交椅（嗬）。蜡烛打发双（嗬），金子银子堆满了仓（嗬）。

龙灯尾巴摆一摆（嗬），恭喜老板生个状元崽（嗬）！龙灯尾巴轮一轮（嗬），恭喜老板生个千岁嫩（嗬）。走你堂前打个箍（嗬），恭喜老板养只牛样大个猪（嗬）。

待送灯队伍在人家堂前走几圈、唱过过道后，家中的人则要将蜡烛、包礼送给领头的人。钱不在多少，只图个吉祥团圆。特别是有"新姐夫"的人家，更是热闹。各伙灯都得展示最高技艺给新姐夫看，新姐夫给的"包礼"，就特别厚实。

"秆把灯"一般在本村打，很少串村。本村打完，就找个偏僻之处，将稻草灯焚毁。

现在的新式龙灯为布扎，最少 11 节，多的 15 节，甚至 17 节。打新式龙灯还要安排一人举着"龙珠""戏宝"，所以打的人特别多。此外，还要安排最少 4 人打锣鼓。龙灯抢宝时，其龙灯各节上下翻滚，犹如蛟龙腾空，在漆黑的夜晚，看起来十分美观。秆龙灯一般只在正月十三和元宵两天活动，闹过元宵就结束，元宵节晚上走完全村各家后，就将秆龙灯游至土地神前焚化，让龙升天。

过去村里打了灯，临近村会下请帖，请到他们村去打，本村就得下对方的参帖，出村打灯，范围就很大，亲家、宗家特别多。本来在正月十八就要"团灯"（即休灯），有时因宗家多，元宵打灯直至二月初才团灯，家家户户开始忙于春耕。

元宵晚上，许多农村还有到秧田送灯的风俗。送灯时，点燃一对蜡烛，放一挂鞭炮，烧了个大金宝，以图新年万家团圆，丰收在望。

最壮观的要数晚上的挑灯活动。入夜，全村家家户户的门前挂起红灯笼，整个渔村如同白昼。数百人挑着红光闪烁的灯笼到村西集合，打头灯由村里 18 支轮流执行，头灯是特制的，由一对大红灯笼组合而成，高大而美观，下面用长木棒支起。头灯内燃着又长又粗的蜡烛，它必须燃至游灯结束，中途不准换蜡烛。挑灯是用一根渔船用的竹篙，把竹扎纸贴的小灯笼系在竹篙上，一般为七八十个灯笼，多则逾百个，全燃着蜡烛。打头灯者是家族中有威望而又身体健康的男性，他身穿长袍马褂，后面有全村的文人墨客提灯紧紧相随，簇拥着保护头灯行进。

　　遗憾的是，西岗元宵闹花灯的场面如今很难一见。如果某天重见于世，必将盛况空前，万人空巷。

清明粿飘香

◎卢新民

清明节，又称踏青节、行清节、三月节、祭祖节等，在每年 4 月 4 日至 6 日之间，是祭祀、祭祖和扫墓的节日。清明节源自上古时代的祖先信仰与春祭礼俗，兼具自然与人文两大内涵，既是自然节气点，也是传统节日，与春节、端午节、中秋节并称为中国四大传统节日。

"清明时节雨纷纷，路上行人欲断魂。"千百年来，清明节的习俗不断演变。扫墓祭祖是清明的重要内容之一。清明祭祖习俗由来已久，它来自清明节前二天的寒食节，唐以后寒食节变为清明前一天，世俗观念上则寒食和清明不分，所以才衍生出清明祭祖的习俗。清明扫墓，即为"墓祭"，谓之对祖先的"思时之敬"，祭扫祖先是对先人的缅怀方式。在祖先祭祀仪式中慎终追远，在踏青郊游中享受春天，文化传承与身心调适是清明礼俗文化的重要功能。

据《余干县志》载，三月清明日，各家携香烛酒馔，到郊外祖坟上祭扫，并对坟土作一番修整，俗称"扫墓"。在过去，清明日得早上准备好三牲、米粿、纸钱、纸花、蜡烛、爆竹、香等祭品上祖坟山祭祖。先点着两根蜡烛，三炷香，摆好三牲、米粿、烟、酒、筷子等，纸花插在坟头上，然后烧纸钱，鸣炮，向祖墓三跪三拜，求先祖以生前之灵保佑全家，身体健康，顺顺遂遂。

在余干民间，清明扫墓被称为"吊清明"。民间"吊清明"仪式感很强，一般在上午进行。主要活动是清理祖坟旁边杂草杂树，堵塞野兽挖的洞穴，给坟培土，在坟周植柏树（余干忌植松树）。坟有杂树，既不美观，也易藏污纳垢，还容易引起火灾。所以修整坟墓是吊清明的主要事项。坟墓培土越多，显示子孙越蕃盛，越富有孝心。如草率应对，会被世人视为不孝。所以，培土所用时间，少则一两个小时，多则花费半天甚至一整天时间。现在坟头多以水泥硬化，培土的事就不用做了，但清理坟周杂草还是不能少的。

进入新时代以来，森林防火工作要求越来越严，每年清明扫墓期间，许多林区设置固定和临时检查站，对过往车辆和人员进行防火检查，严禁携带火种进入，禁止在林区燃放烟花爆竹、焚烧纸钱等行为。同时，大力提倡文明祭祀，所以传统的"吊清明"习俗规矩和仪式感大为淡化，如今"吊清明"时买上一束鲜花，在故人墓前表达哀思，已渐渐成为新主流。

在农事方面，谚语说"清明前后撒谷种豆"。温度逐渐高了，就得赶季节，不误农时。清明节前后几天，余干作田种地的百姓忙于"晒种""浸种""篓种""播种"。

"晒种"，储藏的种子多少有些受潮，使用时再晒一下，可以提前发芽，提高发芽率。

"浸种"，一般的做法是用清洁的"井水"浸。因为井水比湖水温度要高，对谷种发芽有催速作用。有的时候，还会在井水里适当地放些食盐，叫"盐水浸种"，可以消毒防虫。浸种是农活的关键技术，时间性和温度要求很严，所以掌握时间和温度很关键。浸久了时间会冻芽或影响发芽率，浸少了时间又达不到较高的发芽率。为了保温，每天还得换用井水升温。

"篓种"，浸种两天后将种子捞起放进垫好稻草的"线笋"（用篾条做成的笋筐或篓子，漏水性能好）里催芽。因为种子开始发芽后，温度会升高需要防止烧芽，温度低了，又会影响发芽的速度。所以，要注意适时降温，常用湖水浇淋。

水曲草

　　"播种"，禾种催芽到"破胸"（种外壳破裂）时，还要根据出芽的情况，决定能否播下秧田，一般芽苗长到不互相缠结并且爽手才最适宜。

　　余干清明习俗，民间还爱吃"清明粿"、野菜糊、螺蛳米粉糊、芥菜苋蒸芋头等应季食肴。

　　"清明粿"，又叫"水曲粿"，要用到的重要原料是水曲草。

　　水曲草，学名鼠曲草，菊科，属一年生草本植物。古时每逢农历三月三日上巳节，人们采集鼠曲草，和上米粉做成祭品，用来祭祀祖先。《纲目拾遗》《天宝本草》等多部医学著作均有鼠曲草医药价值方面的记载，认为其具有化痰止咳、祛风除湿、解毒的功效。

　　水曲，黄花、绿叶，有一股异样的清香味。余干农村水沟、田埂边到处都有。人们采水曲最上面嫩的部分及花，将采来的水曲清理干净，经过反复搓洗，将选好、洗净的水曲放在

清明粿

压力锅中煮熟压烂，趁热倒入精选的糯米粉中，有的人还会加入适量的面粉和在一起。经过一番揉制，烂熟的水曲与粉充分融合，粉已变成了绿色，再也看不到半点水曲。

家乡的水曲果不再是面粑粑之类无味的东西了，还会包上萝卜丝、腌菜馅，有时还会在馅中放些猪肉，让馅更加鲜美，吃起来口感更浓烈和香醇。包馅的水曲果，刚从蒸笼出来，轻轻地一口下去，油会顺着嘴边往下流。蒸汽和馅的香味，一起从碗边飘进鼻子，再同软糯的果皮一起进到肚里，香到心底。

可以说，如今的"清明粿"已不是单纯食物的味道，这还是春天的味道、家乡的味道、传承的味道，还有一家人其乐融融团聚的味道。

端午龙舟会

◎卢新民

端午节与春节、清明节、中秋节并称为中国四大传统节日，端午文化在世界上影响深远，成为汉字文化圈诸国的传统文化节日。

端午节，又称端阳节、龙舟节、重午节、重五节等，日期在每年农历五月初五，是集拜神祭祖、祈福辟邪、欢庆娱乐和饮食为一体的民俗大节。

端午节源于自然天象崇拜，由上古时代祭龙演变而来。仲夏端午，苍龙七宿飞升于正南中央，处在全年最"中正"之位，正如《易经·乾卦》第五爻云："飞龙在天"。端午是"飞龙在天"吉祥日，所以龙及龙舟文化始终贯穿在端午节的传承历史中。

传说战国时期的楚国诗人屈原在五月初五跳汨罗江自尽，后人亦将端午节作为纪念屈原的节日。

在余干，端午节前后有很多习俗。据同治《余干县志·风俗》载："五月斗龙舟，男妇观者如堵。先是四月下旬，龙舟至各戚属，均揭竿挂红布相赠，谓'赏标'。端午日各家以艾叶菖蒲插门辟邪，以雄黄涂儿额。"

余干旧俗端午与中秋和春节属大节，叫"三时三节"。有节前送节，节后走亲戚的习俗。"送节"就是女婿要给丈母娘家送上过节礼物，端午送节礼物主要有烟酒、粽子、面条、猪肉等。

过去在端午节前一个月左右，余干家家户户都要腌制咸蛋，方法主要有两种：一是直接用盐水浸泡；二是取上好红壤黏土，加盐水调制成糊状，裹在蛋壳上。目的都是让鸡蛋、鸭蛋，吸收盐分，变成咸蛋。技术要领在于把握盐量，量少了，蛋容易腐败变质；多了，太咸，难以入口。咸蛋的最佳状态是煮熟后，蛋黄酥脆爽口。

此外，与其他地方一样，端午节余干还有扎粽子的传统。节前半个月，家家户户开始采箬叶、折粽叶、搓粽纱、准备扎粽子的材料。箬叶粽纱要用沸水煮几分钟，一是为了杀虫，二是增强韧性。用棕叶粽纱扎成的粽子，有一股特殊的清香味。接下来是准备米料。粽子要用纯糯米来做，才好吃。粽子种类很多，仅糯米做成的叫"白水粽"，也可以添加各种配料，做出绿豆粽、豇豆粽、板栗粽、肉粽等等。

端午节早晨一般是吃面条、煎荷包蛋、吃粽子。过去，农村人过端午节，中午还作兴喝雄黄酒。所谓"雄黄酒"，是用雄黄研成粉末调制的酒。据说雄黄有驱虫的作用，饮下雄黄酒可以杀肠道蛔虫、钩虫等寄生虫。剩余的雄黄酒，洒于墙脚等潮湿角落，甚至涂于儿童额头上、肚脐上，以避蚊叮虫咬，驱出体内的蛔虫。据说端午时节，百虫初生，此时杀之，能保全年无虫侵袭，大利健康。此外，端午节还有挂香包、织蛋网、药汤足浴等习俗。

过去，端午节中饭后，小孩们往往穿着新衣服，脖子上挂着用毛线编织的"蛋袋"，装好咸蛋跟着大人们去看赛龙舟。

一艘艘龙舟在富有节奏的鼓声、锣声和号子声中破浪飞驰，争相竞渡。在中国最大的淡水湖鄱阳湖流域，端午赛龙舟之风自古兴盛，数百年来已在各地形成独特的民俗文化，河畔村民龙舟竞渡之兴更浓。

在余干县，四月中下旬农民将秧苗插下，等待七月收割，在此之间的六月是丰收与否的关键。因此，当地群众习惯在端午节通过游划龙舟的形式祈求风调雨顺、五谷丰登。

赛龙舟之前，必先造龙舟。据张正生先生撰文介绍，造龙舟的程序很复杂。先请船匠师傅到木材市场先购材料，择吉日开工。到开工吉日，村里准备一个"包礼"给船匠师傅，爆竹一响，师傅动工。造龙舟是精细活，共有接龙骨、上龙箭、画

出发

龙等 20 多道工序，整个制作过程基本靠手工完成。其中，一些关键点的弧度、尺寸必须测算精准。雕好龙头就要拉龙筋。清早三点，师傅早早来到工地，十几个年轻人也早早来帮忙，大家劲往一处使，将一根笔直的树干拉成弓状。龙筋拉好后，就开始在龙筋上打船舱以及船舵、木桨。龙船主体建好之后，画师用彩笔画龙头、龙尾、龙身，接着给龙舟涂桐油，防水防烂。待船身干透，所有工作完成之后，还有最后一道程序，就准备"点腥"下水。

凌晨三四点，村里几十个年轻人把龙船拖到水边，一个年轻人捉来了一只大公鸡，师傅开始点腥，鞭炮齐鸣，这时船匠师傅喝起彩来：

某姓助我一只鸡，身穿倒毛衣，脚踏紫金山，叫起凤凰啼。开凤冠，取金宝（弄破鸡冠挤出血）。上不祭天，下不祭地，首先祭某姓龙舟起。祭龙头，金银堆满斗；祭龙尾，千担谷来万担米；祭龙中，某姓子子孙孙在朝中，从今我喝彩以后，某姓荣华富贵万万年！二十四张船桡同下水，聚锣聚鼓赛长江。

喝完彩，众人齐应："嗬！"

这时龙头、舵、锣鼓、姓氏旗标早已安好。村里给了师傅们竣工"包礼"。锣鼓也响了起来了，27个人齐上船，龙船飞箭似的向前划，连打三个"招"，才直划远地。

余干端午民俗，龙船在四月底要打好下水，五月初一初三要下水训练，或与邻村联系比赛。初五日、十三日（关皇日）正式参加比赛。其他时间有宗家和亲家请帖来了都要出去划。龙舟每到一处都要打三个"招"，回家收场也要三个"招"，"招"就是圈的意思。邻村和亲家也要打发"红"（用竹竿插在船）、"包礼"和烟，并鸣炮迎送。这是约定俗成的礼节。

余干把"划龙舟"称为"斗龙船"，因余干是水乡泽国，再加之余干人体内流淌着干越先民彪悍的血液，千百年来都酷爱赛龙舟。据统计，2023年上饶市参划龙舟达2184条，占全省总数的一半以上。余干、鄱阳、万年三县参划龙舟分别达932条、399条、144条，余干参划龙舟接近上饶的一半。

黄金埠信江桥下、梅港乡小洲岛河面、马背嘴大桥下、琵琶湖水域等地是余干"斗龙船"最集中的地方。

阳光如碎金般洒落在宽阔的河面上，波光粼粼。两岸，人群熙熙攘攘，欢声雷动，彩旗飘扬，将赛龙舟水域妆点得热闹

观看龙舟赛

端午竞划

非凡。随着一声震耳欲聋的铜锣响，数十艘龙舟如离弦之箭，瞬间划破水面的宁静，留下一道道翻腾的白浪，向着终点线疾驰而去。每艘龙舟上，鼓声、号子声、桨叶入水的哗哗声交织在一起，奏响了一曲力与美的交响乐。龙舟上的健儿们，肌肉紧绷，汗水在阳光下闪耀，如同他们眼中燃烧的斗志一般耀眼。他们整齐划一地挥动着长桨，每一次入水都似乎在向河水宣示着不屈的意志。舵手稳坐船尾，目光如炬，精准地调整着方向，确保龙舟在波涛中稳健前行。

最令人震撼的是那激昂的鼓点和锣声。它不仅是节奏的引领，更是精神的催化剂。鼓手坐在龙舟中央，双手紧握鼓槌，每一次击打都倾注了全身的力量，锣鼓声激昂而富有节奏感，仿佛能激发出每个人内心深处的潜能与激情。随着鼓点加快，龙舟的速度也愈发迅猛，如同一条愤怒的蛟龙，在波涛中穿梭，争夺那无上的荣耀。两岸观众的加油声、欢呼声此起彼伏，形成了一股无形的力量，推动着龙舟上的健儿们不断向前。在这场速度与力量的较量中，不仅展现了团队协作的默契与力量，更传承了千年的文化精髓与不屈不挠的民族精神。

赛龙舟，不仅仅是一项体育竞技，它是一种文化的传承，一种精神的象征，让每一个参与其中或见证这一刻的人，都能感受到那份来自心底的震撼与感动。

中秋忙烧塔

◎江锦灵

中秋节，江南一些地方称为"八月节"，北方更习惯称"八月十五"，民间又有"月亮节""月夕"的叫法，此外还有"果子节""团圆节""八月半""秋节"等名称。

中秋节的形成主要有三种说法：一是源于上古时期就开始的月亮崇拜；二是源于祭祀月亮中的女神嫦娥；三是源于古人在秋季为庆祝丰收而举行的祭祀土地神的活动。[1]

中秋节，已是仅次于春节的第二大节。中秋夜，一轮圆月悬挂于高远的天空，向九州四海播撒皎洁的光华，见证广大民众的思念和团聚，或一家人围桌叙谈、赏月遣怀，或全村人游戏观灯、烧塔怡情。

在村庄祠堂附近或屋后不算太远的空旷地带建塔烧塔，也是余干人儿时中秋之夜的重头戏，无疑能把节日的氛围推向高潮。这方空间，逐渐成为常年建塔烧塔的基地，因具备得天独厚的条件：一条近百米的略微弯曲的废弃沟渠，建塔的人可以仿照土灶的样式，把中秋塔搭建在沟渠两岸，既方便从沟渠内壁掏挖添加柴火的通道，沟渠的纵深空间又可容纳加柴的人立身与腾挪；附近既有残砖碎瓦又有小树林，也就不缺建塔的材料和烧塔的柴火。

烧瓦塔，有些地方叫作燃宝塔灯。从早晨开始，孩子们就到处捡拾瓦片、砖头，集中到大人指定的晒谷场上，由大人把

---

① 黄涛：《中秋节》，中国社会出版社，2008，第2、3页。

儿时中秋烧塔情景

这些砖头、瓦片砌成空心"宝塔"。[1]

位置确定后，不需要什么仪式，就开始搭建中秋塔了。在沟渠的岸边纵挖一个直径七八厘米见长的圆柱形洞，底部可掏挖成如同炒菜的锅状，此乃放柴烧火的塔肚子；接着在沟渠内壁向已挖的圆柱形洞内横掏一个边长约半米、深约三厘米的方洞，朝锅状空间打通，作为运送柴火的甬道；最后就是搭建塔的身子，这算是地面上的活儿了，一般用砖块或瓦片垒砌起来，小心翼翼地盘旋而上，逐渐向内汇成尖顶。整体瞧去，塔身呈圆锥状，好比倒置的松果。剩下的活计，就是储备柴火，这无需花费多少心力，附近就是山林，遍地枯枝烂叶。

一般农历八月十二十三的样子，孩子们就开始筹划搭建中秋塔的事宜，做好烧塔的准备工作，比如捡拾砖头瓦片、枯枝败叶等，也有不着急的，毕竟附近就有，无需搜寻。中秋节前夜，有些大人也按捺不住，为了给自家的孩子打气撑腰，会间歇性地来指导与帮衬，有时各自的父亲也会参与，但很少强行干涉孩子们已经做好的决定。毕竟搭建的是小型中秋塔，孩子

---

[1] 黄涛：《中秋节》，中国社会出版社，2008，第170页。

们可自行完成。

很多地方搭建中秋塔并不挖地，是直接用砖块甚至石块打基底，以瓦片垒砌塔身，瓦片之间不用任何材料衔接，呈品字形不断向上叠放，多半能垒到两米高左右，最后在塔顶留些许的中空。比较大型的中秋塔，连塔身都是用砖头呈品字形垒砌的，可以高至一两层楼，甚至更高。不掏挖锅状的塔肚子，直接从地面的搭塔，最关键在于基底，首先得选择平整的地段，再用土砖或红砖铺砌成六边形、圆形等美观形状的底座，并留有对应的两处小灶门，一处用于添加柴火燃料，另一处用于扒拉灰烬。

一般来说，小型中秋塔，不到一人高，全程多由孩童搭建，虽搭建得歪歪扭扭，不成完美的圆锥形，但不影响烧塔与制造氛围；中型的塔，两米高左右，多由大人指导孩童搭建，往往以家庭乃至家族为单位进行，更适宜长辈与晚辈的情感互动；而大型的塔，则由大人们合力搭建，需要搬运大量的砖、架楼梯，技术含量最高，也有一定的危险性，没有经验的人是完成不了的，孩童只有看热闹的份儿。

大型中秋塔建好后，往往像新房建好一样，要来个宝塔封顶大吉，由塔顶至塔底，悬挂"欢庆中秋佳节""祝贺宝塔封顶大吉"字样的红底黄字条幅，或在塔的送柴口两侧贴上红底黑字的对联，有的塔身四周还会缠上红布以示喜庆。

中秋塔的大小，多由村庄的大小以及财力的多寡决定：村庄大的，则塔大，比如余干县洪家嘴乡严溪渡的、南关舒家的、黄金埠镇金家的、瑞洪镇新塘周家的、梅港乡渡口的、杨埠的、峡山霞山的、禾斛岭的、社赓的；小村庄的烧塔活动更机动灵活，想搭建就搭建，想怎么烧就怎么烧。大村庄的中秋塔火可以连续烧好几晚；小村庄的，往往只能烧个中秋之夜。大部分村庄的中秋塔，选择放在宗祠的门口或附近，一是地面较为开阔平坦，适合容纳全村的人进行节日庆祝活动，另外，建塔烧塔作为庆祝中秋这般重要事项，非一家一户之娱，而是

中秋烧塔

属于整个村子的大事，得共筑"天涯共此时"的意境。

以村为单位的建塔烧塔，那是接近官方的行为，以前，余干县有限的乡村才有。不像现在，很多乡镇有大规模的烧塔行为，多数村庄的中秋烧塔活动则是散兵游勇式的，几乎无需多少成本的私人行为。孩子们可不管大人们的事，只管经营自己的小天地，在有些村庄，建塔烧塔的队伍远远不止一伙，在那条废弃的沟渠两岸，陆陆续续有六七座塔建起，虽然看似大同小异，细究起来却也各具小特色。搭塔的队伍就像农村建房一样热衷攀比：你搭得大，我比你的还大；你建得高，我比你的更高。最终还要等到中秋那晚，看谁的塔火烧得旺，谁的塔身看上去通红灿烂，谁泼溅的火星子多而亮，谁就有资格让旁人羡慕加嫉妒。

中秋将至未至的几天，孩子们会时而去看护已搭好的塔，或对塔进行所谓的完善，顺便收集更多的柴火，毕竟随着搭塔队伍的不断增多，担心山上的物资有可能供不应求。中秋节当天，一吃过晚饭，大都顾不上尝够月饼就赶趟儿来到这片空地，操持烧塔事项。学着母亲烧火做饭的架势，往塔肚子添柴。不一会儿，数条小火苗如跳霹雳舞般上蹿下跳。随着柴火的不断添加，火势不断壮大，火苗越来越多、越烧越旺，仿佛有一群淘气的孩童，从塔身的缝隙钻出、缩回，又钻出、又缩回……颇有节奏地引逗大家，时而掀起一番哄闹欢笑。等烧到一定的时候，站到远处望去，塔身通透明亮。由于大家添加柴火的积极性异常高涨，很多人倒忘了走到外围欣赏这独特的景观。

烧塔的军团就呈"战国七雄"之势，明面上争得面红耳赤的，也有暗地里互相较劲的。倒也合乎情理，谁不想让自己的塔烧起来最为壮观，最吸引观众，继而慰藉一下虚荣心呢？不经意间，大圆月之下的烧塔，仿佛浪漫成篝火晚会，成为中秋之夜一道亮丽的乡村风景，无所事事的大人也会参与进来，指手画脚的也有，有的还端来切好的月饼（一面全是黑芝麻，里头能露出大块冰塘的那种）、豆壳酥、鸡蛋糕等点心，相互分享。那是属于 20 世纪八九十年代的童年盛会，是当下成年人的白月光。

关于中秋烧塔这个传统习俗的起源，众说纷纭，据传主要有两种说法。一种说法是为了推翻元朝政府。元朝统一中国后，统治者采取各种歧视政策，剥夺普通民众的诸多权利，并对广大百姓的日常生活实施有力的监控，人们活得形同牲畜，完全缺乏自由。元朝政府把五户人家编成一甲，并派一名蒙古贵族当甲长。元朝王公贵族可以在各个乡村作威作福，欺压民众。元末，黄河连年水灾，更加导致物价飞涨，民不聊生。一些仁人志士便纷纷拉起队伍，奋起反抗，并在事前密约：八月十五这天，在空旷的地方用瓦片砌塔，烧起猛火，作为统一行动的信号，团结一致地推翻甲长，乃至元朝政府。就此，烧塔便成为中秋习俗得以流传。

另一种说法是为了纪念文天祥。据《宋史》记载，南宋景炎元年（1276）正月，文天祥被元兵扣留并押送北方，途至镇江时，文天祥趁机逃出。历经艰难险阻，在南剑州（今福建南平）开府，重整旗鼓，指挥一支军队抗元。不久，又先后转移到汀州（今福建长汀）、漳州龙岩、梅州等地，联络各地抗元义军，以便集合队伍，拧成一股绳，坚持不懈地斗争。景炎二年（1277）夏，文天祥率军由广东进攻江西，在雩都（今江西于都）获得大捷后，又以重兵进攻赣州、吉州（今江西吉安，文天祥家乡），陆续收复了许多州县。元朝江西宣慰使李恒在吉州及兴国发动反攻，文天祥遗憾兵败。祥兴元年（1278）秋，文天祥在吉州、兴国等地收容残部近万兵力准备再次反攻，于农历八月十五在早禾市（今江西泰和县禾市镇）的牛吼河畔一个小山村（后被明朝命名国渡村）汇合。中秋节当天，禾市老百姓用自家门板、茅草在牛吼河上架设了一座浮桥，供文天祥率军渡桥抗元。后来，每年的中秋夜，广大百姓都会在渡口边垒砌灯塔，以纪念这位家乡的抗元英雄。

中秋烧塔大场景

　　往后的烧塔发展得越来越有仪式感和群众性。农历八月十五的清晨，乡亲们早早地起床，准备好中秋节所需的鸡、鸭、猪等食材，吃团圆饭；晚上，男女老少又带上月饼、水果等食品，于圆月当空时刻熙熙攘攘地出门，看烧塔。有些人还会带上一捆稻草等柴火，被推举的主烧人还要备上一壶米汤或老酒，等关键时刻，用于泼向中秋塔。

　　余干近些年，更多的村民尤其是外出工作返回家乡的成功人士，动辄就购置烧炭、汽油等易燃物，将汽油泼向烧塔，砖孔会喷出火龙，四面翻腾，令观者拍手叫绝，能把气氛拉至最高潮。人们不计成本地助力烧塔的火势，以示自身事业的红红火火以及村庄的兴旺发达。事实上，不少乡贤在搭建中秋塔时，就已经捐资赞助，甚至还对烧塔的周边环境进行一番装饰。

　　还有些地方的村民在烧塔前，会准备好大量燃烧用的稻秆，由村中有威望的长者贤人主持祭拜仪式。仪式开始后，乡亲们会在垒砌好的塔前搭设一个简易的祭台，摆上月饼、柚子、肉类等，点上香烛，鸣炮祭月，然后伴随三声锣鼓的敲响，烧塔活动才正式拉开帷幕。烧塔活动，会由村庄德高望重的老人点燃第一把火；接着全村参与者每人都往中秋塔添一把柴火，所谓添柴（添财）；随后大伙会往塔火中撒盐泼酒浇油什么的，一是加强火势，二是能让柴火噼啪作响如打爆竹，甚至有人塞入竹棒，竹节遇到高温将膨胀爆炸，犹如放礼炮，与乡亲们的欢呼声共鸣出节日的强音。

烧塔有时也会非正式地组织竞赛活动。在同一村庄甚至同一场地中，并不只是堆砌一座中秋塔，有时也会搭建好几座，就分成若干组，每组人数相等，使用同等数量的材料搭塔烧塔，进行比拼。主持人根据各组烧塔情况决定胜负。虽然决出胜负的标准不少，也难以量化，但有两条是共识：一是看谁搭建的塔高，且烧的塔火最大；二是看谁烧的塔砖最红，并在砖红的前提下，以塔坚持的时间越长为胜。

在烧塔之后甚至烧塔过程中，有些村庄还有"打龙灯"的环节。一般由少年儿童组成龙灯队，撑起由竹篾编织的宫灯或龙灯，一起唱着民间小调或者通俗歌曲，也有压根不唱不跳的，就是单纯跟着队伍虚张声势，"一条龙"行进在村路上，挨家挨户地"讨要"资费，也是讨吉利，以示喜庆。

烧塔，寓意红火兴旺，十分契合中国普通民众的情感诉求。尤为重情重义的余干人更加爱热闹、盼团圆，所以烧塔活动受到各个乡村广大民众的关注和青睐。从古至今，依然是很多村庄每年的保留节目，为这个万家灯火庆团圆、在外游子寄思念的中秋节更添一分意蕴。

造作喝吉彩

◎许发福　陆小锋

喝彩是盛行于民间的一种传统活动，上梁、娶亲嫁女、祝寿、开业庆典以及重大节日等都有喝彩助兴。喝彩具有鲜明的地域性、群众性、时代性、民俗性和艺术性，是流传在民间的优秀传统文化和民间通俗文学的综合体。

喝彩主要是为了讨得好"口彩"，图吉利，为热闹场面增加喜庆的功效。形式和内容十分丰富，充分体现了老百姓对美好生活的向往和追求。

余干喝彩习俗历史较为悠久，由于毗邻进贤、东乡、万年、余江，有一定的地域兼容特色。遗憾的是，其起源始于何时源于何人已无法考证。乡村闹新房喝彩习俗已有四五百年历史（《余干县志》和多家族谱有记载）。架梁喝彩习俗则更早，北魏温子昇《闾阖门上梁祝文》，是公认的"上梁文之母"。其词曰：惟王建国，配彼太微。大君有命，高门启扉。良辰是简，枚卜无违。雕梁乃架，绮翼斯飞。八龙杳杳，九重巍巍。居宸纳祐，就日垂衣。一人有庆，四海爱归。

成书于明代万历年间的《鲁班经匠家镜》，则对"立木上梁仪式"进行了系统的阐述：凡造作立木上梁，候吉日良辰，可立一香案于中亭，设安普庵仙师香火，备列五色钱、香花、灯烛、三牲、果酒供养之仪，匠师拜请三界地主、五方宅神、鲁班三郎、十极高真，其匠人秤丈竿、墨斗、曲尺，系放香桌米桶上，并巡官罗金安顿，照官符、三煞凶神，打退神杀，居住者永远吉昌也。

其中记载的点蜡烛，备三牲，供果酒等架梁习俗延续至今。在喝彩中的"呼延"也有音译于"福也"，据传是鲁班一个出色的弟子"伏以"的名字。

伏以是鲁班众多徒弟中为人老实手脚勤快又聪明好学的一个，其他徒弟不能解决的问题伏以常能解决，因而深得鲁班夫妇喜爱。

一日，伏以唉声叹气时正好被路过的师娘听见，师娘问及缘由，伏以如实回答是因为自己造的木具不能和师傅造的媲美，甚是不得其理而苦恼。师娘说这个好办，晚上让他躲在床下，她设法套出造木具的口诀。果真，伏以得口诀后造出的木具令师傅惊叹。

鲁班得知后甚是疑惑，自己的秘诀只和夫人说过，伏以如何知晓？便怀疑伏以和夫人有不当关系，在一日架梁时故意施法让伏以摔下去一命呜呼。鲁班后来才从夫人口中得知实情，才知是自己错怪伏以，悔之晚矣！不久后架梁，几波弟子都没能将梁架稳，此刻鲁班想到了伏以，随口一说"伏以在就好哇"！然而就是这么巧，鲁班话音刚落，大梁就架稳了。后来鲁班架梁时，便常常呼喊一声"伏以"，一方面架梁会顺当，另一方面是时常警醒自己念及己过，也为了纪念徒弟伏以。

据说木匠的斧头柄只进七分，是鲁班担心伏以无处藏身，给他留下的居所。木匠的斧柄不出头（其他的斧头可以出头，如家用劈柴的斧头柄可以），也蕴含学无止境、不能自满的道理。

在余干乡村民间，除了木匠，还有石匠、篾匠、桶匠、铁匠、油匠、雕匠、裁缝师等等，他们也都要根据情况喝彩，否则东家不乐意甚至不给红包（以前是用红纸包铜板，后来包纸币，现在的红包礼数可能是由此延伸发展而来吧）。而他们喝彩时也是以"伏以"起始，据老木匠师傅讲述是因为鲁班是百业祖师，石匠等都是尊以鲁班为祖师的。

几百年来，余干造作喝彩在传承中发展，在发展中传承，深入百姓生活的方方面面。有重大事件的喝彩，如建房架梁、娶亲嫁女等；有特殊节日的喝彩，如迎春祝福，元宵闹灯等；有行业仪式喝彩，如开张、庆典等；也有劳动喝彩，如榨油、打夯号子等等。其中以建房架梁和娶亲嫁女喝彩为主，也最为隆重。

余干的架梁喝彩在20世纪八九十年代最为鼎盛。随着分田到户政策落实，改革开放富起来，百姓居住条件的改善是首要的需求，加上子女长大成人，亟待开枝散叶，分家立户。于是大批砖混木质瓦房在乡村修建，建房架梁时喝彩则必不可少，有时同一个村同一日会有几家。

建房架梁有不少环节需要相应的喝彩。从选址开工挖地基喝彩起，到出梁（木匠打磨出房梁的形状）、画梁、钉梁圈、点牲、祭梁、卷梁、浇梁、上梁、兜宝、抛梁等环节都有相应的喝彩词，再到装大门，最后修建庭院的门楼才算完工，也均有喝彩。

228

如开工挖地基的彩词：

> 伏以，天地开场，日月同光。今日黄道，开工入场。周公之礼，吾点三江。伏以，日头起山东转西，东家找到好地基。前面门对好朝山，后面生得好靠山。左边有个金银库，右边有个聚宝盆。伏以，一声锤响透天庭，二声锤响保安宁，三声锤响人丁旺，四声锤响福寿长，五声锤响大吉祥。

在上梁的前一天，木匠师傅把梁木打造成房梁，这过程主要把直木刨出小弧度的拱形，梁非常神圣，有许多忌讳，如禁止踩踏、跨坐，尤其是不允许妇女坐梁。为避免麻烦，往往会派专人看守。

梁柱完工时的喝彩是：伏以，天地开张，日吉时良。我问此梁生于何处？长在何方？生在昆仑山上，长在卧龙岗上。此树长了数千年，今日得幸做栋梁。八洞神仙从此过，眼观此木几丈长。特请东家做主梁，有请鲁班下天堂。

钉梁环喝彩

铁匠师傅打造好梁圈，在上梁日，先由铁匠将梁圈钉在梁中间，他边钉边喝彩：伏以，日头起山闹洋洋，来在东家华堂上。手提银斧钉金梁，一钉金玉满堂，二钉双凤朝阳，三钉生贵子，四钉状元郎，五钉五子同科，六钉六合同春，七钉七姊妹，八钉八仙飘海，九钉九九八十一顺，十钉十全齐美。

大梁会由油匠描画图腾一龙一凤，意为龙凤呈祥；也可画双龙，圆形梁圈恰似珍珠，有双龙戏珠的寓意。

由此又引出呼龙喝彩：

伏以：日出东山知艳红，手拿酒瓶来祭龙。天地开光日吉时良，我今呼龙万事吉祥。酒祭东方甲乙木，酒祭灵神来护主。酒祭西方增神金，酒祭灵神一担成。酒祭南方丙丁火，酒祭灵神来护舵。酒祭北方人贵水，酒祭灵神护到底。酒祭中央无极土，先出文官后出武。自从今朝我呼龙后，百子千孙万代富贵。

在祭梁环节，东家备好三牲、果酒、蜡烛等摆在八仙桌上，还要准备一只大公鸡，木匠师傅用斧头开冠，用公鸡血点在梁上，也会点在他的墨斗、角尺、斧头等上面，据说可以辟

画梁

邪，这环节是点牲，一边喝彩：

> 伏以，贤东赐我一只鸡，生得头高尾又低，头戴凤冠绿毛衣，脚踏哦五图八卦，嘴含哦夜明宝珠。此鸡不是平凡鸡，王母娘娘报晓鸡。一更莫乱叫，二更莫乱啼，三更四更正当时。老者听鸡啼，添福又添寿；少者听鸡啼，年轻大有为；作田听鸡啼，手牵花牯背驮犁；十八姐姐听鸡啼，手拿麻线打毛衣；鲁班听得此鸡啼，划墨做屋早些起；贤东听到此鸡啼，年年造新居。开凤冠，挤宝血。一不祭梁头，二不祭梁尾，祭鲁班先师傅起。凤冠血已满，先祭石碌；再祭龙头，万年封侯；后祭龙尾，龙尾带来万担米；再祭太极图，太极图出孟子。我祝贤东早日发，自我今日喝彩后，百子千孙万代富贵。

上梁前还要给大梁梁头梁中梁尾扎上三段六尺红布，称为卷梁，来道贺的亲朋好友除了贺礼，还有一斗米、两瓶白酒等，还要五尺或六尺红（红布），木匠都会一一卷在梁上。

此喝彩词是：伏以，日出东山喜洋洋，手拿红布卷东梁，一卷生贵子，二卷状元郎。三卷三星高照，四卷四季发财，五

卷梁

卷五子登科，六卷六六顺水，七卷七姐下凡，八卷八仙过海，九卷十三星，十卷十全齐美。卷梁头，子子孙孙封王侯；卷梁尾，子子孙孙在朝里；卷梁中，梁中一朵花，算得江西第一家。此情（自从）我喝彩以后，百子千孙万代富贵。

架梁时最热闹，东家会准备一个装上五谷杂粮茶叶和银元铜钱等的袋子，师傅在梁上打开再放入果糖后用绳子慢慢放下，男女东家按男左女右在中柱下掀起围裙兜住后跑回房间，叫"兜宝"。

喝彩内容为：伏以，日头起山紫衣凡，万国九州带宝来。

架梁

兜宝　藏宝

界得宝来真欢喜耶，恭喜贺喜。文站东来武站西，牵起蓝衫兜
宝贝。别人兜得无用处哦，老板兜得买田制地。绳子要人解
哦，恭喜老板多生个崽哦。

　　爆竹一响，全村男女老少都赶来抢梁粿，木匠石匠师傅一
边喝彩一边向四面八方抛麻糍粿、水果糖、花生、干枣等等，
叫"抛梁粿"，众人一边应彩一边哄抢，欢声笑语，其乐融融。

232

　　喝彩内容为：伏以，日头起山暖洋洋，恭喜老板架中梁。
梁上花花绿，尽看都不足。梁中一朵花，赛过江西第一家。自
从我掌彩后，老板发财富贵万万年。

　　至此上梁环节告一段落，在东家装大门时，木匠也要喝
彩，彩词内容为：

　　　　伏以，日头起山喜洋洋，东家老板造门梁。登门来到
　　大门边，秦琼尉迟恭列两旁。东面登门紫气祥，西边登门
　　红满堂，南边登门四海财，北边登门人才旺。此后开门大
　　吉大利，关门幸福安康。

　　在房屋完工后，有条件的还会修建庭院、圈院墙、做门
头（院门），这又是大事。据说，造了院门，房子就不管"事"
了，院门主管整屋的"风水"。由此，门头建造完工时，定要
喝彩：

　　　　伏以，日头起山挂金牌，男女老少快几来。东家备好

抛梁粿

糯米粿，迟了没有莫见怪。双喜临门顺喜屋，老板一家真主福。门对千棵竹，家有万卷书；门对青山水长流，东家老板是一流；门前开有千朵花，赛过江西第一家。

娶亲嫁女也有不少喝彩环节，以打造婚床和上花轿的喝彩最为喜庆热闹。结婚前婚床完工时要煮米粿，要让童子在床上翻滚，叫坐床，木匠喝彩。娘妗铺床、筑枕头等等，都有四言八句式的喝彩。

以前木匠师傅打新床，有的还有各种雕花和油漆，雕花多为花鸟，梅兰竹菊等，十分好看，故叫花板床。所以打一张新床除了木匠，还要雕匠、油匠添彩，完工时也是要喝彩的：

伏以，恭喜老板打新床，打得新床娶新娘，娶了新娘子孙满堂。花板床，长又长，生个孩子状元郎；花板床，宽又宽，生个儿子做高官。喜鹊床前报喜，喜气盈门；翠竹高风亮节，节节高升。自从我今日喝彩后，人丁兴旺万万年！

在余干农村结婚习俗中，男方家的新婚铺床、筑枕头是由男的妗妗操办，之后要给妗妗红包。而铺床有各种各样的喝彩词，其中现在比较流行的：

走进新房喜洋洋，今朝妗妗来铺床。一铺荣华富贵，二铺龙凤呈祥，三铺子孙满堂，四铺代代出人王，五铺五代同堂，六铺儿女出国留洋，七铺五男二女七子团圆，八铺八方来财，九铺天长地久，日子越过越有，十铺十全十美。新房摆得花板床，个个崽是状元郎。花板床，摆得宽，崽崽女女做高官。花板床，真漂亮，发财发人好地方。铺好被，叠好角，好崽好女生一大桌。铺好床，整齐边，生个崽女赚大钱。自我今日喝彩后，荣华富贵万年长。

20世纪90年代以前，新娘出嫁以坐轿为主。新郎家要租花轿，请吹鼓手和轿夫，隔天傍晚就得吹吹打打去新娘家宿轿。其间男方女方家都要用酒祝轿喝彩：

（男方祝轿）伏以，顶圆似天，足方为地。八方像八卦，四角像四城。登轿人心宽体胖，抬之者无险无危。龙行云集，虎步相随。轿神呼叫，神煞远避。千祥比集，万福攸归。百子千孙，万代富贵。

（女方祝轿）伏以，宝轿鲁班先师造成，吾今以女配名门。鹊桥金鸡架杯酒，祝行程，神煞远避，恶煞潜没。登轿者稳坐无危，迎亲者大振家声。百子千孙，万代富贵。

当花轿抬回新郎家，新娘要多种包礼，或达到一定数量的包礼，否则新娘不肯下轿，称为宅轿（坐在轿上不肯下）。众人便围轿劝说新娘下轿，当然"先礼后兵"，起初很客气，新娘宅轿后语气略重。

（请新人下轿）：天地结成分阴阳，男婚女归吉时良。敬请新人下宝轿，金莲庄移入画堂。

（新人宅轿）：新人宅轿为何因，早在娘家莫起身。今日来到阶前下，为何坐着不起身？

（再宅轿）：再请新人不下轿，莫是容貌生不美。若还面上无疤痕，新郎一见更欢喜。

为了让新娘早下轿，亲朋好友左邻右舍你一言我一语连哄带激，而新娘初来乍到人单势孤，往往招架不住。

当然闹洞房喝彩也少不了：红烛灯光照花堂，鞭炮贺歌喜洋洋，花好月圆新婚夜，四言八句贺新郎。一对鸳鸯，今夜同床。龙飞凤舞，花烛洞房。富贵双全，百年久长。早生贵子，朝中栋梁。新郎新娘，比翼鸳鸯。白头到老，丹凤朝阳。糖甜烟香，丹桂蜜糖。夫妻恩爱，地久天长。新郎新娘，两情绵长。打情骂俏，有个名堂。今宵洞房，大有文章。鸳鸯戏水，鸿案相庄。

随着人们生活水平的提高和对健康保护意识的增强，长寿者人数众多，在举办寿宴时，喝彩祝福成为当下流行的一种方式，喝彩内容也丰富多彩，录其一：伏以，良辰吉日喜洋洋，福到喜到大吉祥。欢聚一堂情意浓，亲朋好友喜相逢。同喜同乐同祝贺，祝贺寿星把生日过。今日寿星八十岁，儿孙满堂好福气。寿烛一点亮堂堂，照得全家喜洋洋。照在上面有寿桃，照在下面客满堂。福如瑶母三千岁，寿比彭祖八百春。福如东海长流水，寿比南山不老松。孝顺儿女摆寿宴，亲朋好友笑开颜。大家一起来祝贺，祝贺寿星：增财增寿增富贵，添光添彩添吉祥。今日痛饮长寿酒，福禄寿喜全都有。伏以，感谢东家请我来，一年四季都发财。好事哇了大半天，东家老板来打发财个烟。

余干自古崇文尚礼，做房、嫁娶、祝寿等喝彩内容丰富，礼节良多，无法收集完全，实是百难举一。

喝彩的地域性十分明显，相邻的两个村，甚至同一个师傅的两个徒弟也会有细微差别。同为余干县，上余干和下余干也存有较为明显的各自特色。好在它的主题相同，传播性和民间属性很强，所以它又有基本固定的总体样式和大体内容。

彩词的内容以祝福主人的福、禄、寿、喜、丁、财、祥等为主线，都落实在"说好事"的中心主旨上，也偶尔会穿插诙谐而不失礼节活跃气氛的语句。

喝彩已流传成百上千年，有其深厚的文化底蕴，也是我国传统文化的一部分。它"四言八句"的形式应受《诗经》、乐府、律诗、宋词、对联等影响，喝彩的语调也受戏曲较大的影响。文学创作中的修辞手法比喻、夸张、反复、对仗等等在喝彩词中也有较多的运用。如"门对千棵竹，家有万卷书""福如东海长流水，寿比南山不老松"就是直接借用对联；如"顶圆似天，足方为地。八方像八卦，四角像四城。"的古文化气息较浓。当然，和正统文雅相比，彩词具有乡村的"野"。可惜一直受乡村多种条件制约，喝彩词没有很好地记录保存下来，只是师徒或父子间的口口相传，这不利于喝彩文化的传承和发展。

彩词也称为喝彩歌谣，有"四言八句"的形式，但又不拘泥于形式，具有较强的音乐性。前后句的最后一字基本押韵；前后句字数基本相同，抑扬顿挫富有节奏感，即便字数不同节奏感仍在，句中的平仄比较协调才朗朗上口。喝彩人在句末往往会添加语气词，拖音或变化语调，富有音乐的节奏，以达到更为协调的效果。也有助于与观众呼应互动，形成一呼百应的场面，气氛更加热烈。如给梁扎红布时一段彩词：

师傅：伏以	观众：好哇
师傅：（今朝）卷梁头（欸）	观众：好哇
师傅：子子孙孙诸王侯（啊）	观众：好哇
师傅：卷梁尾（欸）	观众：好哇
师傅：子子孙孙在朝里（耶）；	观众：好哇
师傅：卷梁中（欸）	观众：好哇
师傅：梁中一朵花（啊）	观众：好哇
师傅：赛过江西第一家（啊）！	观众：好哇

喝彩的临场发挥也很重要，体现它的灵活性。如果遇上下雪天架梁，师傅会应时应景，将"梁中一朵花（啊），赛过江西第一家（啊）"改成"雪落一朵花（啊），赛过江西第一家（啊）"。钉梁圈原本是铁匠师傅的事，如果遇上铁匠没空，则由木匠师傅代替钉梁圈，木匠喝彩的开头便会即时增加一段喝彩内容："伏以，男站东来女站西，牵起围裙兜宝贝。铁匠师傅没有闲啰，木匠师傅钉梁圈啊，钉在何处唉，钉在梁中间。"

喝彩歌谣还具有时代性，贴合劳动人民生活实际，顺应时代潮流。如现在人们乔迁新居时的喝彩，围绕人们生活日常，具有时代气息。

> 伏以，东家乔迁大喜昌啊，黄道吉日搬新房啊。走进新房看一看，三室两厅带厨房啊。房子大又大哟，儿子儿孙考北大呀。房子宽又宽啊，代代出高官啊。房子长又长啊，出国又留洋啊。房子四四方啊，越来越健康。房子豪华又宽敞哦，儿孙要获诺贝尔奖。住进新房福禄来哟，生意做到全世界。又发西来又发东呐，四面八方路路通啊。进门万事吉祥，出门平平安安，自从我今喝彩后，人财永旺万万年啦。

随着改革开放的深入，人们生活水平进一步提高，大约20世纪90年代后期开始至今流行平顶楼房和小别墅，不再用木梁，上梁喝彩逐渐减少，原本兴盛的喝彩习俗也派不上用场，许多老木匠不经意间有20多年没有喝彩了。

可喜的是，进入新时代，喝彩正在以不同方式，多种姿态融入人们的生活，成为一种喜闻乐见的文化现象。既有传统形式，也有创新发展。楼房装修开工之时，不少专业装修队也会进行喝彩仪式，而且有越来越流行趋势，架梁喝彩的断裂正在新时代以新方式传承。如乔迁新居时的喝彩，由原先一个人喝彩演变成多人喝彩，从门口进入新房，跨过楼梯的人说步步高升，拿苹果的说平平安安，拿鲤鱼的说年年有余等等。在比较重大庄严的场面，也兴行喝彩了。如朱氏开谱时的主持人颂词：一叩首：沛国遗爱延万载，文公儒风传千秋；二叩首：朱氏子孙仰先哲，三寨宗谱启后昆；三叩首：承前启后法先贤，继往开来展宏图。也可以认为是喝彩的一种演变和拓展。

现余干乡镇有一部分人选择从事喝彩业务，形成专业队伍，在乔迁新居、结婚喜宴等重大场面，甚至殡葬仪式上提供专业服务，满足了当下人们对文化生活和精神文明的需求。加上现代网络传播，短视频推送，可以想见喝彩将迎来新的发展，焕发出旺盛的生命力。

划拳人自醉

◎彭胜先

无论莺飞草长，还是白雪皑皑，只要您踏上余干这方热土，就难免为之陶醉。因为这里是闻名遐迩的"中华白鹤之乡""中国生态美食之乡"，生态之美、美食之鲜、美酒之爽，令人心驰神往。今天，我将带您来一次非同寻常的酒文化之旅，让丰富多彩的余干酒令荡去您的疲惫，愉悦您的身心，顺便再浅浅地醉一回。

一、历史悠久的余干酒文化

丰富多彩的余干酒令，是余干酒文化的重要载体，有着源远流长的历史。早在12000多年前，生活在万年仙人洞一带（秦汉时为余干县乐安乡地，明正德七年划入万年县）的干越先祖，栽培出世界上第一株水稻，升起人类稻作文明的曙光，也为酒的诞生奠定了坚实的物质基础。

3000多年前的西周时期，逐余水（今称信江）而居的干越先祖便以今天的余干为中心建立起方国，据《竹书纪年》记载："成王二十四年，干越来宾"。从那时起，为宴饮而设的酒令便传入该地。

到了汉代，饮酒之风盛行。宴会上产生了即席联句的助兴饮酒方式——柏梁体诗；不久，又由众人联句发展为各人单独作诗——当筵赋诗。与此同时，由女人们仿效汉武帝钩弋夫人"两手攥拳，从不伸开"的仪态而产生的"藏钩"游戏，也逐渐演化成一种宴饮中的娱乐助兴节目。酒令，则成了"席间推举一人为令官，余者听令轮流说诗词、联语或其他类似游戏，违令者或负者罚饮"的助兴游戏。

到了唐宋时期，不断南扩的鄱阳湖基本定型，地处江州——大庾岭驿路、信州——袁州驿路和洪州——建昌军驿路交叉点上的余干，以唐代工部尚书余懃、南宋右丞相赵汝愚为代表的本土精英，出将入相者层出不穷；以刘长卿、李白、苏东坡、范成大、朱熹等为代表的文人雅士，慕名而来者络绎不绝。受到唐诗宋词陶冶的酒令，已由官僚文士普及到商旅之人，酒楼、酒馆已经行令成风。

到了清朝，喝酒行令之风更加盛行。无论是樵夫渔人，还是村夫店妇，多能行令，为官为民皆常为之。其佳者录于书籍，趣者传于民间，成为民间文学中的一颗璀璨明珠。酒令，至此进入了鼎盛时期。

据清同治《余干县志》记载："饮食之时，日饭三，农人喜蒸菜为食。家制烧酒与汾酒埒宴。""家制烧酒"指自己家酿的高醇度白酒，"汾酒"则是来自山西的一种清香型白酒，因曾受到北齐武成帝的极力推崇而一举成名。"埒"在这里作"等同"解。也就是说：一日三餐，自酿的高度白酒和买来的高贵汾酒，同时摆在餐桌上以供选用。由此可见，酒已成为余干人家家必备之物，"风来隔壁千家醉，雨过开坛十里香"，更是酿酒时节的生动写照。

生活在滨湖地区的余干人，为驱散湿气，闲来无事，小酌几杯，已成为渗透到骨子里的习俗；若是逢年过节，或有朋从远方来，则大开捭战，酒令声声，酒歌阵阵，热闹非凡。而划拳令经过上千年的沉积，在余干大放异彩，一枝独秀。

二、丰富多彩的余干划拳令

余干酒文化非常丰厚，无论是酒礼、酒德还是酒俗，都挺有讲究。光划拳令就有 40 多种，既有文人雅士吟诗、猜字的优雅，又有平民百姓简便、快捷的风情；既有板有眼，又有唱有吟。独树一帜，给人以强烈的喜庆、祥和之感。

现在年轻人划拳，大都喜欢划"硬拳"。所谓"硬拳"，是指饮酒时两人同时伸出手指并各报一个数，谁报的数目与双方所伸手指的总数相符，谁就算赢，输者喝酒。

而在余干古埠地区的"硬拳"中，却多了"叉四五不划、宝十不划"等禁忌，因为拇指与食指交叉形成的两个子，似一把瞄准对方的手枪，很不礼貌，双方都不能划，这就少了一个划四的机会，所以叫叉四不划。五是中间子，宝、十是两头最边缘的子，很容易占人便宜，所以也不划。这就增加了难度，也为划拳令增添了一抹炫技的色彩。

（一）层层加密的"急智令"

在余干，除了"硬拳"，还有众多脑筋急转弯型的"急智令"，层层加密，让人目不暇接。

1. 三门到

"三门到"通常也叫减添正，即先减，再添，后才是"硬拳"的正了。比如，你出三个指，对方出四个指，两人指数之和为七，叫"六"的先赢，叫"八"的次之，叫"七"的再次之。如果一方叫"八"，另一方叫"七"，则叫"七"的一方也要喝酒。如果一方叫数在"六""八"之外，另一方叫到"七"，叫"七"的才算赢拳。

"三门到"考验的是一个人脑筋急转弯的应变能力。酒过三巡，不分输赢，或输者不服，可能还会提出来个"添减正"，即先添，再减，后正。那就要看谁更清醒、思维转得更快了。

2. 硬添七个

若嫌"三门到"还不过瘾，于是乎就来一套"硬添七个"。即划拳双方所出指数之和再加上硬添的七个，去十后叫尾数。

比如，一方出三个指，另一方出四个指，叫到"四"的人就赢了，因为3+4+7=14，十四去十读尾数就是四了。

3. 硬添七个呼半

若嫌"硬添七个"技术含量仍不算高，有碰运气的成分的话，就来一套"硬添七个呼半"。这套酒令的划法和"硬添七个"基本相同。不同的是：第一，呼词必须是数字，不能是"两相好""三星照"等其他的；第二，你猜准了对方出什么指时要"呼半"，不"呼半"就不算赢；第三，若你呼了半，却没有捉准对方的指时，你就输了，得罚你喝酒。

比如，你出三个指，对方出四个指，此时，叫到"四"的人不算赢，得继续划。若你叫了"四个半"，就表示你胸有成竹，你赢了！但是，若你叫了除"四个半"以外任何带半的指，即使对方没叫四个半，此刻你也输了，必须罚酒。这就是"硬添七个呼半"的玄妙之处，拼的就是果敢、拼的就是智慧！

4. 硬添七个三门到

若嫌精确打击的"硬添七个呼半"还不过瘾，于是乎再来一套"硬添七个三门到"。这意思很明白，就是在"硬添七个"之后再算"三门到"。和上面的"三门到"说的是同一个道理，属"硬添七个"加密版。在余干，还有"五门到""七门到""九门到"等划拳令，令人眼花缭乱。

（二）算术精湛的"斤除两"

从秦朝丞相李斯以"天下公平"的笔画数为标准，定出"一斤等于十六两"开始，一直到1959年6月25日国务院发布《关于统一计量制度的命令》为止，2000多年间，1斤统统都是16两，而不是今天的10两。为方便熟记十六两制与十两制的换算，心算术高明的余干人，发明了他们独有的"斤除两"划拳令。

"斤除两"划拳令的特点是由通常的0—10十一个子扩展到十五个子，变单手出拳为双手出拳，小数点不读，每个子后面离不开"五"。

根据十六两制的一两相当于现在的0.625两，以此类推，在酒令中：一叫"零六二五"，二叫"一二五"，三叫"一八七五"，四叫"二五"，五叫"三一二五"，六叫"三七五"，七叫"四三七五"，八叫"单五"，九叫

"五六二五"，十叫"六二五"，十一叫"六八七五"，十二叫"七五"，十三叫"八一二五"，十四叫"八七五"，十五叫"九三七五"。比如：若你出三个指想捉对方的四个指，不能呼七，而要呼"四三七五"。

这首划拳令，是在 2012 年"余干县首届美食文化节"前，笔者到古埠镇寻觅"唱拳令"时，从朱华生、朱田魁二位老先生处淘来的，形成于 20 世纪 60 年代，可惜现在能划者极少。

（三）惊艳四座的"唱拳令"

余干唱拳令是余干美食文化中的一朵奇葩，酒文化中的"雅者"，其独特之处在于：划拳时伴有唱腔，有的先唱后划；有的边唱边划，一唱到底。

唱拳令为"工尺谱"记谱，以"宫、商、角、徵、羽"中的商调为主音。有板有眼，板为强拍，眼为弱拍，一个板加一个眼，合成 2/4 的节拍，曲调高昂欢快，简明易学。唱词优雅，巧用典故，且语带吉祥，饱含祝福。若是逢上喜宴，东家请来的吹拉乐队往往会情不自禁地即兴伴奏，行令者则唱得更欢，

2012 年 12 月，朱华生、朱田魁在首届美食文化节上作唱拳令表演

2012 年 12 月，夏令才、彭和平在首届美食文化节上作唱拳令表演

把豪情发挥得淋漓尽致，引得观者如潮，令人惊艳。

我们现在搜集到的较为完整的唱拳令，有小帽、大帽和"来答拳"三首，像"三八拳"等唱拳令因失传已久，无人唱全，非常遗憾。

1.《小帽》

小帽，是两人正式划拳前的序曲，旨在为东家唱彩，因其短小而叫小帽。出于礼貌，两人会先起身作揖或握手，然后齐声高唱："全（呀嘛）全福寿（呀），俩（呀嘛）俩相好，五经（个）魁首摆（呀嘛）摆堂前（呐）"，紧接着，两人同时转为板："全福寿（呀）福寿全！"便开始正式划拳。行令方法与平时划"硬拳"相同，直至分出胜负，负者饮酒，下一局又从头再唱。

小帽的最大特点在于手语。唱"全福寿"时两人要双手合十抱于胸前；唱"俩相好"时，都双手伸出大拇指赞誉对方；唱到"五经"时转为出左手五指，唱到"魁首"时顺势将四指收拢，保留大拇指。当唱到"摆堂前"时，两人会同时朝着中堂摆出送祝福的姿势，意喻祝东家儿郎早日登科。

2.《大帽》

《大帽》又称《二十四顶帽子》，是笔者在县良种场工作时听彭和平、张文辉等人首唱，并立即被其精美的唱词、优美的唱腔所吸引："头名（个）顶戴（也），二喜（又）双盅（呀），三星（呀个哩）拱照（也），四书闹五经（呀），六合（又）同春（呀），七巧（个）八马（也）九子十三孙（啦），十全（呀个哩）齐美（也），快把拳来伸（呀），三个三（来）、两个两（呀），全福寿（呀），福寿全！"

本令边唱边同时打出与唱词相应的数字手语，从"三个三"开始转为板式，速度加快，有唱有板，亦庄亦谐，甚至手舞足蹈。行令方法与《小帽》同。

"头名顶戴"，寓意拔得头筹，改变命运。

"二喜双盅"，寓意双喜临门，好事成双。

"三星拱照"，寓意福、禄、寿星高照，幸福安康。

"四书五经"，寓意熟读四书五经，早日考取功名。

"六合同春"，寓意天地四方同春，万物欣欣向荣。

"七巧八马"，从民间传说七月初七牛郎织女鹊桥相会而来，从周穆王驾八匹骏马上天入地而来，祝天下有情人皆成眷属，心想事成。

"九子十三孙"，出自《旧唐书》中关于张公艺"九世同堂"的典故，寓意发子旺孙，家业兴旺。

"十全齐美"，是指《三字经》中夫慈、子孝、夫和、妇从、兄友、弟恭、朋谊、友信、君敬、臣忠十种美德，寓意完美无缺。

3.《来答拳》

这是一首一唱到底的酒令，听古埠镇老年体协朱阶兰同志首唱后，为了完整地记录下此令，我们还到丘家墩寻访了年逾八旬的邱定四老人，到童埠朱家拜访了朱华生、朱田魁等老人。

"同发财（呀）什么来答，一起来（呀）什么来答"。这是用于两人合拍的开篇词。

"喜鹊叫（呀）什么来答，诸丞相（呀）什么来答，二度梅（哟）什么来答，桃园义（哟）什么来答，孙君昉（呀）什么来答，天中节（呀）什么来答，合纵连（呀）什么来答，巅倒挂（呀）什么来答，飘海过（呀）什么来答，张公艺（呀）什么来答，全家福（呀）什么来答。"这段酒令是来答拳的核心部分，从零到十的11个子全在其中前3个字，划者边唱边打出相应的数字手语，口问手答。唱完此节，即用"来答来答什么来答"作为承转，开始正式划拳。

这首酒令的令辞，大多与民间传说或戏曲中的人物有关，它不仅一唱到底，而且划拳时也是取其中的一句来唱。

比如一人出4个子想捉对方的5个子。会唱"张公艺呀什么来答"如果对方出了5个子却唱了其他句，对方就算输了，就要饮酒。

输的一方端杯饮酒，赢的一方还在唱："划到你（呀）莫做赖，好好地端（呀）就莫落台，打不了酒（呀）要钱赔，你喝酒（呀）我观杯，冒喝干（也）就罚三杯，饮完了就搁上台。"

告诫饮酒之人要喝干，不能浪费，更不准耍赖。唱到这里才算完成一拳，大家吃一下菜，以一句"来答来答什么来答"作为起兴，开始再划。

"喜鹊叫"代表宝拳。因为余干有"喜鹊叫，财神到"的谚语，财神到，自然会带来"金元宝"。

"诸丞相"代表1个指。指三国时期蜀汉丞相诸葛亮。他足智多谋，为匡扶蜀汉政权鞠躬尽瘁，令后人景仰，值得竖大拇指称赞。

"二度梅"代表2个指。源自戏曲《二度梅》，讲的是唐代梅良玉与陈杏元的爱情故事，梅开二度，父冤得雪，终得圆满，象征美好。

"桃园义"代表3个子。源自《三国演义》里刘、关、张桃园三结义的故事，表示要有福同享，有难同当，共同实现美好理想。

"孙君昉"代表4个子。取自北宋太医、四休先生孙君昉的四种修身养性安乐法：粗茶淡饭饱即休，补破遮寒暖即休，三平二满过即休，不贪不妒老即休。

"天中节"代表5个子。古人认为"五月五日时，阳重人中天"，故又称端午节为"天中节"。

"合纵连"代表6个子。源自越剧《苏秦》，讲的是战国时期著名外交家苏秦游说六国联合抗秦，身任六国宰相衣锦还乡的故事。

"巅倒挂"代表7个子。指北斗七星。形似斗勺，颠倒一挂，便是七字。

"飘海过"代表8个子。源自民间传说《八仙过海》。

"张公艺"代表9个子。取自张公艺九世同堂的民间故事，寓意多子多孙。

246

"全家福"代表10个子。由《周礼·天官·恩师》"十全为上"衍化而来，表示非常完美。

"几凭诗句论心曲，屡折花枝作酒筹。醉里忘形俱可乐，别来握手两无由"，这是余干酒令留给南宋诗人吴苪最深刻的印象，划拳人自醉的醉态溢于言表。而明代江西右布政使秦夔的"萍水漂零尽白头，相逢且醉余干酒"，则道出了所有踏上过余干这方热土人士的共同心声，朋友，醉在这独具特色的余干酒文化里，又何尝不是一种缘分呢？

渔俗文化

余干地处鄱阳湖南岸，信江由南迤逦而来，分成东西两道，注入鄱阳湖；加上小河内湖，境内河道纵横，水系异常发达，自古就有"鱼米之乡"的美誉。江岸湖畔百姓，靠水吃水，世代以捕鱼为生，形成了独特的渔俗文化：既有万人开港的热闹和壮观，也有丝网捕捞的细腻与娴静；有白船夜捕凝聚的人生智慧，也有鸬鹚潜捕的妙趣横生；有五花八门的捕鱼方法，还有林林总总的捕捞工具；有劳动的艰辛，更有捕捞的乐趣；更有与之相关的渔歌、号子、习俗，烙下了渔民粗犷、豪爽、豁达而又乐观向上的性格印记，成为非物质文化遗产不可或缺的元素。

人潮涌动开港忙

◎史 俊 徐宏志

鄱阳湖是我国第一大淡水湖，也是江西人民的母亲湖，水面资源和渔业资源极为丰富，是国际上认定规模最大的生物多样性湿地之一。千百年来，鄱阳湖畔余干人，在与湖同呼吸、共命运的漫漫岁月里，以渔为业、以渔谋食，有许多有趣的渔事风俗，其中鄱阳湖畔渔民的开港习俗就是一道亮丽的风景。

一、人间最美是江南，人杰地灵属余干

鄱阳湖不仅有悠久历史、秀丽风景和动人传说，更有"靠湖吃湖，靠水吃水"的渔民儿女及其世代相传的渔业习俗。北宋后期，余干进士都颉就曾在《鄱阳七谈》中说：鄱阳有"滨湖蒲鱼之利""鱼鲦禽畜之富"。都颉的家乡——余干县，白

渔俗文化

鄱阳湖开港人潮涌动

秦始置县邑，已有 2200 多年的历史。余干地处江西省东北部、鄱阳湖东南岸，水域面积 640 平方千米，是环鄱阳湖地区水域面积最大的县。江西五大河流之一信江（余水）贯穿县域全境，余水之干的余干也因此得名。自古以来，生活在湖边的余干渔民，与鄱阳湖休戚与共，创造了自己赖以生存的物质文明，还在渔俗文化方面匠心独具，创造了环鄱阳湖地区具有代表性的渔俗文化。"鄱阳湖开港习俗"是余干一个具有特殊文化符号意义和深厚历史文化积淀的非遗项目。为了进一步保护好这个非遗项目，余干县文化部门长年以来初心不改，永续传承。2008 年 6 月，"鄱阳湖开港习俗"被江西省人民政府公布为全省第五批非物质文化遗产保护项目名录。

二、风云变幻渔歌唱，沧海桑田祭湖忙

作为渔家盛事的"开港"和"禁港"习俗由来已久。为保护母亲湖，从明世宗嘉靖年间起，鄱湖区便有了"禁渔"与"开港"的惯例以及相应的制度（见《日本藏中国罕见地方志

祭祀队伍

丛刊》之《"万历"新修南昌府志》），至今已经500多年历史。每年禁渔期约3个月，正如《鄱阳湖文化志》所言："到了冬季，水落老港，就集议商定'开港'。开禁一般在立冬、小寒之间（于农历十二月中旬或下旬）择定日期。当这天来到时，在此水域有捕捞权的渔户把渔船集中于港内，一声'开港'，爆竹轰鸣，几百、上千艘渔船云集于渔场，以余干县下泗潭为最。"

开港之日，除余干外，还有南昌、进贤和新建等县区渔民一起，备三牲，拜菩萨，祭湖神，置美酒，授渔旗，点爆竹，放铳枪，驾着渔船，如梭似箭，云集于余干县下泗潭，集中捕鱼，名曰"开港"。开港传统习俗形成，也被民众称为"开渔"，一直延续至今，中间经历了明清、民国、解放初期、现代等几个时期的沿革，开港从民间大姓垄断变成了政府统一管理，大部分程序被保留，也有一些习俗在岁月的变迁中丧失。据《瑞洪方志》记载：鄱阳湖"开港历史悠久，传统是瑞洪渔民首创，各地遵照约定俗成之原则，有例不可灭，无例不可兴。"志中"有例不可灭，无例不可兴"中的"例"，既指或浓或淡的开港民俗，也指必须遵循的开港原则，比如：用三牲（猪头、全鱼、全鸡）祭奠湖神、烧纸、放鞭炮、敲锣打鼓、解红门桩、喝壮行酒、放铳、唱渔歌、演社戏等。

其中以下泗潭村最为典型。下泗潭村背风向阳，冬暖夏凉。全港水域长约2500米，宽约200米，潭深达10米，东有来自村庄和垅田的活水，南为沃土河床，西为广阔的信江和一望无际的湖滨草洲，且潭底有无数渗泉。因此，即使是大旱之年，潭里的鱼儿也不受影响。据《余干县文史资料》记载，下泗潭是县产鱼最多渔港，最高年产量达30万公斤，列全省前茅，号称"金港"。开港时渔船众多，约2000只，渔民5000多人，加上参观者，有时多达万人，人山人海，热闹非凡。特别是春夏之交，信江水涨，江水与鄱阳湖水连成一片，成群的鲤鱼、鳜鱼、鳡鱼和鳊鱼等优质鱼类纷纷聚居潭中，故被渔民们赞为"最好的鱼库"。"金港"的美誉也随之声名远播。

三、千年渔俗渊源长，江枫渔火慰愁肠

明朝起始"秋高水初落，鳞介满沙脊。浩如太仓粟，宁复数以粒。纷纷渔舟子，疑若俯可拾。横湖沉密网，脱漏百无十"（见北宋杨时《鄱阳湖观打鱼》），由于鄱阳湖长期处于这种"脱漏百无十"的无节制捕捞状态，鱼类资源骤减。为了保护母亲湖，至少从明世宗嘉靖年间（1522—1566）起，鄱阳湖地区便有了"禁渔"与"开港"的制度和惯例，这充分说明自古人们便知人与自然和谐相处的道理和保护自然的重要性。这一点从万历《南昌府志》和《饶州府志》的记载中可以得到验证，那时的渔课就是较为完善的渔业管理制度。其种类按所征

鄱阳湖数百条船只等开渔

水域分别有官湖课、潭钞课、浮办课、浅水课、高塘课五等。其中"官湖课：凡湖有定主，户有额米课甲，每岁征银完纳"；"潭钞课：凡官港中有深潭，潭有定界，每岁秋冬停禁，渔户当官承认、取鱼纳钞"；"浮办课：凡官港除秋冬禁外，听小民各色网业长江泛取纳课"等等。可见明代就对官港实行春夏季禁渔，秋冬停禁，一方面防止酷渔滥捕，另一方面也保证渔课收入。鄱阳湖一带的渔俗丰富多彩，禁港、禁湖时不仅禁捕鱼，也禁采摘莲、藕、菱、芡等水产品。这些古老的民俗，反映出当地渔民对生态保护的最原始愿望，这与如今建设鄱阳湖生态保护区的相关要求不谋而合。从此，禁渔与开港的习俗，600多年来一直被沿用，只是各个历史时期的开禁渔时间节点稍有不同而已。明代人吴守为曾有一首诗，生动地记录了余干县开港的盛景："渔人湖上阵鱼丽，结队连舟十里围。击楫鸣

榔同战鼓，烟蓑雨笠是征衣。水帘钻破金鳞窜，浪锦翻开玉鬣飞。网撒网收循序进，回来较胜猎禽归。"而渔民捕鱼归来的欢乐情景，则可以用唐代诗人王勃在《滕王阁序》的名句来形容："渔舟唱晚，响穷彭蠡之滨。"

清朝及民国时期新中国成立前，下泗潭一直为余干当地的大姓之人所霸占。

开港时，渔民均须向他们办理入港捕捞手续，交纳鱼税，名为"管理费"。一般的渔港，按渔民开港所获二八分成，优待一点的渔港则为三七分成，甚至四六分成。否则渔民的船只是不得入港捕鱼。为了保护水产资源，使鱼类能在潭中休养生息，每年农历九月初开始，霸占者还会雇用管理人员在渔港范围内插上标记，禁止任何渔具入港捕捞，名曰"禁港"，时间约为3个月。

四、彩旗飘飘鼓喧天，迎神祈福彻云霄

新中国成立后，在省属机关领导下，大湖管理部门负责主持开港程序。每年提前召集各河网业宣布开港日期，郑重其事。先期到达的渔船离禁港停泊，万船云集，分别坐段，进入指定阵地，虽船多人众，但纪律严明。入夜，指挥船沿港巡逻，严禁打火与响声，一片沉寂。临战之前，渔民个个饱餐战饭，摩拳擦掌，紧衣束带，屏息静坐，等待千钧一刻之到来。叭！叭！叭！凌晨指挥船鸣枪三响，一时叫喊声，撞击声，汇成滚滚春雷，在水面港空，滚动不熄。不时，鸣爆声，欢呼声，此起彼落，庆贺鱼满官舱。为此一直坚持到下午二时，才逐渐罢港。1991年版《余干县志》在描写20世纪六七十年代开港时则这样写道："开禁港，即分港段，每年定期封禁，定期开禁，由有捕捞惯例的渔民参加捕捞。以下泗潭港为例，每年9月封禁，至12月或翌年1月开禁。"开港日期虽然还是冬季，但有所提前。20世纪70年代后期，禁、开港制度曾一度废止。渔区以"约定俗成"为准则，遂照有例不可灭、无例不

可兴的渔法，渔具无多变化，渔业发展缓慢。

1965年以后，各河湖港未禁，特别是1983年后，阵子网兴盛，传入鄱阳湖，上级屡禁不止，1988年普及民间，加之河床变迁，水法不全，习惯的约定受到冲击，百网由盛而衰而绝，阵子网、电网取而代之。20世纪80年代，是有史记载最大的一次开港活动，渔船掉潭、进潭顺序是冲湖、朱家、江埠（包括枫港、坝口）、富源、神埠（包括三塘）、团林（包括王家）、西岗，然后是新建区、南昌县和进贤县的渔船，在下泗潭开港收获鲜鱼15万斤。1985年版《余干县志》记载：80年代"每年8月开始禁港禁湖"，禁、开港日期又有所提前，还提到"开港要放鞭炮。开大港开大湖还要放铳，有的还要喝酒"。1986年，江西省政府颁布了专门的法令，"在鄱阳湖部分水域实行冬季禁港，时间从当年10月10日12时起，至来年4月10日12时止"，从2002年起，鄱阳湖开始实行全湖范围禁渔制度。"在每年3月20日12时至6月20日12时的禁渔期内，禁止所有捕捞作业"。因为时值鱼产卵期，能有效地保护鱼类生长，设置比较科学，故一直延续至今。

五、鄱湖渔家迎盛事，梦里水乡谱新篇

2016年伊始至2016年6月，余干民间成立了余干县非物质文化遗产保护协会，本着尊重历史、顺应时代的原则，将传统"开港"活动进行还原，同时兼有创新。在同年6月20日禁渔结束之日，协会在县委、县政府的支持下，在鄱阳湖余干锣鼓山码头、康郎山忠臣庙举行"鄱阳湖开港习俗节"（暨"首届鄱阳湖开渔节"）活动，还原了祭拜、整点放铳等传统开港习俗，并选取了世代渔民传承人。在此基础上，为进一步完善传统开港习俗的挖掘和保护，余干县定于每年6月20日举办鄱阳湖开港习俗（开渔节）活动，将"开港"这一非遗瑰宝在现代仍代代传承。继被批准为江西省第五批非遗代表性项目名录后，"鄱阳湖开港习俗"如今又通过江西省文化和旅游厅

上报到文化和旅游部，拟申报为第五批国家级非遗代表性项目。

　　2021 年开始由于近一些年来该地区降雨量偏少，长江上游水量不足，周期性变化引起干旱，加上十几万渔民几千条渔船的过度捕捞，天然捕鱼量已不足 30000 吨，捕捞强度超过了生物资源可承受的范围；其次农田灌溉与鄱阳湖水系是相互交错的一个整体，农田中使用的化肥和农药的残存物很容易进入沟汊、河流、湖泊，造成污染，所以鄱阳湖已出现了水土流失、水质污染、土壤退化、水旱灾害频繁、生物入侵、生物多样性锐减等情况，已严重威胁到周边 200 多万人口的生存环境和质量。为保护鄱阳湖区生物资源，江西省从 2021 年 1 月 1 日零时起，对鄱阳湖区全面实行禁止天然渔业资源生产性捕捞，禁捕期暂定 10 年。此外，对同样列入长江流域重点水域的水生生物保护区和长江干流江西段，从 2020 年 1 月 1 日零时起禁捕。实施长江流域重点水域禁捕，有效缓解长江生物资源衰退和生物多样性下降危机。鄱阳湖禁捕，断了渔民的经济来源，好在政府对渔民的生活先有妥当的安排。这十年禁捕是为了保护生态平衡，让鄱阳湖休养生息，也让湖里的鱼群种类和数量有效地修复，地处湖区的余干人民将在十年之后，重新举办"鄱阳湖开湖节"。

　　湖水滔滔，岁月如歌。渔樵文化是鄱湖文化的重要组成部分，而余干鄱阳湖开港习俗又是渔樵文化里比较有特色的一项，为渔樵文化甚至整个鄱湖文化的完整性，作出了不可磨灭的贡献。基于我省鄱阳湖生态经济区建设和对发展鄱阳湖生态旅游业的重视，鄱阳湖开港习俗作为一种有开发价值和潜力的文化产业项目，对它的抢救、挖掘、传承和保护，具有重要的历史文化价值和丰富的经济价值，开港活动既是渔民们对鄱阳湖风调雨顺、渔业兴旺的祈盼，也是对非物质文化遗产的传承，鄱阳湖开港习俗这朵鄱湖奇葩将愈开愈艳，更好地为鄱阳湖的渔业和旅游事业作出更大贡献。

五花八门捕鱼法

◎余善爱

说起捕鱼，在人类历史长河中可谓历史悠久，有数千年，也是人类最基本的赖以生存之技能，在人类狩猎时代就有渔猎，猿人就有用尖石、尖树枝和竹签捕鱼。随着人类的进步和社会的发展以及生产资料和环境的变化，人们逐渐制作出更为先进的捕鱼工具，创造出更为便捷有效的捕鱼方法。捕鱼的方法与种类繁多，有数百种乃至上千，因地域不同叫法略有差异而已，但捕鱼的原理则基本一致。捕鱼的手法有撒、扳、拉、拖、引等；捕鱼工具有网、叉、镲、钩、耗、筏子等；捕鱼的技巧有围、追、堵、截、引、诱、摸等。

余干县有水域面积约 640 平方千米，相当于鄱阳湖丰水期面积的 1/5。余干境内河湖港汊纵横密布，水质优良，渔业资源十分丰富。春有山花烂漫，夏有荷花争艳，秋有丹桂飘香，冬有候鸟翔集，尽显江南的绵柔风情。这也可能是 2000 多年前先辈们选择在这滨湖之地生活的原因之一吧。余干世世代代的人都与水有着深深的情结。旧时虽说洪患不断，给人们的生产生活带来了数不尽的磨难与艰辛，但也学会了与水打交道、水中求生存的本领，涨水为渔，退水为农成为人们生活的常态方式。捕鱼虽说全国各地人就会，但更是余干人与生俱来的本领，不仅是余干渔民的技能，还是部分农民改善伙食提高生活水平的途径，老辈的余干人绝大部分都有几手捕鱼的技艺，甚至连稍大一点的孩童也能显露几手。捕鱼是一种技术活，既要有工具，更要有方法。在长期的累积过程中，余干人民靠勤劳

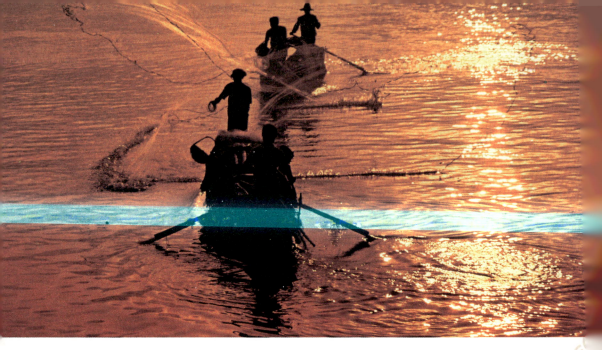

鄱湖风情

和智慧，通过借鉴发扬和发明创造，掌握了几十种捕鱼方法，制作了很多捕鱼的工具，斗转星移，时代变迁，仍有大量的传承，这些捕捞工具都是根据现有的物质条件，就地取材，巧夺天工制作而成。捕鱼的方法更是千奇百怪，都是利用各种鱼类的生活习性和食物特点，采用诱、驱、守、涸、围、天敌等主动和被动的方法，靠着这些技艺，让人们餐餐美味，丰衣足食，养育了代代余干儿女。

　　捕鱼工具大小不一，形态各异，巧夺天工，让世人叹为观止。花样新奇的捕鱼方法，更让世人拍案称妙，有些还让人忍俊不禁，暗暗称奇。下面依照被动式和主动式的捕鱼方法及渔具的名称和捕鱼的方法，简述县域内常见的生态渔具的制作方法和捕鱼方法，一些少数区域使用的渔具尚未例列。

一、守株法：指使用捕鱼工具在固定的场所或地点等待鱼儿主动入套的方法

1. 竹笼

俗称篾笼里、黄鳝笼里，顾名思义，主要用于捕获黄鳝、

泥鳅之类，余干县的乡村农家几乎家家都有。因其制作简单，操作方便，轻体力活，占用时间少等特点，非常适合老人、妇女、孩子利用空暇时间进行。竹篾笼长约 1 尺至 1.2 尺，圆筒形状，圆头直径约 3、4 寸，尾部呈喇叭形。制作时选用山竹或桃竹，破成 1 至 2 厘米的竹片，头部用篾片弯曲编织向内卷缩小形喇叭状，为入口，外部呈十字形编织至 8 寸至 1 尺左右，再用较窄竹片逐步呈螺旋形缩编 2 至 3 寸形成尾部，用麻绳扎紧，以防鱼儿漏出。主要放置在稻田里或水沟里，也有时会放置在池塘出水口塘岸沿附近，或内湖浅滩。放置方法是：用约 5 寸长的小竹签，穿引蚯蚓，放置蔑笼内，将蔑笼放置在稻田或水边沿，下沉约 1 厘米，顺着水流方向，竹笼下端入口与地面贴平。一块稻田可放置 4—6 个，水沟可每 50 左右米放置一个。黄昏时放置，凌晨收回。主要是利用黄鳝和泥鳅喜食蚯蚓的食谱特点，闻着香味而来，请"君"入"席"。

2. 耗

俗称耗里，取材方便，制作简单。放置的地点较为讲究，一般选择在比较大的有水流的排水沟放置；放置的方法有相当的讲究，一般置于沟的中央，上头用厚草皮压实，周围用黏土堵实，防止漏水，两侧用泥土围堰结实，防止被水冲溃，故此适合大人操作使用；放置的季节多选择在春节，春水泛滥，鱼儿寻找地方撒卵繁殖，多逆水流而行找草滩。但其他季节也有鱼儿寻找食场顺水而下。放置的时间没有讲究，一般傍晚时分埋耗，次日凌晨取耗收获，也可连续放置，收取可视收获大小而定。

耗实际上是变型版的篾笼，都是用薄竹片制成，所不同有三点：一是尺寸更大；二是篾笼的篾片较薄软，耗的篾片多为方形且较厚硬；三是篾笼无缝编织，兜须则依规格大小和捕鱼大小，编织时留大小尺寸不等的空格。耗有很多种类，制作相对简单，取材十分方便，一般为山竹或毛桃竹，一般的家庭都有栽种。按大小分大耗、中耗、小耗。按允入口设置处分为头

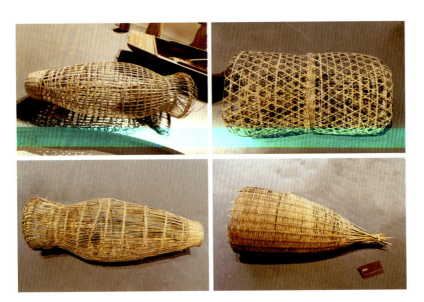

各种样式的耗

耗，在耗头一端开一个入口；腰耗，在耗中间两侧各开一个入口；箱耗，在耗两头各设一入口。兜耗，俗称兜须里，兜耗的大小有长1米至2米不等，耗头呈圆筒形状，圆头直径约有1—2尺不等，一端由篾丝弯曲卷缩呈小形状喇叭，俗称耗须，是鱼儿的入口处，另一端则用篾片编织，近尾部逐渐缩小呈螺旋形，似片片扇叶，形成耗尾，用麻绳扎紧，以防鱼逃出。腰耗呈梭子形，用篾丝密织而成，中间入口用细竹篾丝编织耗须。箱耗是用较粗篾片编织而成，较为结实，间隔密度视捕鱼大小而定，两头用细细竹丝编耗须。

用耗捕鱼时，选择的地方和放置方法很重要。大耗又称头耗，主要选择在水流量和流速较大的排水沟里，捕获1斤以上的鱼类。腰耗一般放置较小水流速较小的小沟，可以捕获顺流和逆流的小鱼和小虾。箱耗则是放置地方水流速与流量一般，放置的方法与腰耗相同，捕获的鱼相对大些。取获视情况，一般一天一次取获，收益则要看投置处鱼的稀薄而定，它还有一个优点，就是不用投放饵料就有不小收获，主要是利用鱼顺流

而下或逆流而上，请"君"入
"瓮"。

3. 丝网

20世纪70年代，因化工
产业的发展，能生产化纤丝线
而兴起。制作相对复杂一些，
需要进行适当的培训才能完
成。20世纪90年代至2000年
后，因水产养殖业的兴起，滥
捕滥捞致渔资源稀薄，自然捕
捞中很少见到丝网的踪迹，但
在人工养殖场和较小的池塘会
使用丝网取获。2020年后因
保护生态和渔业资源的需要，

丝网

长江流域、江西境内河流和鄱阳湖退捕禁捕政策出台，渔船收
缴，渔民洗脚上岸，丝网彻底退出捕捞。丝网是用尼龙丝线编
织而成，网眼依据捕鱼的大小而定，制作一副1指到5指不等
的竹片为网眼底模，用山竹削一副竹梭，用来缠绕丝线，织制
网布。丝网有长约50至100米，甚至有200米，但也有20米
左右的，宽约1—1.5米，也有3米的，上端用多股较粗丝线合
成的尼龙线做纲绳，用塑料泡沫做浮标，每间1尺左右一个，
下端用多股稍粗的丝线合成的尼龙线作纲绳，在纲绳处每隔10
厘米用铅片做坠子，重量在视大小网5—10克不等，丝网做好
后一般用粗竹棒拴住上端纲绳悬挂备用。

丝网捕鱼时一般由两人配合操作，一人坐船尾划水掌握方
向，另一人坐船头或船任一舱位，有较大浮标的一端先放入，
再依船速将网依序投入水中，另一端的浮标是装有长竹棒的木
质浮标，在水较深的河港，两端可以随意放置，任其漂浮，如
在水较浅的池塘和河汊中一端也可以用实心竹竿插入固定，另
一端可任其漂浮。一般选择水流较缓的小河或水塘水库里，白

天黑夜均可放置，视放置鱼的稀疏，一天可以两至三次起获，起获时抓住上端纲绳，用三指捏住两个浮标中间的纲绳穿入粗一端的竹棒上，一边将鱼从网眼中缓慢剥离，如不小心将网眼扯破，一副网当网眼有多处破坏时，则要抽时间补网，俗称"晒网"。丝网捕获的一般以四大家鱼为主，也有白鱼、鳊鱼、鲤鱼、鳙鱼和鲫鱼等鱼种，鱼的大小则由预先投放的丝网决定，一般在 5 斤左右，再大的鱼则不用这个渔具啦。

丝网捕鱼主要是利用鱼儿低视力、群居活动和捕食速度等特点，请"君"入"网"，但也有"漏"网之鱼。

4. 铁捆钩

起源于冶炼技术成熟之后，具体无考证，流行于长江淮河流域和鄱阳湖及洞庭湖一带。铁捆钩制作工艺复杂、工艺流程长，操作使用方法不容易掌握，维护也有较高的技术含量，一般渔民不使用，余干县仅限白马桥乡程家村和大溪乡的渔业大队的专业渔民使用，其他地方则鲜见。20 世纪 90 年代后，因渔业资源逐渐枯竭收益减少，工业化进程引发就业增速，专业渔业人员年龄老化，渔民后代绝大多数也不愿再从事这种费时费力又收益小的事业，而转行至水上运输业，或转移至水产业

铁捆钩

养殖等，受这多种因素的影响，捆钩捕鱼技艺几无人传承，而逐步退出，现在已基本绝迹。

铁捆钩的制作：铁钩呈 L 形，铁钩用尼龙线扎牢后留 5—6 寸线备用，用粗尼龙绳作纲绳，将铁钩系牢在纲绳上，每隔约 5 寸一个，每隔 24 个钩置一浮标，每隔 3 米挂一约 1 两重的红粉石做坠子，一般放置在江河里，水流不能太急，放置时一端用拇指粗的实心竹插入河床底固牢，离岸约 5 米，沉入水约 2 米处，另一端也用拇指粗的实心竹插入河床固定，如无法固定，也可捆掷一 5 至 7 斤重的方形红粉石沉入河床，黄昏时下钩，第二天凌晨四五点起钩，主要捕获鲤鱼、青鱼、鳊鱼等，主要是利用鱼儿活动时的逆水而行、横冲直撞和觅食时粗心大意，请"君"上"钩"。

5. 鱼罾

罾是个较为原始的捕鱼工具，为正方形网兜，按网兜大小分为大罾小罾，大者有四平方，小者约二平方，操作时俗称"扳罾"。主要是捕生活在水上层的鱼类，而且一般是小鱼小虾之类。

罾的制作极其简单：取二根较粗的实心竹，去枝叶，用火烤软后，立即用较粗的麻绳或粗尼龙绳固定一端，再拉弯至弓形呈半圆，再固定另一端，将两根呈"十"字交叉后，在叉点用麻绳做"十"字扎紧，留一空环扣，即成罾架，架子可以自由收拢。旧时取一块麻丝网布，现今多为尼龙网布，大小视你需制作的大小而定，四角用较粗麻绳或尼龙绳同罾底扎紧，再取一根长约 5 米左右的山毛竹竿，此为拉杆，一端用粗绳固定并留两段延线备用，一小段线在使用时与罾网叉点连接固定，另一段延线则要预留 8 米左右，而且是拇指粗细。

罾的使用操作简便，先将罾网支起后，人站在岸边，将竹拉杆一端固定在岸边，左手打住拉绳，右手操作拉绳将罾网缓慢移置离岸约 5 米处，不出声响静等若干时间，一般约一刻钟起获一次，取获时将拉绳快速拉起，罾网出水面即可见鱼虾乱跳，移动至岸上唾手可得。捕鱼一般选择有水流的河港处，主要捕获的多为生活在水上层的鱼，多在夏秋季节进行作业，利用鱼群居活动和捕食的特点，请"君"上"床"。

6. 筏子

农民普遍用这个办法来丰富餐桌，改善伙食。制作简单，就地取材。用新竹杈或有浓密叶的树枝一小抱，枝头用绳子缠绕捆牢并留定长度的延线即制作完成。选择池塘浅处或河港汊口草洲等浅处，水深约一米，将筏子丢入水中离岸边约一米即可，白天和夜晚均可投放，次日凌晨起获，起获时一般与寝网同时使用，用寝网把整个筏子捞起，此时可见网内和筏子里有很小鱼小虾。可重复使用，多半在春夏时节，鱼虾寻找临时的休息场地或阴凉的场所，特别是虾喜草地和阴凉，请"君"入"住"。

二、围堵法：指采用包围或封堵的办法让鱼儿无法逃离的方法

1. 大网

起源较早，有说是源于沿海渔民撒大网，后传入内陆，无考。往往在秋收后，鱼儿膘肥之时，初时多为渔民使用，是个集体作业的项目，叫拉大网。大的大网需要 40 至 50 甚至上百人协作完一次作业，小的大网也需 10 至 20 人。随着农业生产水平的提高，解放了农民，有时间赋闲，居住在湖港河汊的农民逐渐加入了这支队伍。20 世纪末，因人们大量使用非法捕鱼工具，造成江河湖内渔资源的枯竭，大网逐渐退出。

大网有大小之分，大的大网长约 1000 米，甚至更长，小的大网多在 500 米以内，宽约 3、4 米，上端用约 2 拇指粗的尼龙绳作为纲，每隔 1 尺左右捆绑一大号泡沫作为浮标，下端用拇指粗的尼龙绳作为纲，沿纲结一袋装满碎卵石的网袋作为坠子，中间网由粗尼龙线织成，网眼大小拇指粗细，大网上端的纲绳向两侧延长约 10—15 米，用作拉纤之用。拉大网一

般是专业渔业人员，最佳季节在9—10月份，平时大网袋载在较大型的船上，早年是人工划行，后来装上了小型机器为动力。下网时选择有回流的河，在离沙滩的一侧约20米处开始下网，逐渐水深处，走一弧形，围住的水面约10亩田块大小，两头分列4—5个壮汉，身背纤夫索，大家一步一个脚印朝沙滩上牵引，当网被拉到沙滩边，壮汉便丢下背索，直接用手拉纲绳，随着收网，两侧的人员慢慢靠，中间围堰水面也逐渐缩小，当缩至面积2—3亩，水深的约人齐胸处时，壮汉便要分别排到大网各段，并用脚压住下端，并随网轻移，防止鱼儿漏网，两头则由一壮汉拉，便可见多类鱼在中间急跃，缩至1亩时，即可见多类鱼儿活蹦乱跳，这时分列的壮汉将大网提起，以防止鱼儿跃出网外，一边还有人即网兜将鱼送入船舱，大网还在缓慢收紧缩小，最后拉出水面，网内剩余鱼儿即俯首可拾啦。

20世纪60年代，一网能有个几百斤甚至上千斤，八九十年代也有百十斤，随后就逐渐减少，到2000年左右，因渔业资源越来越少，加之兴修水利，很多河变成内河，变身大型的水产养殖场，基本不下大网。随着长江、鄱阳湖和江河禁渔，已绝迹了。这种捕鱼方法主要是利用鱼儿聚集群体活动的习性。

2. 拖网

拖网其实是从大网演变而来，所不同的有五点：一是网的长度，拖网在100米以内，一般为50米；二是网的底部，拖网的底部在制作时要有2—3米左右的膨突部分，形成漏斗状，鱼儿不易脱逃，便于网住鱼；三是使用人才少，一般为2—4人，小拖网为2人，多为人力划船，大拖网为4人，多使用有动力的小船；四是操作方法，拖网操作时用二条小船分列网的两端，分别由一人擦紧网绳一，另一人则缓慢向前划动小船，两船始终保持匀速等距离前行，500—1000米为一个操作区间。取获时，两船一边前行一边慢慢靠拢，待间隔10米左右，4人合力将网拖出水面，再放置船舱，此时可见网底部有鱼虾入帐；五是作业地点，拖网作业地点一般选择在河港湖汊缓流浅水区，很少在水深湍急的江河作业。一次收获一般都有几斤，难得有更多，但也有落空的时候，主要取决于作业区域渔资源状况。

3. 耙网

耙网是由拖网变身而来，所不同的有以下几点：一是耙网底部膨突部分在 3 米左右；二是网的长度，一般 3—5 米；三是耙网有支架，支架三根木棒组合固定成等边三角形，也可以不等边，但底边一定要同网的长度一致，将网的底部用较粗麻绳或尼龙绳与支架底边缠绕固定，网上端用麻绳或尼龙绳缝合在三脚架上，另取一根较粗长约 20 米的麻绳或尼龙绳作为牵引拉绳，一端固定在三角支架的底部中央，穿过支架顶部时再与之固定；四是作业地点，多选择在河港湖汊的浅滩地，枯水期的鄱阳湖浅水区；五是操作方法，作业时将耙网放入水中，当水较深时要使用船只，即将拉绳系于船尾，人坐在船尾，匀速划行若干距离即可取获，取获时迅速收牵绳至三角支架，将支架快速取水面，防止鱼逃脱。在浅水区作业时，是人在前方背拉纤行走。耙网收获主要是小鱼小虾。

三、围湾

也有地方称挖湾，俗称"堃秋"。一般在夏末和整个秋天时节进行。在长江、淮河等江南地区流行，我县主要在信江流域的两岸和鄱阳湖沿湖区域。江河两岸一般是夏季洪水过后，在水流较平缓的有泥沙沉积的平坦河滩上，用一块木块做成类似平田的农具，一人掌握扶手，一人在前用力拉纤，将泥沙围一个围堰，形成一个潟湖，留一潟湖口并用丝网拦截，既便于水自然流出，又防止鱼虾逃逸，随着洪水退却，潟湖内的水漫漫流出至干涸，没来得及被困的鱼虾便唾手而得了。鄱阳湖沿岸则是选择一处四周较高，中间低洼处，在洪水慢慢退去时，用丝网围拦住缺口，一些没有来得及退出的鱼被困洼地，待水退尽，便可尽抓摸鱼了。

四、追踪法：即用捕鱼工具，到鱼觅食和休息的场所去捕捞的方法

1. 鱼罩

鱼罩是极为简易的捕鱼工具，因平时也会临时圈养鸡用，所以又俗称鸡罩。是农民在农闲时为改善伙食而普遍使用的一种捕鱼工具。

鱼罩制作简单，取山竹破成约一厘米宽，厚约 0.3 至 0.4 厘米的留青皮的篾片备用。先用第一层青皮竹片呈螺纹形编织鱼罩上端口，再按约 1.5 至 2 厘米平行四边形网眼，呈圆柱状继续编织，上端圆口直径约 0.6—0.8 尺，下端口直径约 1.5 至 1.8 尺，下端口用细薄竹片围绕编织 5 至 6 圈，进行稳定牢固，整个高度约 2.5 尺。

捕鱼时寻一地势较平坦，水草较多，水深约 60 至 90 厘米的沼泽滩涂或水塘，单手将鱼罩举起后用力下压至底，然后用手在罩内摸索寻找，将鱼抓起放至背鱼篓内，一边移动位置，一边如此反复操作，一般只能捕到鲫鱼、鲇鱼之类的小鱼，有时也能捕到 1 至 3 斤左右的草鱼、鲤鱼之类。使用鱼罩的时间是春季和夏秋季节，春季寻找滩涂草地撒卵繁殖，夏秋在这些地觅食。

2. 寝网

寝网由寝网和竹仗组成网，因形似一张睡床故称寝网，余干人称寝仂。寝网制作是先用取两根实竹用文火烘烤，用小粗麻绳拴住两头，至其呈弓形，弓高约 60 厘米，弓弦约一米，两根交叉成宽约 40 厘米，再用小粗麻绳围绕固定四角，即成长方形底部。将小麻线或尼龙丝线编织成较密的网格布备用。裁剪一块长方形网格布，用尼龙线沿寝网龙骨底部的四边纲绳缝合即成底网，再裁剪一块较长的网格布沿寝网龙骨身围绕三边，二短两长，留一长边，此边为鱼儿入口处，再将下端与

底网缝合，上端固定在龙骨上，寝网即成。竹仗余干人叫碌肆仂，它的制作方法是，取一根比拇指稍粗的山竹或实竹，用火烘烤成又字形，用小麻绳或尼龙线扎开叉处成。捕鱼时，选择水草较多的滩涂地、水塘或沟港河汊处，左手将寝网置水底部，右手拿竹仗向右张最大幅度，在水中上下击打，并快速向寝网方向移动，鱼受惊后向左边寝网方向逃窜，当竹仗至寝网边时迅速提取，此时可见若干鱼儿在跳跃，此时放下仗，把鱼儿抓住放至鱼篓，如此反复操作并不断移动位置，定有不少的收获。

3. 罩网

罩网似圆锥形，因状若罩子而名。上端为锥顶，下端为锥底，呈圆形，周长约 16 米，锥高约 3 至 4 米。捕鱼时俗称"撒罩网"，在长江、淮河流域和洞庭湖地区普遍使用，因使用时需要有相当熟练的专业技巧，所以在我县主要集中在白马桥的程家村（上、中、下屋）、大溪乡的渔业大队、瑞洪镇的渔业大队和梅溪罗家及驾湖村、康山乡袁家村和王家村，也散见于信江两岸一些农民在农闲时使用。捕鱼时多半选择在滩涂地，或者较浅的河边港汊，水深一般为 3 米左右，也有选择在水较深的河港湖中，且水底地势较为平坦处。非渔民一般都是沿岸边使用，但专业渔民则是站在船头操作，另一划船掌握方向。撒网操作流程简单，但动作要领必须规范到位，否则网圈撒得太小影响收获，甚至撒不开网，前功尽弃且浪费时间。

撒罩网操作的流程是：（1）将罩网上端的牵引绳头做个活扣套住左手，再将牵引绳绕成若干圈套在左手腕上。（2）将罩网理顺展开，三分之二套在左手肘部，三分之一捏在手。（3）左右开弓站立船头，右脚前弓，左脚斜跨，身形向左，先向左后向右摆动罩网，来回数次，直至感觉到惯性能将网全力张开撒向远方，当即将向右摆动时，右手将网迅速抛出，此时网像一个降落伞飞向远方，徐徐落入水中，套在左手的绳索瞬间释放殆尽。（4）船尾掌舵人或向左或向右或向前或向后移动

罩网捕鱼

船位，撒网人则手握牵引绳缓慢牵拉移动，如在岸上撒网则左右移动。（5）慢慢收紧绳索，感觉网底全部合拢时，则快速将网提至船舱或岸上，此时可见鱼虾尽在网中挣扎。撒网人告知，缓慢移动网的目的是要让网底慢慢合拢，防止鱼儿逃逸，如太快，则网底合拢不彻底，易悬空，鱼儿容易脱逃。船上撒网是个技术活，船在水中移动，船头小，站稳非常关键，稍不留神，不但撒网不成功，还容易落水，所以撒网人水性都很好。

罩网的制作在旧时还是很麻烦的，单单准备材料就费时。旧时都使用麻线制作，20 世纪有了化工后则多用尼龙丝线。工艺虽不复杂，但流程还是较长的，这里只介绍用麻线的制作方法：（1）材料准备。①选麻线。取纺好的细麻线若干备用；②制比尺。用毛竹制一约三寸长、一寸宽的薄片备用，是确定网眼规格标尺；③制网线针。用毛竹制作一长约 6 寸、宽 1 寸，一端削尖，一端削成燕尾状，中间镂空，朝尖端留一尖状，此为竹梭，用细麻线沿镂空处向燕尾循环缠绕若干备用；④补定制铁坠子，铁坠子状如古铜锁，中间凹，两头长出并圈成一圆孔，此为铁坠子，每个约 2 两；⑤备好防腐材料。杀猪肉若干，约四条猪的血，置于盆中；⑥桐油约五斤。（2）制作网布。用一铁钉固定在木柱子上，麻线一端系扣钉子上，右手三指（拇指、食指、中指）横握网眼格，左手拿线梭，将线环绕网眼格上下各系一死扣，即做成一个网眼，从三个网眼做起为第一圈，依次向下呈几何级数编织网眼，当编织到网高3米左右即完成网布。（3）防腐处理。取猪血煮沸后装在一大木盆中，将织好的网布置于其中浸泡两天后取出晾干，重复操作一次。再取桐油装于木盆中，将网布再置于其中充分浸润一天后取出阴干即可，此时网布柔软结实，呈古铜色，光亮闪烁。（4）装坠子。取一长约20米的较麻线先将第一个铁坠子窜上，并与网布底部缝合，每间隔约6寸左右窜连一个；最后在网布上端拴留5至7米的牵引麻绳，一张罩网即大功告成。

4. 鱼叉

起源于狩猎时代的竹质梭镖和木质梭镖。20世纪家家户户都有，现在却是罕见。鱼叉除了捕鱼外，还有其他的用处，如将鱼叉插入地面作支架，上端系绳扣，再穿竹竿便可晾衣晒被。鱼叉呈山字形，山头由三根铁牙尖细锋利，山字底部呈圆筒隼，一般用木头做手柄，极少用毛竹。使用时可站立岸边或船头，寻找鱼群或单个活动鱼，瞄准后用力将叉甩出，叉迅

鱼叉

速飞向鱼群，将鱼叉住，然后将叉侧向挑起取获，遇到鱼群时命中率较高，一般人可以操作，若遇落单鱼则需要有熟练的技术。鱼叉还是捕甲鱼的好工具，池塘水干后可持鱼叉在淤泥中上下活动作业，当听到扑哧一下，并有手感晃动时，很可能收获一只甲鱼，有时可能是乌鱼，但乌鱼的手感晃动更强烈，当没有手感晃动时那一定是刺到河蟹。还有专业的叉甲鱼的人将叉柄改装上很长的竹竿，到水深的河港湖汊或滩涂地，坐在船上一个区域一个区域地搜索前行作业，往往很有收获。

五、诱饵法：即利用鱼的食物种类等，有针对性地使用特殊的饵料方法

1. 竹卡子

竹卡子又称蹦钩子。在我县信河两岸的乡镇流行，黄金埠镇、杨埠镇、大溪乡、白马桥乡、洪家嘴乡、江埠乡和瑞洪镇均有部分渔民有此技艺，但以洪家嘴乡严溪渡村和大溪乡渔业大队及瑞洪镇渔业大队擅长。

竹卡子的制作有较强的技术性。取三年以上生山毛竹（年久韧性强），破成竹筷子大小，统一截成 3 厘米长，然后用小篾刀分多次削细，两头较尖，能弯成"U"字形即可。另取新鲜芦苇去毛皮衣，用开水煮至有韧性即可，后用剪刀剪成约 0.4 厘米宽备用。取尼龙线 20 米或 50 米为一盘组，将尼龙线系扣紧在竹卡子中间，预留约 30 厘米线长备用，然后将此卡线系扣在每盘组的尼龙绳上，约 20 厘米系扣一个即成。

捕鱼前将竹卡弯曲套上芦苇筒，将炒熟的玉米或稻谷置入其中，依次逐个理顺放置竹簸箕内。黄昏前选择水流较平缓或有回流的河港之中，两端分别用竹竿固定，次日凌晨起卡，主要捕获的鱼类为嘴巴较小的鱼类，如鲤鱼族类。鱼儿闻味而至，张口咬卡，芦苇破裂，竹卡回弹，卡住鱼嘴，多难脱逃。

2. 钓鱼竿

垂钓是人类最古老的捕鱼方法，是信江流域和鄱阳湖地区

最常见的捕鱼方法。钓鱼竿则是垂钓的主要工具，还有鱼线、鱼漂、鱼钩、线圈轮、鱼饵等。

初时使用的鱼竿都是人们手工制作，很粗糙。取拇指粗细的实心毛竹，去枝杈，末端留至不易折断为宜，取细麻线（现多为尼龙丝线）约竿长的 1.5 倍，一端紧扎一钓铁鱼钩，另一端紧系于竿末端即成，一般不用浮标，全凭垂钓人的经验掌握下水的深浅。现代的鱼竿都是标准化生产的鱼竿，绝大部分都是碳素材质的，既轻便又结实，就是有点贵。鱼竿种类很多，手竿、甩竿、海竿等。手竿有长短之分，竿长有 3 米、4.5 米、5.4 米、6.5 米、7 米和 10 米不等，线长一般为竿长的 1.5 倍，主要用于池塘、河岸和湖边垂钓，收获的大多 5 斤以下且生活在水中上层的各类鱼。甩竿的竿 5 至 6 米，竿上装有线轮，用来装鱼线，线长一般为 30 米左右，主要在河、港、湖中垂钓，收获的鱼儿大多数是 5 斤以上生活在水的中下层的鲤鱼、螺蛳青鱼之类大鱼。海竿的竿子均在 7 米以上，竿上装有线轮，线长在 30 米左右，主要用于垂钓深水中生活的鱼类。垂钓前一般选定好避风有回流的地方，用炒熟的玉米或菜籽饼在垂钓地下料，俗称打窝，作用是吸引鱼儿聚集，2 至 3 小时后再垂钓。鱼饵使用也很有讲究，主要根据鱼的食物特点而定，初期一般使用蚯蚓、苍蝇、虾、田螺、猪肝等，现在有很好标准化生产的饵类，视你垂钓的鱼类选择购买。如鳜鱼喜青虾、青鱼喜田螺、鲤鱼鲫鱼鲇鱼等喜蚯蚓、甲鱼喜猪肝等。随着时代的发展，钓鱼越来越成为人们休闲娱乐的方式方法，甚至发展成为一种体育活动，各国各地各层次均有钓鱼协会，组织一些规格的垂钓比赛。

272

六、追赶法：就是利用鱼遇惊跳跃逃窜等习性的捕鱼方法

1. 鹭鸶鸟捕鱼

鹭鸶捕鱼的方法在信江沿岸有少量渔民使用，但余干多见

于大溪乡渔业大队、瑞洪镇渔业大队的鹭鸶社和康山乡的部分渔民使用。鹭鸶鸟食鱼，人们利用它这一习性驯化而用。鹭鸶下水前先饥饿半天后，再用小麻绳将其颈咽喉部捆扎至防止大鱼入其肚，一般是允许下咽二两以下鱼类，用小麻绳环绕其脚并留约5厘米，末端打一小结。驭鹭人带上6至7只，作业时乘竹筏子，手持长竹竿撑筏，竹竿上扎紧一铁弯钩，便于钩住鹭鸶鸟脚绳。寻找水深约3至5米的河港湖汊，将鸟驱赶下水，鸟因饥饿下水觅鱼，捕到鱼后迅速浮出水面，停在竹筏上正待慢慢来享受，因喉咙被扎，难以下咽，鱼儿在鸟嘴上翻腾，此时驭鹭人将竹杆伸上鹭鸟，钩住其脚，回杆捉住鹭鸟，用于卡住其，致其吐出鱼儿后将其驱赶下水，如此反复，直至有满意收获才打道回府。

2. 铁镣捕鱼

铁镣是一种使用频率较少的捕鱼工具，多在开港时使用。鱼在受到惊恐之后会横冲直撞，到处乱窜，铁镣来回穿梭活动就很容易碰上。

铁镣

镣有大小之分，大者有镣牙9至11颗，镣柄长2至3米，小者有镣牙5至7颗，镣柄1至1.5米，镣牙的长短相间，长牙5至7厘米，短牙3至5厘米，间距约3厘米。镣牙制作是选用精铁或精钢锻打成一端锋利针状备用，选一块薄铁锻打成一端宽约0.5厘米，一端2厘米宽并做椭圆筒隼，再将镣牙按长短依次从宽往窄处融合即成。取材质较结实的长木料，一端做成椭圆形与铁镖对合，另一端做成圆形，大小以手握为度。捕鱼时手握镖柄，从右到左在水中横扫，深入浅出地连续地不断前行作业，当握镖柄的手有被撞击感时，说明有鱼被镖刺住，当即可将镖提出水取下鱼。使镖捕鱼人会将鱼用鱼串子拴住，然后将有铁锥子的一端叼在嘴里，继续作业。鱼串子一般3米长，它的制作是，用铁打成针状，有孔的一端用较粗的麻绳穿引固定，麻绳的另一端绑上一截木棒即成。

七、干涸法：就是将一定区域内的水放干净或抽干净，让鱼儿自然裸露出来的方法

干涸的办法是最古老最原始的捕鱼方法，全国各地都有使用。大体分为两种情形，一种是小水窟和排水沟；另一种是水池塘。

排水沟干涸法：选择一条水沟，用土在两头堵实，如水沟积水较长，则用水车将水车干，鱼虾自然裸露，随手可拾。稻田间的排水沟常常是小孩光顾作业的地方，或一人或三五成群，寻得临近水塘的水沟，用土把沟两头一堵，再用木勺或脸盆舀干净，拣净淤泥上的小鱼虾后，再用手一寸寸地挖开淤泥，常能寻得一些膘肥的泥鳅和黄鳝，满载而归。

池塘干涸法：20世纪中期，农村都有大小不一的池塘，小则3—5亩，大则十几二十亩，也有五十亩左右的，权属各自然村，主要用于农田灌溉，也是村民夏天的澡堂子，还是牲畜饮水和生活洗涤的场地，同时还是整个村庄的消防用水。在农村集体化时期，为了有效利用其价值，会投放一定数量的四大家鱼苗，自然放养，待到农历年前，池塘水位也不高，由于没有更好的捕鱼工具，村长会安排人装上抽水机，日夜不停歇，当池塘水只剩1/3时，可见鱼儿紧急来回游引起的水波，十天半月后水被基本抽干，清晰可见鱼背在浅水里挣扎游走，这时大人们挽起袖子撸起裤管赤脚走下池塘，每人拿着一个装稻谷的竹篾箩，双手抓住鱼儿就往箩里装，一斤以下的鱼则放生，

待来年养大再抓。一般能有几百斤甚至上千斤，大人们这些鱼抬到村里的晒谷场的，按户头计数均分，由小组长把大小鱼均匀搭配好，整齐分列摆开，再由村会计用纸条写好各户主姓名封好揉成纸团拌，打乱拌匀装入一密封布袋中，然后由村长拿着布袋，带着会计，依次从袋中摸出一个纸团放在鱼堆上，会计马上弯腰拾起展开纸团后高声读出户主的姓名，听到呼叫的人拿着菜篮，满脸笑容地奔向鱼堆，这样逐列逐份依次进行，直到鱼尽人散。这种方法成本较大，只有在捕鱼工具较少的情形下进行。

八、摸鱼：是指不使用任何捕鱼工具，直接用手摸或用脚踩的方法

摸鱼在人类狩猎时代就有，基本没有成本，而且随时可用，据说特种兵训练野外生存能力时，战士在自带干粮用尽时会使用摸鱼的方法获取食物。摸鱼的方法很简单，但也有一些技巧，摸鱼的场地选择有一定的特定性。一般选择：1. 江河湖汊的浅水区；2. 水草较丰，或多螺蛳河螃密集区；3. 与池塘相通的排水沟。摸鱼时双手下水，五指分开，左右手同时轻巧地做抓摸动作，相向移行，抓住鱼时迅速离开水面，将鱼放鱼篓里，再次重复动作，切勿言语和动作过大弄出水响惊跑鱼儿。摸鱼是生活在河岸、湖边农民的绝活，他们凭此技艺丰富自己的餐桌，改善家庭伙食。

随着时代的发展，科学技术的进步，人们利用这些成果，制作了更多五花八门，别出心裁的渔具，鄱阳湖地区就曾出现过很多技巧性、隐性的捕鱼工具，虽说这些工具和方法能更好地捕到鱼，但从生态平衡和保护渔业资源的角度去审视，是灭绝性滥捕滥捞，是国家所禁止的，是非法的，在此文中不能详述其制作方式和使用方法，只能列出一些名字，如地笼、定制网、迷魂阵、河底拉、电鱼机、一网清等等都属于此类。

鸬鹚击水鱼儿肥

◎徐宏志

一

渔家自来养鸬鹚，不畜网罟兼缗丝。

——刘崧《鸬鹚曲》

余干有着悠久的渔业生产发展历史，渔民鸬鹚捕鱼是其中较为古老的传统技法。民国《余干县志》记：鸬鹚"啄锐而长，颈能伸缩，喜啄鱼。瑞江一带渔户视同家畜。见鱼纵使没水，少顷以杵击砧，口中若歌若唱……渔人勒颈取鱼，百不失一"。

鸬鹚属鹈形目鸬鹚科，俗称"鱼鹰""水老鸦"，也称"哇子""捕鱼鹳"，模样如番鸭，羽毛黑色，有绿色光泽，颌下有小喉囊，嘴长，上嘴尖端有钩，善潜水捕食鱼类，渔人因捕鱼需要而驯养之，主人用"白话"与其沟通，或以歌代令。有不

鸬鹚湖边栖息

同调子和不同节奏、外行人听来"喔呵呵依唷呵呵"而无歌词的鸬鹚号子，实则是渔人发出的捕捉不同鱼类的"指令"。鸬鹚捕鱼成为当时鄱阳湖畔余干渔村的亮丽风景。

鄱阳湖是我国第一大淡水湖，位于长江中游南岸。余干县濒临鄱阳湖，湖畔余干渔民自古便有驯养鸬鹚的习俗。养鸬鹚捕鱼，是新中国成立前余干内河渔民主要捕鱼方式之一。其种种独有的习俗，是古老渔村原始生活遗风，有着深远的历史和文化意义。"鸬鹚捕鱼"有丰富的文化底蕴。与鸬鹚捕鱼习俗有关的还有许多的谚语、故事、渔歌久传不衰。在中国璀璨的传统文化星河里，渔樵文化是其中重要的组成部分，有不少就来源于渔业生产习俗。鸬鹚捕鱼是人和自然的完美杰作，是对生态和环境的充分利用和保护，是渔樵文化里面的一个有特色的重要内容。

鸬鹚捕鱼主要分布在鄱阳湖畔的康山、大塘、三塘、瑞洪、枫港、鹭鸶港乡等地区。其悠久的历史有诗为证，齐己的《鹭鸶二首》令人回味无穷："日日沧江去，时时得意归。自能终洁白，何处误翻飞。晚立银塘阔，秋栖玉露微。残阳苇花畔，双下钓鱼矶。雪里曾迷我，笼中旧养君。忽从红蓼岸，飞出白鸥群。影照翘滩浪，翎濡宿岛云。鸳鸿解相忆，天上列纷纷。"王勃《滕王阁序》中的名句"渔舟唱晚，响穷彭蠡之滨"，描述的正是鄱阳湖上的渔民捕鱼归来的欢乐情景。宋代诗人苏轼《李思训画长江绝岛图》一诗中的"山苍苍，水茫茫，大姑小姑江中央"，描写的也是鄱阳湖畔的胜景。明初学者叶继震诗云"越水孕珠胎，如镜复如练。苟诡莫与穷，清光有时见。渔人踏歌回，客子惊目眩。鼓棹送君行，监流应缱绻"，描绘了渔人踏歌的情形。

二

芦花断港腥风起，鸬鹚船来泊沙嘴。

——刘崧《鸬鹚曲》

待命的鸬鹚

　　余干是鱼米之乡，有不少原生态的渔村，有鄱阳湖陪伴的日子，悠闲且隐逸。漫步其间，便能看到晾晒的渔网、保养修补的渔船，铁匠铺里正叮叮当当地敲打着造船的专用铁钉，码头泊着归航的渔船，有人划着舢板驱着鱼鹰在捕鱼……这些仿佛时刻在提醒着人们，此处便是素有"鱼米之乡"美誉的滨湖古邑——余干。

　　余干旧属楚地，典型的江南地区，如司马迁《史记·货殖列传》所载，"地广人稀，饭稻羹鱼"。"摇落暮天回，青枫霜叶稀。孤城向水闭，独鸟背人飞。渡口月初上，邻家渔未归。乡心正欲绝，何处捣寒衣？"唐代刘长卿诗歌《余干旅舍》，描写的便是余干景象，再次证实渔猎文化历史久远。"夜惊潮没鸬鹚堰，朝看日出芙蓉楼。摇荡春风乱帆影，片云无数是扬州。"唐僧皎然诗歌《买药歌送杨山人》一诗就有"鸬鹚"二字。由于鸬鹚一身乌黑，所以便有杜甫诗中"家家养乌鬼，顿顿食黄鱼"的"乌鬼"之称。沈括在《梦溪笔谈》中亦有"峡中人谓鸬鹚为乌鬼"的记载。宋朝陶谷《清异录》亦有"江湖渔郎用鸬鹚者，名乌头网"之说。之所以叫它"乌头网"，是因为鸬鹚对鱼来说，犹如它的另一克星——"网"。宋代王质在《林泉结契》中说"鱼鹰、鱼鹰，江空谷容同一音"。由于鸬鹚天性猎鱼，又被人戏称为"摸鱼公"。清朝历荃在《事物异名录》中云："鸬鹚一名捕鱼公。"

我国鱼凫文化中，围绕鸬鹚与鱼产生的文化因素，都来自渔人。美国著名文化人类学家怀特曾说，任何一种文化总是围绕其生产方式产生的。渔人的主要生产方式是捕鱼，捕鱼的工具有船、网、鸬鹚等，因而船纹、网格纹、方格纹和菱形纹（变形的网纹）、鸬鹚纹便反映在了陶器和青铜器上。鸬鹚衍生出鸟首形器（如大昌坝出土的鸟首青铜尊，白庙出土的陶鸟首形器把、陶鸟首柄勺）。三峡地区出土的被人称为"谷穗"纹的纹式，应考虑是鸟（鸬鹚）羽纹。鱼纹首先是具象的，然后是抽象的及变体的。来源于鱼鳞的，除鳞纹外还有变体的，如新月纹、贝纹、三角纹等。（鱼鳞与蛇鳞、鱼骨与蛇骨相似，谁也没法分辨彼此）来源于鱼骨的有叶脉纹（蕉叶纹），可称鱼骨纹。来源于水的纹样有水波纹（锯齿纹）、漩涡纹（卷状纹）、圆圈纹（同心圆纹），曲折纹可考虑是水波纹的变体。井沟遗址的陶器特点是口沿多系波形的花边。这是波浪反映在器物的造型上才有的特征。可见鄱阳湖渔民"鸬鹚捕鱼"的习俗，有着深远的历史。

三

猿狖何曾离暮岭，鸬鹚空自泛寒洲。

——王昌龄《万岁楼》

鄱阳湖是淡水鱼和水生资源的天然宝库，风光旖旎，景色宜人。余干偎依在她的南岸，是全国有名的"水乡泽国"，江南的"梦里水乡"。宋代诗人王十朋在游玩余干时曾写下诗篇，称赞这里优美的自然风光："干越亭前晚风起，吹入鄱湖三百里。晚来一雨洗新秋，身在江东图画里。"鸬鹚捕鱼古已有之，《本草集解》中记载："日洲绪，夜巢林木，久则类毒，多令禾枯也，南方渔舟，往往縻畜令其捕鱼。"野生的鸬鹚终于被"渔舟"发觉，"縻畜"而令"捕鱼"，开始对它进行驯化。清代《渊鉴类函唐代诗人王》有记："水鸟似鹚而黑，嘴曲如钩，食鱼入喉则烂。"其热如汤，其骨主鲠及噎，诉说了鸬鹚食鱼的本领，什么样的鱼"骨"都能化"烂"及"噎"。所以渔人驯化鸬鹚的第一条即在它颈上系绳，因为它既有吃鱼的天性，也有饱食后不再捕鱼的惰性。《梦溪笔谈》中已记得十分详细："绳系其颈，使之捕鱼，得鱼则倒提出之。"意思是小鱼让其进颈入喉，大、中型鱼则由于"绳子"之故使之不能入喉，而由渔人"倒提出之"。这样才能使鸬鹚一直对鱼欲猎之而不停，从而完成野放到驯化的过程。驯化后的鸬鹚捕鱼方法大抵有四种：第一种是用渔网把鱼围住，然后让鸬鹚把鱼赶进网，这叫"用网"；第二种是把鸬鹚放到江中沿江而下，叫"放漂"；第三种是在某处深潭停留不走让它捕鱼，叫"放潭"；最后一种叫"渔火"，即在晚上工作，令鸬鹚跟着渔夫的灯光流动性捕鱼。在生活中，渔民们用得最多的捕鱼方法，是"放潭"和"渔火"。

鸬鹚捕鱼

四

门外鸬鹚去不来，沙头忽见眼相猜。

——杜甫《三绝句》

拥有深厚历史底蕴的余干，注定是要盛产"传说"的，而在所有的传说中，又数朱元璋与陈友谅的"鄱湖大战"最为有名。相传，陈友谅曾经驻水军于康山，并在鄱阳湖与朱元璋大战了18年。说起鸬鹚，也有一段鲜为人知的故事传说。相传在很早以前，余干县鹭鸶港乡有一户姓张的人家，家里主人英年早逝，留下妻子和一对双胞胎儿子，大的叫张金宝，小的叫张银宝，娘仨相依为命，以捕鱼为生。兄弟俩从小孝敬母亲，又会捕鱼，附近的人称他兄弟俩是鱼精。一天，兄弟俩下湖到蒿草丛中去捡漳鸡蛋，捉了两只刚孵出不会飞的小鸟。他们便带回家精心喂养，可小鸟不吃米、不吃饭，整天饿得叽叽叫。后来试着喂小鱼，两只小鸟张开嘴又难以咽下，兄弟俩便用刀剁碎了喂养，就这样个到一个月，小鸟长成了大鸟。它的翅膀虽然大，但不会飞；它的腿虽然长，但不会走。兄弟俩认为小鸟的野性变"家"了。有人说，水鸟肉质鲜嫩，可做美味佳肴，饱餐一顿。可他们怎么能忍心杀掉自己喂大的鸟？但这两只鸟食量太大，继续留在家里难以养活，他们一合计，决定去湖边放生。一日早饭过后，兄弟俩把那两只鸟抱到湖边，放进了水里，真是如鱼得水啊！它们在湖面上拍打着翅膀，互相追逐。突然，那两只鸟同时沉入水底，兄弟俩急得快哭了，刚要跳到水中营救，可它们忽然蹿出水面，一只叼着鱼头，一只含着鱼尾，竟抬起一条大鲤鱼向他们游来。兄弟俩捉到一条大鲤鱼甭提多高兴，随后那两只鸟又返回到水里捕鱼。就这样来来回回没多久，兄弟俩一个挑着两篓鱼，一个抱着那两只鸟，开开心心回家去。附近的人看到张家喂的两只鸟会捕鱼，都跑来看稀奇，有的说那两只鸟是鱼鹰子，有的说是野鸬鹚，后来人们就叫它们为"鸬鹚"。两只鸬鹚正好一雌一雄，每年产蛋孵化，如同家养鸡鸭一样，"代代"相传。喂养鸬鹚捕鱼逐步兴盛起来，逐渐成为渔民的一种产业。随后，张氏兄弟还打造了适合水上作业的鸬鹚船。

五

深水有鱼衔得出，看来却是鸬鹚饥。

——杜荀鹤《鸬鹚》

养鸬鹚捕鱼，是解放前余干内河渔民主要捕鱼方式之一，民国《余干县志》载："鸬，韵形似鸦而黑，喉白，嘴长，善潜水捕鱼，喉下皮肤扩大成囊状，捕得鱼就置于囊内。"捕鱼时，渔人撑着竹排，上面站着若干只被布条箍紧了颈的鸬鹚。在鱼鹰驯养过程中，渔民总结出一整套利用基因遗传原理，对其进行良种配偶、孵化，优化雏鹰喂养和培训管理。驯养过程中，鸬鹚主人用"白话"与其沟通，使得自家的鸬鹚只听从自己的专属"命令"，因而引导鸬鹚的声音每户不尽相同，家家有诀窍。渔民这种口头秘传的驯养方法，将鸬鹚培养为精通人性的"鱼鹰"，把鸬鹚当成捕鱼的主要工具。鸬鹚捕鱼时常要用船运往不同水域，平时多见的木船是不实用的，鸬鹚船船形十分奇特。它由两条与湖划子、鸭划子形体不同的单船组合的。单船长 6 尺余，宽不足 2 尺，船腹两块隔板分成前仓、中仓和后仓。船的头尾形状一样，不分前后，常以人站在船上放鸬鹚时分辨前后，面向前为前，背向后为后。单船因小不能载重，因窄容易摇晃，故用两根横杠将两只单船并排相连，中间留一尺五见方的空间，便于站人，也方便挑着走动。两船相并，内侧各钉上一块踏板，渔民站在两条船的中间放鸬鹚。民间"脚踏两只船"的俗语可能就来源于此。鸬鹚船因是两只单船相并，所以水上划行平稳；由于船身短小，划行轻便，转身灵活，所以便成为鸬鹚捕鱼的专用船。

鸬鹚捕鱼在当时成为鄱阳湖畔的美景。三三两两的渔民各自驾着小船，手中挥着竹篙，驱赶着鸬鹚捕鱼。驾着小船的渔民，或大声喊着，或一只脚踏着渔桨，发出有节奏的敲击声。

他们时而双手配合着，拔插着竹篙，撑船前进。有的渔人挥动着竹篙敲打水面催促，鸬鹚猛然倒立起身子，俯冲而下，扎入水中，冲天而起时，一条亮色的鱼儿在空中挣扎着；另一边几只小鸬鹚，分明还在牙牙学语，蹒跚学步，看似摇摇欲坠，却也表现得十分勇敢与执着……鸬鹚还懂得合作，如果遇上大鱼，几只鸬鹚就会齐心合力抬出水面，供渔民捕捞。渔民稳稳地站在船头，撑杆指处，鸬鹚潜入水中，出水时嘴里叼着鱼儿，没有一次落空。渔民只需将鸬鹚脖子一勒，鱼就落到了竹编的鱼篓里。

六

龙涎酒盏鸬鹚勺，远胜仙家大玄酪。

——王恭《书漫士为陈拙脩绘沧州别墅》

　　渔民捕鱼有独有的风俗，首先要选择"出船日"，一般把农历正月十八日定为"出船日"，这天清晨要烧香点烛、焚纸钱、放鞭炮、备斋饭、敬天地，以祈求出船顺利；其次要记住"忌捕日"，农历正月十六日和五月初六日为忌捕日，即便家中鸬鹚没有鱼吃，也只得花钱去买，不能出捕。这两个日子，俗称"送阴船日"，如勉强出船会碰撞"阴船"，招来不幸；再次，渔民非常讲究"阴礼"，外出捕鱼期间，无论远近，农历正月十一日一定要赶回家，因为第二天（正月十二日）接阴船日，每户必须备斋饭、香纸、蜡烛、鞭炮，集中到"香火堂"接阴船，意为"阴阳一体礼当先"；复次，开潭祭祀，须焚香化纸放鞭炮，举行隆重的祭祀活动，一敬天地，二敬河神，三敬庙神，以求人吉利、鱼丰收；最后，出船捕鱼的渔民有许多"言行忌讳"，如船翻身要说"调边"（调面），筷子叫"摇手"，鞋子不能翻放，碗不能倒置，睡觉不能俯卧，早上不能吃蛋，在船上要盘腿坐，不能吊脚坐等。

　　旧时有些渔民在捕鱼时，还相信世代承袭的语言的魔法力量。他们有的往往要在心里默念着："肥的来，瘦的走，鲶、鲤、鲫、鳜样样有。大鱼小鱼快上手。嫩的来，老的走，鳠、鲮、鳅、鲇样样有。肥鱼嫩鱼快上手。冰块化，鱼儿游，鲤、鲭、鳙、鲳齐出头。大鱼小鱼出洞口。"这种默念祝词或咒语的打鱼风俗，实质上是古老祭歌原始遗风的残存。它使我们自然地想起远古时期腊祭中的祝词咒语，比如《礼记·郊特性》里的咒语《土返其宅》和《山海经》中驱逐旱魔的《神北行》。它们"不断地提醒人们的希望"、"巩固着人们的信心"，表现了人们相信自己语言的力量或求心理安慰，而这种相信是有助于人们积极向上、奋发有为的。

七

金攒嫩橙子，墅泛远鸬鹚。

——元稹《酬翰林白学士代书一百韵》

旧时鄱阳湖畔的余干渔民，长年累月漂泊在湖上捕鱼，不管烈日炎炎或者冰天雪地，总是忙个不歇，还要忍饥受气，甚至挨打遭骂。在贫苦窘迫的打鱼的单调生活中，渔歌是他们忠实的伴侣，是解忧散愁的良剂。在五六月，太阳烤得肉痛心焦，他们就唱《晒歌》："太阳一出照九州，晒得情哥汗直流。人在船上无处躲，船板烫脚人溜溜。想起阿妹回家远，要不打鱼无米油。"而在冷天便唱《湖歌》："风吹麻石滚上坡，鄱阳湖里鸟架窝。枫树尖上鱼撇子，鸬鹚上树把鱼捉。"有时用诙谐的曲调、滑稽的话语唱出一反世态常情的"古怪歌"（或称"颠倒歌"）以之逗笑取乐。

鹭鸶港乡位于余干县北部，处信江下游，毗邻县城，传说有史书记载以来，鹭鸶港人祖祖辈辈在河边生息繁衍。人们喜爱放养鸬鹚捕鱼，每当黄昏降临时，沐浴着斜阳的余晖，眺望河面上来往穿梭的渔船，鸬鹚停在船舷上，形成了一道远近闻名的亮丽风景。余干方言，"鸬鹚"与"鹭鸶"读音非常相似，据说，鹭鸶港乡的得名就来源于"鸬鹚"。

余干县湖区鸬鹚捕鱼的渔村风情是"梦里水乡"余干极富神奇色彩的图景，也是中华传统渔樵文化流光溢彩的一页。

白船映水凭鱼跃

◎余善爱

　　白船捕鱼是指使用一种叫白船的工具进行捕鱼，称跳白船，余干渔民称之为撑白船。我县沿信河两岸乡镇场的瑞洪镇的渔业大队、黄金埠镇区域内部分渔民、瑞洪镇的渔业大队、康山乡渔民、白马桥乡的程家村、大溪乡的渔业大队常使用这种白船捕鱼。20世纪五六十年代还是很常见的捕鱼方法，70年代后却鲜见，现在却难觅其迹，目前民间难以寻找到一条白船。究其原因有三：一是先进渔具的横空出世；二是渔资源的逐渐减少；三是会使用白船的老渔民渐渐老去，后代又不愿传承。听一位跳白的老渔民讲述，跳白船是个技术活，操作相当不易，一般的渔民难以驾驭。20世纪五六十年代余干江河湖港、河汊滩涂众多，只要有水的地方就有鱼，撑白船收益颇丰，就是随便拿上什么渔具都能捕到鱼，甚至下水也能摸上几斤。

　　白船真正称得上是独木舟，船身窄长，两头尖细，只容得下一人直行，一侧高一侧低，高的一侧挂网，是防鱼儿跃出船外，低的一侧挂白板，是引诱鱼儿追逐的工具。撑白船需要很高的驭船技术，一般人站立其中稍不留神，则会因重心不稳致船倾覆。

　　撑白船仅限一人操作，捕鱼的最佳季节是6—10月份。选择自己熟悉的河港湖面，一面较为平坦且水深在3米以内。捕获的一般是白鱼、小白条鱼等生活在水上层的鱼类居多，偶尔也有窜至上层觅食的鱼类。出船时一般选择在月疏星稀的夜晚，把白船放入水中，挂有白板一侧朝向河港湖面，离岸约两丈距离，人坐在船的一端，手拿木质撑桡，撑桡约 6 尺长，手握部分为圆形，下端实为桡。划船时人不得言语，轻便操作，以防惊扰鱼儿，以每秒一划的节奏朝前划行，此时，只听得白船在水中嗖嗞嗞嗖嗞嗞嗞的声响，不时有鱼跃出水面，跳入船舱，一般是白条鱼、餐条鱼等生活在水上层的鱼种，有时也会有鲤鱼等大鱼入舱。从晚上 7、8 时至凌晨 2、3 点，渔丰时节有百把斤，但多数时有 20—30 斤。

外行人一直弄不明白鱼为什么会自己跳入船舱，渔民程老大告诉笔者，鱼有喜欢追逐光亮的习性，见光就兴奋就要跳跃，跃起的方向不对就很容易进船舱。我国沿海渔民去远海捕鱼，其中就有利用鱼喜光追光的习性，船上装上大功率的发电设备，用强电光吸引鱼群，然后下网，鱼丰时一网能获取上千斤。

白船制作技术

白船制作工艺流程比较复杂，一般的船匠还不会。我县的

白船

白船多出自白马桥程家村中屋小组一徐姓船匠世家，第三代传人徐森林仍然靠着这祖传造船手艺养家糊口，他祖父徐天宽是有名的船匠，不但会制作白船，还会制作小板船、渡船、绑钩船、龙船、倒挂子船等船只，1985 年去世。第四代传人徐木咀 1946 年 12 月出生，10 岁学徒，15 岁出师，目前仍健在，虽说现在无白船可造，但 2000 年后民间重燃的划龙舟风气，又让他制作龙舟的手艺得以发扬光大，生意很是兴隆。徐家人造船技术在鄱阳湖区域名气很大，在余干县地界更是遐闻乡里，既会造白船、龙舟和小舢板，也会造较大型的倒挂子船和运输船。徐家的祖训手艺传内不传外，虽说很保守，但倒也理解，在那落后的农耕时代，手艺人算是体面的劳动人，人称"师傅"，这谋生的独门绝技一旦外泄，则有丢了饭碗的风险。

造白船流程较长，环节较多，大体有如下几个阶段。

一、选用材料

1. 选 10 年以上生干杉木若干段，旧时找锯板师傅，今时用电锯切割成厚约 2.5 厘米薄板备用。

2. 选 2 年以上生鲜毛竹若干根，破割成 10 厘米宽 1 厘米厚薄片备用。

3. 选 6 厘米大小，长 6 厘米铁钉 6 斤备用。一斤约 120 颗，（用于船板与船板镶接）。

4. 厂字形曲搭 36 颗备用。（用于固定船底板与船间梁头）。

5. 匚字形曲搭钩 18 颗备用。（用于船板与船板的再固定）。

6. 铇钉约 200 颗，约 2 斤备用。要求一颗 7 厘米长重，重 0.8 两，一斤约 100 颗。（用于船舱、底板、斜板、身板彼此之间的固定）。

7. 干葛根丝 10 斤备用。（用于填塞船缝隙）。

8. 干熟石灰 5 斤备用。（与葛根桐油一并混用填塞船缝）。

9. 桐油 20 斤，用于船内外防腐。

10. 丝网 8 米长备用。（用作防拦网）。

11. 压舱石5块，长方形，约5斤一块。

二、船体规格概要

1. 船身。船身长约2丈7，合约9米，中舱口面宽1尺6寸，合约50厘米，两头坐舱宽约1尺2寸，合约40厘米，中舱船底宽1尺，高约30厘米，两头底宽6寸，合约16厘米，一侧高33厘米（挂白板侧），一侧高约43厘米（挂拦网侧），船板厚约2.5厘米，拦舱板厚约1.5厘米，梁头宽约2厘米。

2. 白板。呈月牙形状，长约7米，中间宽约70厘米，板厚约1厘米，两头宽约50厘米，每间隔约1米处钉有约长80厘米毛竹，竹条长出白板约1尺，末端钻孔，便于穿铁丝或木绳，以固定悬挂。

三、白板制作

选上等杉木板，裁成7米长若干块，拼成70厘米宽，一面刨光后，铺在地面上，用墨线每间隔7厘米弹竖线，即为铁钉梢衔之处，每两块板镶合时确定8—10个衔接点位，用约6厘钻头的手拉钻，在两块板的点位斜钻钉洞穿过两块板，注意斜角，避免穿破面板，然后依次将6寸梢钉打入即拼接成功，用若干块镶接成约70厘米宽即可制成白板毛坯。白板一侧自中线点位往两头依次画出一弧线，两端头宽约50厘米，再用后锯沿弧线切割，然后将裁切处刨光，在中线点位钉上毛竹条，往两边各按平分原则，钉上2根毛竹片即基本制作完成，再选一般白漆，在钉有毛竹条的一面涂鸦两遍晾干，白板就大功告成。

四、白船制作

将所有木板均按用途和尺寸规格裁切好，两边刨光备用。

1. 定船底。选30厘米宽或2块各15厘米拼接而成，长9米或2块4.5米拼接而成的木板，长板拼接方法为二元活口嵌镶入法。宽板镶合采用铁钉斜眼穿入法。船底两侧边成35度斜面，即成船底初形。

2. 上斜板。斜板俗称托水板。分别在船身板两头30厘米

288

处起翘30度定型，定型时用较大较宽较重的板材石块压稳，石块以百十斤二人合力能抬起为宜。选2块8厘米宽板，长6.4米，一侧制成65度的斜面，在每间隔10厘米的点位，钻约2厘米的斜眼穿至船底板0.5厘米深，用铁梢钉固定即完成。

3. 上身板。先上挂白板一侧，一般用2块木板镶合而成，高约25厘米。再上挂拉网一侧，一般3块木板镶合而成，高约35厘米。镶合的方法是先将木板在地面上铺平，用墨线每间隔10厘米处划定点位，用1分钻头斜钻穿2块约4分深，再打入铁梢钉即可，再用同样的方法将身与斜板衔接牢固，最后在船内侧用一字铁钉将身板再固定，全船约需18处衔接点位。

4. 定舱位。

①先定中舱。选1厘米厚、宽约13厘米木板，分别裁切成长50厘米，每块正中央锯一0.5至1厘米的缺口，便于船舱之间水能自由流动，此为拦舱板，另取2块35厘米1块，采用斜眼穿入法将2块镶合而成，即为中舱拦板。将中舱拦板垂直置于船舱中央，两头依照船身形对接严合，依然采用斜铁梢栓穿入法，将中舱拦板与船底固定，最后将2厘米宽的梁头盖在拦板上，两头用L字铁搭再次与船底固定即成。

②依次定舱位。用制作中舱拦板的方法，分别在中舱两头设三个舱位，将拦舱板镶接即成。

5. 关船头。用麻绳将两侧船身板拉拢至上30厘米下20厘米宽度固定好。裁切二块梯形木板，30厘米*25厘米、厚2.5厘米的木板，平铺在船两头，用铁钉斜梢固定即成船头。

6. 捻船。用相关材料将船所有的缝隙填充完好称之为捻船。

①将葛根丝撕扯成细丝，用水洗干净，除去杂质后晾干，用木槌捣烂，拌入桐油石灰中，再捶揉成灰条备用。

②将葛丝桐油灰条沿船板缝填塞，将铁捻子抵住捻条，再用小铁锤轻敲铁捻子，捻条缓缓被打嵌入，直至灰条完全嵌入船缝中，且未外露船面，才算完成捻缝，每条船缝均如此操作

结束后捻船工序才算完成。

7. 上油。

①将船内外清洗干净，置于室内阴干。

②上头遍油。用棉布揉成团，浸桐油后在船内外反复涂抹至不挂滴，阴干，第一次约需桐油8斤。

③上第二遍油。一周后，继续反复在船身内外涂抹桐油至不挂滴，阴干，第二次约需桐油4—5斤。

④上第三遍油。又一周后，继续反复在船身内外涂抹桐油至不挂滴，阴干，第三次需桐油2—3斤。

通过以上7道工序，历时月余，制作完成。

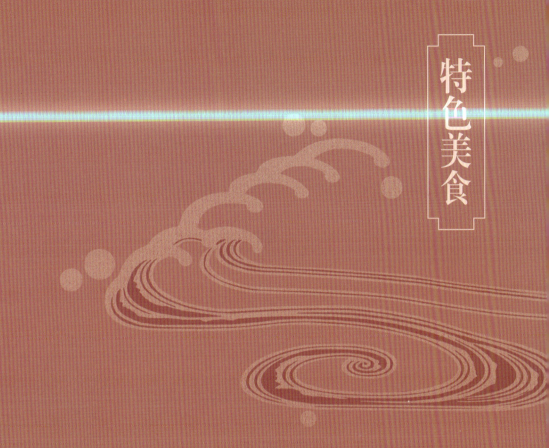

特色美食

余干人民不但勤劳睿智，热爱生活，而且还特别会享受生活，以独特的烹饪方法，烹调出许多享誉全国的美味佳肴。2015 年，余干被中国烹饪协会评为"中国生态美食之乡"，成为江西首个获此殊荣的县区。余干美食很多，有饕餮大味红烧甲鱼、鲜美醉人的鳜鱼煮粉、补肾健脾的银鱼泡蛋、滋阴益气的芋荷花炖肉、痛快淋漓的丰收辣椒炒肉、风味独特的藜蒿炒腊肉……这些美食如同艺术，以独特的色香味，装点着我们的生活；它是时间的佳酿，越品越醇；它是味蕾的舞者，每一口都会触发心灵的震颤。

余干辣椒炒肉

◎卢新民

余干辣椒炒肉

"赣菜名品香天下，辣椒炒肉味道佳。"提起余干辣椒炒肉，食客们无不交口称赞。这道美食以猪肉、余干辣椒为主要食材，其肉色红亮，辣椒青碧，香辣脆甜，软辣开胃，辣嘴不辣心，风味独特。

清末武进士、二品御前侍卫、太子少保江鸿波是余干人，据他家乡人介绍，他最爱吃家乡的辣椒炒肉，每年都叮嘱家里捎给他余干辣椒，做出一道道美味的余干辣椒炒肉，连太子都爱不释口。江鸿波还向慈禧太后推荐余干辣椒炒肉，获得太后重赏，因而"余干辣椒炒肉"声名远扬。

炒制一道完美的余干辣椒炒肉，有很多讲究。首先要选正宗的余干辣椒，余干辣椒只要一采摘下来，成熟的辣椒呈灰绿色，嫩一点的余干辣椒呈黄绿色。青椒要用滚刀切，选择带有

洪家嘴余干辣椒

一定油脂的土猪五花肉，为避免肉皮影响口感，因此要去掉肉皮。将肥肉煸炒出油脂，起锅前放入辣椒，辣椒充分吸收了猪油的香味，口感也不会过于软烂，这才是地道的辣椒炒肉。

在品味余干辣椒炒肉时，最好一片辣椒夹一片肉一起吃，刚入口时辣味适中，待咽下去，又有一种夹杂着微甜的绵长回味留在口腔，辣椒的鲜香与炒肉的油脂香混合在一起，辣嘴不辣胃，让人食欲大增，令人欲罢不能。

2015年，在第三届全国民间美食烹饪大赛上，余干辣椒炒肉一举夺得"金牌宴席"名菜称号；2018年10月，中国烹饪协会首次向世界发布《中国菜——全国省籍地域经典名菜、主题名宴名录》，余干辣椒炒肉光荣上榜。2020年6月，江西省商务厅启动赣菜"十大名菜"评选，余干辣椒炒肉成功入选，成为赣菜"十大名菜"之一。

辣椒炒肉全国都有，而余干辣椒炒肉之所以成为舌尖的盛宴，成为天下名菜，其关键在于选用的原料是正宗余干辣椒。

据记载，辣椒传入中国则是在明朝时期。到了明朝中期，辣椒开始被广泛用于烹饪，成为中国菜肴中不可或缺的调味品之一。辣椒的使用在清朝时期更加普遍，各地菜系都开始使用辣椒来增加风味。

余干因其独特的地理位置，地下水位高、土质结构好、水

余干丰收辣椒种植基地

肥气热条件佳，辣椒种植历史悠久，源远流长。余干县洪家嘴乡有个叫枫树李家的村子，系元末由县城西隅迁此，因多栽枫树而得名。信江的泥沙冲刷出枫树村这块田地，土壤疏松肥沃，含沙量大，矿物质含量丰富，非常适合辣椒生长。据载，当地村民自明代起就开始种植辣椒，辣椒年年传种，代代发展，经长期提优改造，种植出来的辣椒果实较小，具有肉厚、皮薄、肉质细嫩、味香、辛辣适中、略带甜味、营养丰富等特点，其独特的风味，深受食客喜爱，更是嗜辣者的首选，使得"枫树辣""丰收辣"成为有名地方特产。经检测，余干枫树辣椒含有维生素 C、维生素 B、胡萝卜素及钙、铁、硒等矿物质，特别是含有维生素 B12，营养丰富。早在明清时期，余干辣椒就多次被作为地方特产进贡朝廷。

靠山吃山，靠水吃水，守着这片金土地的洪家嘴乡枫树村民看到了广阔的市场。2002 年，余干县枫树村注册"余干枫树辣椒"商标。2004 年 4 月，当地余干辣椒种植能手李伟良成立余干县伟良枫树辣椒开发有限公司。经过几年的发展，李伟良牵头以公司为基础联结了余干县国珍枫树辣椒种植专业合作社、余干县泽华蔬菜种植专业合作社等 23 家专业合作社及 9 家家庭农场，实行"公司＋合作社＋基地＋农户"的经营模式，除统一提供种子、肥料，统一外销外，还邀请了江西农科院、江西农业大学的专家和技术人员到现场进行标准化种植与技术服务，并组织合作社成员前往山东寿光、台湾等地参观、培训，不断将余干枫树辣椒产业做大做强。2007年又注册"丰收辣""枫树辣""余干辣椒"等多枚商标。

2006年12月08日CCTV-7《致富经》曾以"一公斤辣椒卖三百元"为题对余干辣椒进行了报道。2009年，余干枫树辣椒栽培技术被列入上饶市非物质文化遗产名录。同年，余干县伟良枫树辣椒开发有限公司成功申请并获得中国绿色食品发展中心绿色食品A级认证证书，江西省农业厅颁发的无公害农产品证书及无公害农产品产地证书。"丰收辣"商标被评为江西省著名商标。2011年12月，余干辣椒获得农产品地理标志。2012年11月，在湖南长沙举办的第四届中国国际辣椒产业博览会上，余干枫树辣椒以展销价每千克200元的价格成为"全球最贵辣椒"。《江西日报》以"全球辣椒谁最贵？ 余干枫树椒拔头筹"为题进行了报道。中央电视台、江西电视台、中国产品质量报、上饶日报等主流媒体对枫树辣椒也进行了广泛报道，极大地提高了枫树辣椒的知名度和品牌影响力。2013年2月，余干辣椒提纯复壮及高产栽培技术体系集成研究被授予2012年度上饶市科学技术奖。2015年10月"余干辣椒"被评为2014年度全国百佳农产品品牌，同年12月荣获第十一届江西鄱阳湖绿色农产品（上海）展销会金奖。2018年5月"余干辣椒"入围国家地理标志区域品牌百强榜。

296

通过"丰收辣"品牌建设结合现代科学技术，余干现已发展枫树辣椒种植面积5100余亩，其中自建基地种植余干辣椒3500余亩，发展订单基地种植2700亩，成功带动当地上千农户走上丰收致富之路。

不吃余干辣椒炒肉，就不算来过余干。朋友，您品尝到了辣椒炒肉里丰收的味道吗？

鳜鱼煮粉

◎卢新民

鳜鱼煮粉

　　鲜嫩的鳜鱼，软糯的米粉，鱼鲜味美，米粉爽滑，佐以浓香的汤料，简直是挡不住的诱惑，又是一次舌尖的狂欢。这道菜就是大名鼎鼎的余干美食鳜鱼煮粉，十大赣菜之一。

　　鳜鱼，又名鳌花鱼、鲈桂，是我国"四大淡水名鱼"中的一种。鳜鱼肉质细嫩，刺少而肉多，其肉呈瓣状，味道鲜美，实为鱼中之佳品。唐朝诗人张志和在其《渔歌子》写下的著名诗句"西塞山前白鹭飞，桃花流水鳜鱼肥"，赞美的就是这种鱼。

　　余干是鄱湖之滨的美食之乡，这里所产的鳜鱼肉嫩、刺少、味鲜，营养丰富。鳜鱼中含有蛋白质、脂肪、少量维生素、钙、钾、镁、硒等营养元素，加之肉质细嫩，极易消化，对儿童、老人及体弱、脾胃消化功能不佳的人来说，吃鳜鱼既能补虚，又不必担心消化困难；吃鳜鱼有利于肺结核病人的康复；鳜鱼肉的热量不高，而且富含抗氧化成分，对于贪恋美味、想美容又怕肥胖的女士也是极佳的选择。

江西是米粉之乡，据史料，江西米粉的记载始于东汉末年，距今已有 1800 多年的历史。另据钱锺书《管锥编》考证，中华米粉最早起源于东汉时期的九江。南宋文学家楼钥《陈表道慧米缆》诗曰："江西谁将米作缆，揣送银丝光可鉴。仙禾为饼亚来牟，细剪暴乾供健略……"。江西人吃粉叫"嗦"粉，为何叫"嗦"？这是因为在吃粉时会发出呲呲的声音，而被模拟为"嗦"。嗦粉最重要的是一口下去嗦到底而不断。余干是米粉大县，据记载从清朝起每年冬季不少地方都会制作米粉，这里的米粉不同于云南的米线，它吃起来劲道且饱腹，有种独特的鲜美口味。鳜鱼煮粉，两种食材搭配，相得益彰，简直绝配。鳜鱼煮粉这道菜的精髓在于鱼和米粉这两道食材，一条好的鳜鱼可以煮出鲜美的汤汁，而好的米粉可以让人越吃越上头。

298

鳜鱼煮粉的独特魅力首先来自选料的精致。必须选用新鲜的鳜鱼，以保证其肉质的鲜美和口感的细腻。而米粉则必须选用江西特有的优质大米制作，以确保其细腻的口感和独特的米香。将鳜鱼与米粉一同烹煮，使两者在浓郁的汤底中相互渗透，相互融合，形成一道独一无二的佳肴。

大厨介绍，烹制鳜鱼煮粉，先准备一条鲜活的鳜鱼和一包江西米粉，将鳜鱼洗净，并在鱼背上打上一字花刀，可以起到入味的效果；将米粉浸泡，但注意时间不宜太久，太久会失去劲道和米粉的香。下一步就是煎鱼，将鱼的两面煎至金黄便放入余干辣椒和小米椒等，后加入开水煮鱼。接着，将过滤干浸泡好的米粉放入锅中，加入必要的盐等继续略煮，一碗鲜香的鳜鱼煮粉便完成了。

品尝鳜鱼煮粉，首先会被其香气所吸引。当米粉和鳜鱼在口中交织时，仿佛置身于江西的山水之间，感受着大自然的馈赠。而那浓郁的汤底则让人仿佛品尝到了鳜鱼的鲜美和米粉的细腻，二者完美地结合在一起，形成了一种难以言表的口感。

关于鳜鱼煮粉的由来还有一则有趣的传说。公元1343年，朱元璋与陈友谅在鄱阳湖开战。一天傍晚，朱元璋避至余干康郎山一农妇家里。因几次开战，很不顺利，他面色阴暗，思虑重重。农妇见他脸色不好，思考着该给朱元璋做上一道好菜补补身子，并且要从口味上让他觉得鲜美。农妇首先想着的是鳜鱼。于是，农妇找来一条约一斤重的信江河里的新鲜石鳜鱼，将其杀好洗净。然后，用地道农家菜油于锅里两面煎黄，佐以谷酒烧制。最后，用鄱湖之水煮些时辰，加入生鲜猪油、生姜、大蒜、酱油、余干小辣椒等，装盘，一道味道鲜美、室飘鱼香的河水煮鳜鱼上了桌。农妇请朱元璋尝尝，朱元璋看着色香俱全的石鳜鱼不免来了食欲，动了几下筷子，吃了些许鱼肉，就是不见动饭。农妇看在眼里知道朱元璋还是心结未开，想着应该为朱元璋增加米类才可壮神补气。

第二天早上，农妇改变了原来的鳜鱼做法，想出了鳜鱼汤煮粉。农妇按照昨夜的做法，锅留汤汁，去掉杂料，用汤煮粉，装入青花大碗，撒上葱花。再上桌后，朱元璋一试，觉得

"中国最大锅煮鳜鱼米粉"

味道鲜美无比，吃了一口，霎时神清气爽。朱元璋大加赞赏农妇手艺胜过随军厨师，并当场许诺，如若大业有成，定当报答农妇。农妇微笑言谢。最终，朱元璋与陈友谅大战鄱阳湖取得胜利，鳜鱼煮粉也成为余干菜系中一道经典名菜。

2019 年 11 月 5 日，首届中国江西米粉节、第三届饶帮菜美食文化节暨第二届余干美食文化节在江西余干县美食文化街举行。在"万人品尝鳜鱼煮粉"现场，一口直径达 7 米的大锅矗立在街道中央，吸引上万名市民和游客驻足，26 名厨师站在锅灶周围刷锅、上油、注水，水沸腾之后，再分步骤倒入 350 公斤鳜鱼、1500 公斤米粉、50 公斤配料。开幕式现场香气扑鼻，吸引了万余名市民和来自周边各地的游客参观品尝。上海大世界基尼斯总部纪录人员现场宣布授牌"中国最大锅煮鳜鱼米粉"吉尼斯纪录，同时中国饭店协会会长韩明为"中国鳜鱼煮粉地标城市"余干县授牌。

余干鳜鱼炒粉同样别具特色。中国当代著名艺术家、作家、乡贤白明先生最喜爱吃家乡的鳜鱼炒粉，他曾用饱含深情的笔墨介绍这道美食：

300

> 桂鱼，为淡水鱼中至尊，古今名贵，画中常见，诗中常吟。鲜嫩肥美，刺少肉多。余干人的聪明豪气和大度慷慨让这最"尊贵"的好鱼陪伴这最"低贱"的米粉，创造出最诱人最具想象力的美味来。这种组合没有胸怀是不行的，没有想象是不可能的……桂鱼炒粉将桂鱼的鲜美和米粉的糯感完全融合，平均了雅俗和贵贱，混淆了菜肴和主食，升华了粗朴和精致，再加上一些更独特的余干辣椒，那真真是道不可不尝不可不知的人生美味！
>
> 好的桂鱼炒粉一定得用余干土法做的米粉……这样的炒粉进入你口腔的一瞬间它的鲜、糯、咸、香、糍、美所有的味道在第一口咬合时就传递到你身体的每一个角落，好似生物电流般在你的身体里激荡了好几回，当第二口咬合下来，你的筷子夹着的满满的鲜美又加入到你的口腔

里。随着你每一次的口腔运动，都将这样带有极原始的生物性的饱满力量和富有的满足感一次次地传递全身。

桂鱼炒粉是我眼里余干美食的首选，许多地道的余干人或许不会将桂鱼炒粉当做最重要的佳肴。余干有名的菜品很多：腌菜黄鸭头、鲶鱼芋头、余干辣椒炒肉、黄金埠豆腐丝、瑞洪豆腐、银鱼泡蛋、清煮螺蛳蚬、干炒针贡鱼、冬笋腊肉、马蹄莲藕、酒糟鱼块等等，特色小吃更是名目繁多。我之所以心心念念着桂鱼炒粉，并且写成文字，是我对家乡食物记忆里的另类理解。

鳜鱼煮粉、鳜鱼炒粉都是地道的家乡美食，有着地道的家乡味道，早已成为江西人的最爱。每当有朋友来访，江西人总会用这道菜来招待客人，以表达对于客人的尊重和热情。鳜鱼煮粉以其独特的口感、丰富的营养和文化内涵成为米粉界的天花板。它不仅是一道美食，更是一种文化传承和生活情感的体现。对于每一个热爱美食的人来说，品尝这道菜尤疑是一种难得的享受和心灵的洗礼。

俗话说："最绵长的乡愁是家乡美食，回故乡最短的路径是从嘴巴到胃。"每次品尝鳜鱼煮粉这道美食，鳜鱼与米粉特有口感和芳香，一次次唤醒江西人味蕾的记忆和对家乡的深深思念，这就是乡愁的味道。

红烧甲鱼

◎卢新民

红烧甲鱼

　　"中国生态美食之乡"余干有一道名菜,是余干人宴请贵宾的标配,它就是红烧甲鱼。红烧甲鱼肉质鲜嫩,味道辣爽。经过高温炖煮,甲鱼肉被炖得十分软糯,在黏稠的汤汁里沸腾翻滚,揭盖的瞬间,光是香味都已经让人食欲大开。红烧的酱汁色泽浓郁,肉味鲜香略有嚼劲,吃到嘴里非常有满足感。甲鱼壳上那一圈裙边肉又软又弹,滑润丰腴,满满的胶原蛋白既养生又养颜。吃过甲鱼肉,舀一勺香浓的汤汁浇在饭上,汤汁浸润着白米,香气扑鼻,满口留香!

　　2010年底,上饶市旅游局组织开展了"游客最喜爱的十大名菜"评选活动,余干红烧甲鱼高票入选。

　　甲鱼,学名"鳖",我国很早的史料中就有"鳖可补痨伤,壮阳气,大补阴之不足"的记载,《名医别录》中称鳖肉有补中益气之功效。《本草纲目》谓鳖肉有滋阴补肾,清热消瘀,健脾健胃等多种功效,可治虚劳盗汗,阴虚阳亢,腰酸腿疼,久病泄泻，小儿惊痫，妇女闭经、难产等症。《日用本草》认为，鳖血外敷能治面神经，可除中风口渴，虚劳潮热，并可治疗骨结核。营养美食专家介绍，甲鱼含有丰富的优质蛋白质、氨基酸、矿物质、微量元素以及维生素 A、B_1、B_2 等，具有鸡、鹿、牛、猪、鱼五种肉的美味，素有"美食五味肉"之称。它不但味道鲜美、高蛋白、低脂肪，而且含有多种维生素和微量元素。现代医学研究表明，甲鱼肉中含有一种抵抗人体血管衰老的重要物质，常食可以降低血胆固醇，对高血压、冠心病患者有益。吃适量甲鱼有利于产妇身体恢复及提高母乳质量。日本科学家实验还证实，甲鱼有一定的抗癌作用和提高机体免疫力的功能。甲鱼中含铁质、叶酸等，能旺盛造血功能，有助于提高运动员的耐力和恢复体能。

甲鱼含有丰富的胶原蛋白，是美容佳品又是大补之物，既可炖汤又可爆炒红烧。煲汤保留了甲鱼原有的鲜美，是滋阴补肾的佳肴；红烧添加了佐料经大火爆炒色香味俱全，更令人垂涎欲滴。余干红烧甲鱼肉质鲜嫩，口味鲜美，极富有营养，是滋补抗癌佳肴。在首届中国赣菜展示会暨江西餐饮业博览会上，荣获最佳效果奖第一名的余干"鄱阳湖风光宴"中，就有红烧甲鱼。

红烧甲鱼制作的关键在于选料和火候，最好挑选一斤多重的野生甲鱼，体厚肉肥裙边大，味道更加筋道，吃起来也更加鲜香，做出来口感特别鲜美。

上饶人食用甲鱼不仅历史悠久，且闻名于"生子当如孙仲谋"的吴帝孙权。话说那一年孙权大病，相士晚观天象，发现余干的鳖洲，也就是今天的琵琶洲吞食了长沙郡的风水，于是派赵达挖鳖洲破风水。当时，鳖洲的甲鱼特别多，赵达命令村民家家派人杀甲鱼，以解心头之恨。村民觉得可惜，家家都"红烧"甲鱼，其味美且香气外溢。赵达闻得甲鱼香味，自己亲尝了一回觉得的确好吃，且它又是一等膳药，大赞的同时还选择了最好的献给孙权。孙权食后病愈，于是爱上了余干红烧甲鱼。自那以后，历朝历代皇家都将甲鱼列为宫中菜品。在餐桌上，余干甲鱼头从来不朝西方，因为孙权不想余干的鳖洲吞食长沙郡的风水。

随着人民生活水平的提高，野生甲鱼越来越金贵。余干红烧甲鱼也在不断添料，在做法上推陈出新，不但追求美味，也追求养生、讲究观感。

据名厨介绍，制作烹饪余干红烧甲鱼时，要挑野生甲鱼，将其斩杀洗净，在热水中去除表皮上的那层黑膜；接着切块、焯水，以去血腥；铁锅上火注入油，煸葱、姜、蒜，放酱油等，再把切好的甲鱼块推进锅中翻炒，约一分钟后依次放入笋块、黄酒、精盐、酱油、冰糖、醋和少量水，用小火炖半小时左右；见汤汁浓稠、肉和裙边软糯时，再淋上些许香油，即可起锅装盆。

俗话说：菜花开，甲鱼上。甲鱼虽然一年四季都可食，可最佳时期是端午前后。这个季节的甲鱼长达半年之久没下食，体质差的甲鱼被自然淘汰，留下的甲鱼体质好、油脂少、肌肉结实，故口感也特别好。这个季节食用甲鱼，口味最佳。

甲鱼又称"团鱼"，代表着团团圆圆，是一种吉祥美味。年终岁末，亲朋好友欢聚一堂，红烧甲鱼少不了，因为它不仅兼具鸡、鹿、牛、猪、鱼五味之美，更有团圆的味道！

藜蒿炒腊肉

◎卢新民

藜蒿炒腊肉

如果您春天来余干做客，餐桌上必定会有一道特别的美食。金黄的腊肉，青绿的藜蒿，点缀着鲜红的辣椒，散发着一股特别的清香味道，吃起来香辣脆嫩，色香味的搭配，令人津液顿生，胃口大开。这道菜就是鼎鼎大名的藜蒿炒腊肉。藜蒿炒腊肉，一直享有"登盘香脆嫩，风味冠春蔬"的美誉。2008年，藜蒿炒腊肉入选"奥运菜单"。2021年2月1日，藜蒿炒腊肉被评为赣菜"十大名菜"之一。

"竹外桃花三两枝，春江水暖鸭先知。蒌蒿满地芦芽短，正是河豚欲上时。"这是大文豪苏东坡的诗句。蒌蒿即藜蒿，学名狭叶艾，又名芦蒿、水蒿、青艾等，属于一种野生植物，一般生长在湖泊草滩岸边附近。陆玑《诗疏》："蒌，蒌蒿也，其叶似艾，白色，长数寸，高丈余，好生水边及泽中，正月根

芽生，旁茎正白。生食之，香而脆美，其叶又可蒸为茹。"据
测定，蒌蒿含有人体所需的多种微量元素如钙、磷、铁、锌、
纤维素、芳香脂等成分。它生长于大自然，不需要经过任何化
学加工处理即可食用，真正是生态"绿色食品"。我国食用藜
蒿历史悠久，美食家苏东坡就是藜蒿的铁杆粉丝，在前面的诗
中他把蒌蒿与美菜芦芽、河豚并题，可见藜蒿的妙处。他还在
另一首诗中写道："渐觉东风料峭寒，青蒿黄韭试春盘。"说的
就是在春天食用藜蒿菜的情形。

除食用之外，藜蒿还可药用。在《神农本草经》中，藜
蒿就被列为野蔬上品，说它"性甘平，主治五脏邪气、风寒湿
痹、补中益气，长毛令黑……久服轻身，耳目聪明不老"。李
时珍《本草纲目》中即列举了藜蒿的多种治病和保健功能，称
"采其根茎"，食之可清火败毒。中国女科学家屠呦呦苦心孤
诣，从青蒿中提取青蒿素研发抗疟药为全世界饱受疟疾困扰的
患者带来福音，挽救了数百万人的生命，她也因此获得2015
年诺贝尔生理学医学奖。

藜蒿腊肉这两种食料是绝配。藜蒿与腊肉一起清炒，藜
蒿、腊肉各自独特的气味彼此混合，形成独特的清香，强烈刺
激人的嗅觉；藜蒿的草腥味与腊肉的咸腻味互相调和，咸香柔
软的腊肉和脆辣微甜的藜蒿，强烈刺激人的味蕾，再加之诱人
的色泽，可以说，在所有蔬菜与腊肉的组合中，藜蒿炒腊肉这
道菜达到了最完美的境界。江西首部赣语方言连续剧《松柏
巷里万家人》的片头曲就是《藜蒿炒腊肉》，是用南昌方言演
唱的：

（白）吃奚里哟？喉死人呢！（唱）鄱阳湖里咯几根子草，
南昌人饭桌上变成了宝。喷喷香咯日子，红火火淋龙搁咯过
耶！活得有滋又有味，射己寒赛过了藜蒿炒腊肉。千家万户乐
陶陶，乐陶陶！

藜蒿属菊科多年生草本植物，叶呈青色、茎管状，有青紫
之分，紫色为上乘佳品。它的再生力强，面积大、产量多。但

洪家嘴乡鄱阳湖藜蒿

它的入菜季节性很短，以农历正月下旬至二月底，三月初为宜，采集期前后仅50天左右。这时的蒌茎才幼嫩可口。以后越长越高，越老越硬，就不好食用了。故谚曰："一月蒌、二月蒿、三月四月当柴烧。"

鄱阳湖里的草，城里人的宝。藜蒿炒腊肉是江西鄱阳湖区群众的最爱，鄱阳湖周边县都有这道菜，但余干美食藜蒿炒腊肉更加地道，更加正宗。余干位于鄱湖南岸，东风起处，绵绵芊芊，青青郁郁，到处是野生藜蒿，是我国藜蒿最大产地。每年春节过后，湖坪草洲上，到处是男女老少挖采蒌蒿的人群，历时可达60余天。他们一人一个筐篓，一天下来，少则几十斤，多则近百斤，每天收入可达一两百元。这些原生态的藜蒿车载船运，远销南昌、武汉、南京、上海等大城市。

中国烹饪大师王东生介绍，"藜蒿炒腊肉"此菜始于朱元璋。鄱湖大战时，有一次朱元璋被围困，数天未食蔬菜，食欲大减，人也日渐消瘦。火头军着急之际，忽然发现草洲上生长着一种碧绿的野草，便随手扯了一根嫩茎嚼了一下，立时觉得满口生香，清脆爽口。火头军灵机一动，采摘了许多野草，去其叶，择其茎，与军中仅剩的一块腊肉皮同炒。当这道香飘四溢的野蔬端上桌后，朱元璋食欲大振，吃后连声叫好，精神振奋，后来一举挫败了敌军。

据 2005 年版《余干县志》记载：据藜蒿主要产地之一余干康山乡调查，1993 年起有近百人开始做藜蒿生意，上市销量约 30 万公斤，产值 9 万余元。至 2000 年销量增至 48 万公斤，产值 144 万元。90 年代初，南京市八卦洲乡利用余干运去销售的藜蒿作种源进行人工栽培，面积 1000 余公顷，也获得较为可观的经济效益，对余干的启发很大。20 世纪末，余干人工栽培藜蒿也开始形成规模。1999 年，康山乡袁家村有 11 户农民开始人工移栽藜蒿 3.67 公顷，2000 年增至 100 户，人工栽种面积 133.3 公顷，鲜藜蒿产量 70 万公斤。为了充分利用藜蒿的食用和药用价值，变草为宝，2000 年余干县成立藜蒿基地开发领导小组。同年江西蒂豪生物有限公司开始在余干投资建设蒂豪生物提炼厂，提炼藜蒿药物成分，进行精深加工。

每年阳春三月，是藜蒿盛产的季节。让我们相约在鄱阳湖畔，在天鹅白鹤云集的草洲，加入采蒿的队伍，一起寻找春天的味道。

银鱼泡蛋

◎卢新民

银鱼泡蛋　　　　　　　　　余干银鱼

　　银鱼，古名"脍残鱼"，是淡水鱼类中的名贵鱼种，肉质细嫩清凉，味道鲜美，含有丰富的蛋白质，营养价值很高，为酒宴湖鲜之首。因鱼体细长银白，在水中银光闪烁，晒干后雪白透明，故名。银鱼主要产自鄱湖滨湖地区的鄱阳、余干等地。因鄱湖银鱼珍贵稀少，自唐朝始，就为朝廷贡品。直到元末明初，随产量增加，才逐渐见于市场。昔日皇家贡品，今为百姓餐珍。

　　金秋十月，余干康山、瑞洪一带的渔民网得银光闪烁的鲜银鱼，晒成制成淡鱼干，日晒白如雪，阴干色淡黄。佐以鸡肉蛋等，或炒或炖，鲜香滑嫩，洁白如玉，浓香扑鼻，脍炙人口。余干名菜中以银鱼作食材的有银鱼炖蛋、银鱼泡蛋、银鱼煎蛋、银鱼藕丝等佳肴。其中银鱼泡蛋最为有名。

　　银鱼泡蛋的主要材料为银鱼，辅料为鸡蛋，葱花、盐、味精、鸡精、高汤、油、生姜少许。其做法，先把银鱼洗净，用料酒浸泡，炒锅烧热放油煸炒银鱼一分钟，将高汤与鸡蛋打散一起倒入炒锅内焖四到五分钟放入盐、味精、鸡精即可。

　　银鱼肉质细嫩、味道鲜美、营养丰富，具有养脾、润脾、补肾等功能。银鱼属一种高蛋白低脂肪食品，对高脂血症患者食之亦宜。中医上认为其味甘性平，善补脾胃，且宜肺、利水，可治脾胃虚弱、肺虚咳嗽、虚劳诸疾，尤适宜体质虚弱、营养不足、消化不良者、高脂血症患者、脾胃虚弱者、有肺虚咳嗽、虚劳等症者食用。

余干人常言："鄱阳湖的银鱼，五月绣花针，八月圆滚滚，好比水中参。"又说"一只银鱼补七天"。余干银鱼主要出产在鄱阳湖边的康山、瑞洪、新生、大塘等地内湖一带。据水产人员介绍，银鱼每年有两个捕捞季节：端午节前后是一个捕捞季节，这时候的银鱼体细嫩，称为"绣花针"；农历六月到中秋节是捕捞银鱼的旺季，这时候的银鱼体肥壮，称为"圆身银鱼"。

据江西省志记载，1934年，余干银鱼年产万余斤。1954年，因鄱阳湖特大洪水，全县银鱼大丰收，总产量达到75万公斤，是余干县银鱼最高年产量。当时的余干银鱼不但畅销北京、上海、内蒙古、香港等地，还远销日本、东欧国家，供不应求。1965年筑起康垦大堤后，鄱阳湖的银鱼不能进入内湖，银鱼的产量大幅度下降，内湖的银鱼越来越少，鄱阳湖的银鱼产量也不稳定。长江涨了大水，鄱阳湖的银鱼就多些；长江未涨大水，银鱼就很少。据余干县水产局的调查，新生西岗村1983年因康垦大堤决口，鄱阳湖的银鱼进了内湖，这一年他们56部嫩网，共捕捞银鱼4200公斤；1984年鄱阳湖涨了两次水，该村45部嫩网，捕捞银鱼1800公斤；1985年鄱阳湖基本上未涨大水，该村36部嫩网，捕捞银鱼不到1000公斤。

余干银鱼的产量逐渐减少，主要原因是：围湖造田，鄱阳湖和内湖水面大大缩小，银鱼生长的环境变了，产卵场所也有了变迁，加之上世纪农药和化学物质污染了鄱阳湖、长江，毒鱼药物和有害渔具破坏了银鱼资源，使银鱼的资源大大减少。进入20世纪80年代，全县银鱼只有零星小量销到外地，商业部门每年还要从外地调进银鱼供应本地市场。

民间传说，明朝有一位县令初到余干县上任，听说这里是鱼米之乡，想吃到营养价值高又没有骨头的鱼。最后，一名巧妇想出了一个好办法，用银鱼泡蛋。鸡蛋银鱼是天生一对，高蛋白低脂肪，润肺又滋补，一道"银鱼泡蛋"佳肴折服知县，从此该菜声名大噪。

据说"银鱼泡蛋"这道美食，还与明朝首辅李廷机有一段渊源。

话说明朝首辅大臣李廷机，由于碰上了一个一罢朝就罢了近三十年的神宗皇帝朱翊钧，朝廷大小事务都压在他一个人身上，让他心力交瘁，再加上东林党的猛烈攻击和陷害，李廷机只好递辞呈，这样前后要求辞职达上百次，可皇上偏偏总不批，无奈之下，李廷机只好冒着砍头的危险把自己放逐江湖。

当李廷机向着故乡晋江的方向顺水而下时，途经余干瑞洪，他想回家又不敢回，见这儿风景秀美、民风淳朴就停了下来，一边搭起茶棚以给过往的渔民施茶为乐，一边著书立说，一边等待朝廷的回音。

不久，神宗皇帝突然心血来潮，派李廷机的同乡张瑞图召他回朝。当时已是隆冬，江河湖汊结满厚厚的坚冰。热情的瑞洪乡亲们送来了许多美味的点心和菜肴，帮着招待贵宾。李廷机左思右想还是觉得有点美中不足，就亲自下厨，将乡亲们送来的鄱阳湖银鱼干和乌黑鸡鸡蛋佐以瑞洪米酒，烹饪出一道香喷喷的"银鱼泡蛋"。张瑞图大饱口福，觥筹交错之际也悟出了李廷机的心思。银鱼为湖中珍品，远离朝廷，退出江湖，无官一身轻，不亦快哉！于是他放下酒杯，拿起纸笔，书下"妙觉地"三字送给李廷机。后来这三字被刻在茶庵的门楣上，成为历史的见证，成就一段佳话。

张瑞图回朝复命时，李廷机又送上上好的银鱼干、乌鸡蛋等菜料，请张瑞图务必请人精心炮制一道"银鱼泡蛋"献给皇上，以赦其自行离京之罪。据说神宗皇帝品尝之后龙心大悦，于万历四十年（1612）九月，终于恩准了李廷机的退休请求，李廷机欣喜若狂，带着瑞洪乡亲们的深情厚谊回归晋江故里。

芋荷花炖肉

◎卢新民

芋荷花

芋头，是江西农村家家户户几乎都会种植的一种农作物。它喜高温，喜湿润、肥沃的土壤，可以长得比人高。农忙的时候，也是夏季最热的时候，小朋友经常躲在亭亭的芋荷下乘凉。芋荷叶长在地里，像是水里的荷叶，让人想起《菊次郎的夏天》里那片碧绿，摘两片叶子顶在头上，那动人的童年永远不会流逝。但是电影里没有告诉我们芋荷是会开花的，芋荷花香浓郁独特，可入药，可食用。

据农艺专家说，并非所有芋头都会开花，通常芋头在高温及温度变化大且频率高的条件下可能开花。盛夏时节，在田间地头，远远地就能闻到阵阵的清香，那就是芋芳的灵魂——芋荷花。

芋荷花状如滴水观音，花蕊白色或黄白色，如一炷香，外包一片绿色勺状萼片，形似观音像。芋荷花中含有黄酮类、萜类、甾类、鞣质、黏液质等成分，其中最重要的是黄酮类，具有抗氧化、抗炎、抗肿瘤等作用。食用芋荷花具有很高的营养价值，有润肠通便、降血压之功效，还可以治痛风症。具有药膳功效的芋荷花，自然很受人喜爱，用它来炖肉、蒸肉，更是让人百吃不厌。

据上饶市政协原主席、知名词赋作家程建平撰文介绍，芋荷花以余干黄金埠镇出产最为有名，也最为珍贵。芋荷花本来就稀少，约 15 斤的新鲜芋荷花才可以晒制 1 斤左右的干芋荷花。余干黄金埠出产的芋荷花，晒干后要卖到六七百元一斤，没晒干的也要四五十元一斤。经过自然晒干的芋荷花容易保存，一年四季随时都能拿来食用，非常方便。当地人用芋荷花作为招待嘉宾的名贵食材，芋荷花炖肉就是一道余干名菜，清香有味不腻口，吃过回味无穷。

相传，"芋荷花炖肉"与朱元璋一马夫有关。朱元璋与陈友谅大战鄱阳湖，打了好几个月。起初，朱元璋兵力太少，被陈友谅打得七零八落，连朱元璋也被打得四处躲藏。一次，又冷又饿的朱元璋来到余干一田畈上，直饿得摔下马来。马大把朱元璋扶起来，见朱元璋饿得嘴唇发裂，又见路旁一奇花，马夫兴奋地对朱元璋说："我找到好吃的了！"原来，马夫看到了路边地里的芋荷花，他和家人曾吃过这东西，好吃极了！马夫采摘了一大堆芋荷花，又找当地百姓买了一点肉，炖给朱元璋吃。朱元璋吃后立即神清气爽，接连吃了好几天，脚上的浮肿也消了。后来民间根据这一传说创制出"芋荷花炖肉"这一绝妙佳肴，一直流传至今。后人根据这个故事，又称这道菜为"耿耿忠心菜"。

选用余干黄金埠出产的芋荷花，以之炖肉或蒸肉，芋荷花的独特香味夹杂着浓郁的肉香，食用之后，不仅令人神清气爽，而且可以身轻体健。怪不得芋荷花炖肉很早就名列余干八道金牌菜，获得赣菜名菜称号，并跻身第三届全国民间美食烹饪大赛"金牌宴席"的名菜系列。马夫发明的这道"耿耿忠心菜"，早已成为余干招待贵宾的一道拿手好菜，远近闻名。同时，黄金埠芋荷花也随之身价倍增，成为当地一种名贵的特产。

芋荷花炖肉

麦芽米糖

◎ 胡雄辉

旧时余干乡下农村，一到了农历十二月里，大人们都会说，又要张罗做糖做粿仂过年了。做糖做粿仂这可是那时乡下过年的两大习俗和标配、标志性的事儿，先说说做糖做爆仂吧。那时余干乡下农村，每到除夕过年前，不管穷富、大小，家家户户都要做糖做爆仂（又叫作糖踩爆仂），也是那时物资缺乏，农村人生活水平低的缘故。只有用自家种植的农产品来做些过年的东西，主要用来春节期间招待客人，是招待客人的主打食品，二来用于春耕时节收工回家填填肚子。

做糖做爆仂是一起做的，原材料就是麦子、糯米、籼米和芝麻。根据儿时的耳闻目睹的记忆，其主要步骤、过程和手艺技术要点是：

一、做米花籽仂：根据做爆仂的数量（老家都用几箱表示，箱是做爆仂最后工序之一的工具，即约长 3 尺、宽尺半、高 3 寸的长方形木板框的容积，一般人家 2 到 3 箱），择个晴天，清早取糯米、籼米若干洗净，分别用木甑蒸熟（注意是刚刚熟，千万不要蒸烂了），倒入筐仂（竹篾编织大圆形用于晒东西的筐）中或竹垫上，散开成颗粒状晒干，叫晒米花子仂。晒米花仂注意常翻晒、防鸟偷吃和拉屎哦，晒干后用袋子装好扎紧放置干爽处。

二、生麦芽：也叫发麦芽，根据做糖多少（老家一带都用几钩糖来表示，钩是做糖最后的工序之一即"搭糖"的木质光滑钩状工具，一般做一二钩。）和做爆仂的多少，取健康的小

314

发芽

麦若干，剔去烂的和石子，洗干净浸胀后，放入线箩（以竹丝为主编成装东西的箩筐）里（也可用大小合适的竹筐装），用湿厚布或旧棉絮覆盖罩住后挂在阳光处（一般挂在屋子廊沿下的横梁上），每天早晚两次用清水淋湿，一是催芽，二是防止烧芽（烧脚仍，霉烂变质）。记得都是现打井水现淋，因为那时冬天井水的温度比空气中的温度高一些。待麦芽长到三四寸时就可以大动手做糖做爆仍了。

三、炒米花、炒芝麻、催糖、榨糖：动手做糖是一个典型的人多好干活的事，需要的时间要花将近一天半夜。

一般在隔前一天下午开始炒好爆米花，用一种砂（具体也记不得叫什么，颗粒好比粗砂大一些）洗净滤干水后，放入大锅中大火炒热，再分次将晒干了的米花子放入一起不停地翻炒，米花爆开后，立即打起放进细孔米筛中将砂筛去，米花仍放入干净干爽的皮箩（竹篾片编织的箩筐）里或大袋子里防潮保存待用，筛出的砂反复倒入锅中再炒下一锅。为了做芝麻馅芯的糖（又叫灌芯糖），或麻片仍糖，或在爆仍中掺入少许芝麻添香添味，在炒米花之前或之后，还会炒些适量的黑芝麻红芝麻，炒芝麻可不能用砂哦，不过千万不能炒烧、炒焦了就是！少数也有在馅芯中放入少量炒熟炒脆了花生米的。

催糖，首先将发好的麦芽用石碓臼捣碎（不要打得稀烂），装入中小型的水缸中，放入适量的温开水，为了保温，一般将水缸放入大竹筐中，底部和四周用旧棉絮旧衣服裹紧保温。同时取发麦芽的干麦子的重量一比五六左右的糯米，洗净蒸熟，倒出扒开，待到烧手不烫手的温度时（比人体温度高），倒入麦芽缸中搅拌均匀，呈稀粥状，盖好后用厚旧棉袄覆盖保温，使之发酵出糖。3 个时辰（6 个小时）后即可，其间需要用木棒翻动一两次，让其充分均匀出糖。

榨糖：使用工具是一种木制四脚支架的榨汁机，有盆状支架和榨杠、榨包（用细竹丝编织、类似弹簧可收缩的密丝竹筐袋），那时每 10 来户人家都有一个。用木勺把发酵后麦芽糯米舀入榨包中压榨出糖汁水，出糖后的残渣叫糖糟，是喂猪的好饲料。

四 熬糖：这是过年做糖最关键的一步，技术手艺高低直接影响到麦芽糖的色相、口感和口味。记得儿时，父辈四五家，都是许家的小姑爹来掌锅当老板。将榨出的糖汁用干净的布（帐纱布）过滤出其中所有细小杂质后，放入大锅中熬煮成黏胶状。起初用大火，然后是中火，最后是小火，掌锅的师傅不断用铲勺翻动糖汁，千万防止黏锅烧糖，烧了的糖一是苦二是变黑黄色。中后期看糖汁状态，以及用勺子时时舀起糖再细倒流看火候（糖汁浓稀与是否能拉出丝胶状）是关键中的关键！熬到刚可拉丝时，可舀出做爆仂，再到更稠密（可以快黏成一团时）时就可上钩搭糖。过早，糖嫩了，做的糖太软（也不好上钩）而且甜度不够，小时候记得大人说某人做事不牢靠或能力差时就有"你硬是上不了钩哦"的一句；晚了，糖就变老了，做的味道甜过了味还带苦，而且留给搭糖必要的时间不够，搭不了多久就硬了，糖不白而呈黄色，难看又不好吃。

五 踩爆仂、切爆仂：在糖汁刚能拉丝不久，就开始了做爆仂的最后两道工序。用大盆装好炒好的米花仂（可渗入少许炒好的芝麻），用木勺舀入适当的热糖汁，不断搅拌均匀，倒入案板上的木板框即爆架里，铺平，压实，然后铺上油布和布，大人走上用脚踩实，这道工序叫"踩爆仔"。有些师傅和人家，还在木架底下洒一些炒熟的芝麻，铺平后，面上也会撒上一层，还有的会把干桂花拌入米花之中。爆仔踩实后，随即脱出木架，然后稍凉后，用磨快了的糖刀开始切爆仔（好拿好入口的小薄块状），码好放一边。那种切爆仔"嚓嚓"响的声音至今犹在耳边，等坏了当年熬夜不困觉急着想吃爆仔的孩子们。等到冷却后，就可以装入坛坛罐罐中，用干荷叶荷皮盖紧防潮保管了。糯米做米花的叫糯米爆仔，籼米做的叫籼米爆仔，完全是芝麻的叫麻片仔。

六 搭糖：将熬好的糖胶，用干净的盆装好，立即搭挂在木制光滑的糖钩上（盆子放在糖钩下，防止糖胶脱落），用2根短糖棍带回不断地扯、不断地挂打，渐渐地糖胶越来越白，也越来越稠（因为冷却而逐渐凝固）。搭糖是要一把好手劲和腰

搭糖

麦芽糖成品

身，能够搭完一钩糖的是好身手！搭到何种程度又是关键，白是第一标准，其次是稠密度不能太软太硬，硬了，下一道抽条、包馅芯就困难了。

七 成糖、剪糖：搭白后，将糖下钩，放到用干熟米粉仿铺好的案板上，不断揉搓，然后拉出拇指粗细的糖条，一些人拉，一些人用剪刀剪成半寸来长的小圆柱状（老家叫米糖、糯米糖也叫鸡鸡糖），冷却后就变成了又甜又香、又硬又脆的麦芽糖；需要放馅芯的，在揉搓过程中，把糖胶不断展平成长方形片状，在上面铺上芝麻馅芯或芝麻加干桂花，包裹后揉搓拉成拇指粗细的糖条，然后剪断。等到麦芽糖变硬后，就可以装坛装罐，尽量盖紧盖子扎紧荷皮密封待用了。为了保持糖的干燥和防潮变软，儿时农家都把冷却后的糖立即放入事先预留、炒好的爆米花中，一起装入坛罐里，依靠干燥的爆米花防潮防湿。

20世纪80年代后，随着农村青壮年外出务工成为不可逆转的潮流，特别是春节期间招待客人的小吃、果点品种越来越丰富，农村里自己动手做糖做爆仿过年的越来越少了，只有各乡镇村点，以社赓镇邓墩村三文塘吴家组为代表的邓墩米糖品牌流传下来，延续着余干农村这千年的过年习俗与传统！

经过近三年的艰辛努力,《余干印记》一书,终于付梓发行。

这本由余干县政协组织撰写的书稿,既兼顾了学术性与通俗性,又兼顾了知识性与趣味性,赋予传统文化以新形式和新表达。

弘扬干越文化、助力建设文化强县。近年来,余干县政协十分重视历史文化资源的深度挖掘与利用,用开创性的文化建设举措,为留住余干历史文化印记,留住余干文脉,赓续新的时代篇章,做了积极探索和应有努力。本书的编写,就是余干县政协全面深入学习习近平文化思想,对余干优秀传统文化进行创造性转化和创新性发展的又一次尝试。

知易行难。余干文化遗产十分丰富,但历史上的实物遗存不免残缺而散落,史料记载也稀少而杂乱,散见于浩繁的史籍之中。因此,编撰者必须披沙拣金,反复斟酌,才能探究历史真相,勾画出文化之美。

县政协领导班子统筹了创作的全过程,主持拟定了书稿的主旨和内容框架,物色合适人选,筛选作品,打磨书稿,组织召开了多次书稿审改和座谈会议。

著名宋史专家、江西师大教授许怀林,应邀担任本书顾

从左到右：陆小锋、卢新民、江锦灵、许发福、宋铁雄、胡雄辉、张元斌、周志农、洪锋庆
徐宏志、陈国文、史俊、吴艺文、江朝栋、余善爱、彭胜先

问，对书稿提出了很好的意见和建议；本书责任编辑吴艺文，应邀多次参加改稿座谈，提出了许多宝贵意见。

全体编撰人员，弘扬工匠精神，坚持严谨的治学态度，几易其稿，力求梳理出可传承的精神财富和需扬弃的历史局限，努力为余干人民呈献一份助力发展的精神滋养。

"何用别寻方外去，人间亦自有丹丘。"

这本烙下余干历史文化印记，浸染余干湖光山色，涵养余干风土人情的书呈现给读者的一瞬间，我们突然觉得，唐代诗人韩翃这句诗似乎是为余干量身打造：余干美如丹丘，不必远求仙境。

余干秦汉建县，历史悠久，人文鼎盛，群星璀璨；她湖田万顷，鱼米丰腴；她民风淳厚，好客尚义；她美食香醇，回味绵长。她宛如一幅五彩斑斓的画卷，一首荡气回肠的史诗，一曲振奋人心的交响乐，远非我们的笔力所能描摹。

我们给予读者的也许仅仅是一些关于余干的粗浅印象，读者可以用心灵去感受、描绘、鉴赏，甚至进行再创造。这正是我们把本书命名为《余干印记》的初衷。

感谢所有参与者，本书的完成是大家各尽所能、共同努力的结果，是集体智慧的结晶。

本书的撰写，还得到许多单位与个人的支持与帮助，限于篇幅，不逐一罗列，在此，一并致以由衷谢忱！

由于水平有限，本书肯定存在不少疏漏甚至错讹之处，望广大读者谅解并予以指正，同时期待更多弘扬余干文化的著作问世。

时光如流水般匆匆而过，印记中的唯美瞬间却能在心中永恒。愿《余干印记》带给您对余干的永恒、美好的记忆！

后记

2025 年元旦